经济学学术前沿书系
ACADEMIC FRONTIER
ECONOMICS BOOK SERIES

系统流动性风险模型的多维评估

马秀莉◎著

经济日报出版社

图书在版编目（CIP）数据

系统流动性风险模型的多维评估／马秀莉著.—北京：经济日报出版社，2023.8
ISBN 978－7－5196－1333－4

Ⅰ.①系… Ⅱ.①马… Ⅲ.①金融风险-风险评价 Ⅳ.①F830.9

中国国家版本馆 CIP 数据核字（2023）第 131772 号

系统流动性风险模型的多维评估

作　　者	马秀莉
责任编辑	姜　楠
责任校对	王立坤　富雪莲　孔婷婷
出版发行	经济日报出版社有限责任公司
地　　址	北京市西城区白纸坊东街 2 号 A 座综合楼 710（邮政编码：100054）
电　　话	010－63567684（总编室）
	010－63584556（财经编辑部）
	010－63567687（企业与企业家史编辑部）
	010－63567683（经济与管理学术编辑部）
	010－63538621 63567692（发行部）
网　　址	www.edpbook.com.cn
E－mail	edpbook@126.com
经　　销	全国新华书店
印　　刷	北京建宏印刷有限公司
开　　本	710mm×1000mm 1/16
印　　张	14.5
字　　数	253 千字
版　　次	2023 年 8 月第 1 版
印　　次	2023 年 8 月第 1 次印刷
书　　号	ISBN 978－7－5196－1333－4
定　　价	49.00 元

版权所有　盗版必究　印装有误　负责调换

中文摘要

　　流动性风险及其定价问题一直是金融研究的重要议题。大量的证据表明流动性通过两个不同的渠道影响资产收益，即流动性的水平效应和流动性的风险效应。流动性的水平效应是指流动性差的股票一般比流动性好的股票获得更高的平均回报；流动性的风险效应则意味着相对于低风险敞口的股票而言，承担高市场流动性冲击的股票需要得到一个溢价，即强调了流动性风险在资产定价中的重要性。然而，最近的资产定价研究在很大程度上忽略了流动性风险。例如，流行的 Fama – French 五因子模型，以及 Hou – Xue – Zhang 四因子模型的构建均没有考虑流动性风险，其原因在于模型比较测试中以基于价格影响维度构建的因子作为流动性因子的代表，发现增加流动性因子对提高模型性能没有显著贡献。由于流动性具有多维度的特征，除了基于价格影响维度构建的流动性因子，现有文献中还提出了其他的流动性风险因子，并扩展了相应的因子模型。因此，本研究旨在解决以下问题：如果考虑其他的流动性风险因子（或流动性因子模型），流动性风险在资产定价中的贡献是否仍可忽略不计？具体而言，本研究考察现有文献中基于不同的流动性代理变量构建的风险因子或因子模型是否具有不同的表现，以及与非流动性风险模型相比，基于流动性风险的模型是否能很好地解释股票的横截面收益，评估流动性风险在资产定价中的重要角色。

　　实证测试利用组合分析、考虑模型误设定的两阶段横截面回归分析、时间序列预测回归分析、基于模型夏普比的成对比较与多模型比较等最新的因子模型评价方法，通过考察因子模型的构建是否符合 Merton 提出的跨期资本资产定价理论（ICAPM），测试因子模型对异象投资组合的解释能力，比较流动性因子模型与非流动性因子模型的夏普比表现，以及评估流动性因子相对于竞争因子模型的额外解释力等问题，得到如下主要结论。

　　1. 根据 ICAPM 理论，基于不同构建的流动性因子模型具有不同的表现。ICAPM 理论要求提出的因子能够定价资产的横截面收益，同时，与因子相关的状态变量对未来投资机会的预测方向需与因子的风险溢价方向一致。对于本研究考察的流动性因子模型，基于交易的不连续性构建的流动性因子符合 ICAPM 理论。例如，在模型误设定的假设下，基于交易的不连续性构建的流动性因子在不同的测试方法以及测试组合下均产生显著为正的风险溢价，且相关的状态变量正向预测了由宏观经济行为和股票市场指标代理的未来投资机会，揭示了流动性风险是一种影响资产价格的系统性因素。相比而言，基于不同价格影响维度构建的流动性因子在横截面测试中产生的风险溢价不显著，其相应的状态变量对未来投资机会也不具备稳健的预测能力，不符合 ICAPM 提出的一致性标准。

2. 基于不同构建的流动性因子模型在捕获流动性风险以及解释其他异象投资组合时能力不同。通过考察模型对根据不同维度的流动性代理变量分组的投资组合以及其他异象组合的解释能力，与已有文献证据一致，基于价格影响维度构建的流动性因子在解释投资组合收益时其资产载荷几乎为零，对提高模型的解释力贡献有限。另外，基于交易的不连续性构建的流动性因子模型可以捕获不同分组产生的流动性溢价，很好地解释了流动性风险。同时，基于交易的不连续性构建的因子模型还对与动量、投资、利润、市场 β、方差以及行业相关的异象投资组合表现出良好的解释力，尤其对于小规模投资组合表现更加突出。为此，实证文献通过基于价格影响维度构建的流动性因子模型的表现而忽略流动性风险在资产定价中的作用是一种过度概括。

3. 根据模型的夏普比率度量，基于交易的不连续性构建的流动性因子模型与流行的资产定价模型具有可比的表现。采用基于夏普比率的模型评价方法避免了一般模型比较方法中对测试资产的依赖，对模型的评估可以得到一致的结论。根据此方法，基于交易的不连续性构建的流动性因子模型与流行的 Fama – French 五因子模型以及 Hou – Xue – Zhang 四因子模型具有可比的表现，且其流动性因子在所有竞争因子中对提高模型夏普比具有最大的边际贡献，暗示了流动性风险是资产定价的重要来源。

4. 流动性因子相对于基准因子模型具有额外的解释力。流动性风险对资产价格的影响与经济周期有关，在市场压力和动荡时期，流动性风险对资产价格的影响更加显著。与经济直觉一致，在控制了基准因子后，基于交易的不连续性构建的流动性因子在市场低迷和市场动荡时期产生显著的溢价。进一步，在各种市场状态以及不同的子时期中，基于交易的不连续性构建的流动性因子所包含的信息均不能被竞争模型解释。以上证据确认了流动性风险不同于现有的风险来源，不能被其他因子模型捕获。

关键词：流动性风险；资产定价模型；市场异象；模型评价

ABSTRACT

Liquidity risk and its pricing have always been an important topic in financial research. It shows that liquidity affects asset returns through two different channels: liquidity level effect and liquidity risk effect. The level effect shows that illiquid stocks tend to earn higher average returns than liquid ones. The risk effect reveals that stocks with high exposure to shocks in market liquidity command a premium relative to stocks with low exposure, inline with the argument about the importance of liquidity risk in asset pricing. However, recent development in asset pricing has largely overlooked liquidity risk. For instance, the developments of the Fama – French five – factor model and the Hou – Xue – Zhang four – factor model do not consider liquidity risk. This is because they use the liquidity factor which constructed based on the price impact dimension as a representative and show that it yields little improvement in model performance. Nevertheless, due to the multi – dimensional characteristics of liquidity, there are other liquidity risk factors and the corresponding factor models proposed in the literature. Therefore, this thesis addresses the question: Is liquidity risk negligible for asset pricing if also considering other liquidity risk factors/models? Specifically, this study assesses the important role of liquidity risk in asset pricing through examining whether different liquidity risk factors or liquidity – risk – based models proposed in the literature perform differently, and whether the liquidity – risk – based models well explain the cross – section of stock returns in comparison with non – liquidity – risk – based pricing models.

Using the latest model evaluation methods such as combination analysis, two – stage crosssectional regression analysis that allows for model misspecification, time series forecasting regressions, and model comparisons with the Sharpe ratio metrics, this paper involves the following works including examining whether the construction of the factor models conforms to the Merton's intertemporal capital asset pricing theory (ICAPM), testing the explanatory power of factor models for anomalous portfolios, comparing the Sharpe ratio metrics between the liquidity – riskbased models and the non – liquidity – risk – based models, and evaluating the additional explanatory power of the liquidity factor relative to the competitive factor models. The main conclusions are as follows:

1. According to the ICAPM theory, liquidity factor models based on different construction methods have different performances. The ICAPM theory requires that the proposed factors should price the cross – sectional asset returns, also the corresponding state variables should predict future investment opportunities with the consistent directions as the factor risk premiums. For the liquidity factor models examined, the liquidity factor constructed based on the trading discontinuity measure meets the ICAPM theory. For example, under the assumption that the model is misspecified, it produces a significant positive risk premium no matter which methods and test assets are used. Also, the related state variable positively predicts the future investment opportunities represented by the macroeconomic and the stock market variables with consistent signs, indicating the systemic nature of liquidity risk. In contrast, the risk premiums of liquidity factors based on different price influence dimensions are not significant in the cross – sectional tests, and the corresponding state variables do not have a robust forecasting ability for future investment opportunities, which are not consistent with the ICAPM criteria.

2. Liquidity factor models based on different constructions perform differently in capturing liquidity risk and other anomalous portfolios. By examining the portfolios grouped by different liquidity measures and various anomalies, we find that the liquidity factor constructed based on the price impact dimension shows limit contributions to improve the model's explanations by producing nearly zero asset loadings for portfolio returns, consistenting with the findings in the literature. On the other hand, the trading – discontinuity – based factor model can capture the liquidity premiums produced by different sorts, well explains the liquidity risk. Furthermore, the trading – discontinuity – based factor model shows good explanations for anomalous portfolios related to momentum, investment, profit, market β, variance, and industry, and especially for small size portfolios. Therefore, the unimportance of

liquidity risk the recent studies reveal might be an overgeneralization from the use of the price – impact – based liquidity factors in the model performance evaluation.

3. According to the maximum square Sharpe ratio of the models, the trading – discontinuity-based liquidity model shows a comparable performance with the popular asset pricing models. Different from the common comparison methods, the model comparison based on the maximum square Sharpe ratio metric does not depend on the test assets, and therefore obtains a consistent conclusion. According to the method, the trading – discontinuity – based factor model performs similarly with the popular Fama – French five – factor model and the Hou – Xue – Zhang four – factor model, and the corresponding liquidity factor produces the largest marginal contribution among all the competitive factors, implying that the liquidity risk is an important source of asset pricing.

4. Compared with the benchmark factor models, the liquidity factor shows additional explanatory power. The impact of liquidity risk on asset prices is related to the economic cycle. During periods of market pressure and turbulence, liquidity risk has a greater impact on asset prices. Consistent with economic intuitions, after controlling for the benchmark factors, the factor constructed based on the trading discontinuity of liquidity generates a significant premium during the period of market downturn and market turmoil. Furthermore, in various market conditions and different sub – periods, the information contained in the trading – discontinuity – based liquidity factor cannot be explained by all benchmark factor models. This evidence confirms that liquidity risk is different from existing risk sources and cannot be captured by other factor models.

Key words: Liquidity risk; Asset pricing models; Market anomalies; Model evaluation

目 录

中文摘要	01
ABSTRACT	04

第一章 绪 论 1
1.1 研究背景 1
1.2 研究意义 4
1.3 研究内容与论文结构 5
1.3.1 研究内容与方法 5
1.3.2 研究框架 7
1.4 主要创新点 9

第二章 文献回顾 10
2.1 流动性风险的相关研究 10
2.1.1 流动性的定义与测度 10
2.1.2 A–M 理论 14
2.1.3 流动性风险溢价研究 16
2.1.4 流动性资产定价研究 22
2.1.5 基于流动性风险的定价模型 25
2.2 资产定价模型的相关研究 28
2.2.1 资本资产定价模型（CAPM） 28
2.2.2 套利定价理论（APT） 29
2.2.3 跨期资本资产定价模型（ICAPM） 30
2.2.4 资产定价实证模型 30
2.3 文献评述与问题提出 33

第三章 基于 ICAPM 理论的模型评估 36
3.1 基础理论与实证方法 36

3.1.1 ICAPM 理论的限制条件 ………………………………… 36
3.1.2 基于模型误设定假设的两阶段回归方法 ………………… 39
3.2 数据选取 ……………………………………………………… 41
3.2.1 测试资产与预测指标 ……………………………………… 41
3.2.2 资产定价模型 ……………………………………………… 43
3.3 横截面实证测试 ……………………………………………… 45
3.3.1 因子模型的确定性测试 …………………………………… 45
3.3.2 基于因子风险溢价的实证测试 …………………………… 46
3.3.3 基于因子协方差风险的实证测试 ………………………… 47
3.3.4 稳健性测试 ………………………………………………… 48
3.4 基于 ICAPM 理论的一致性检验 …………………………… 50
3.4.1 构建状态变量 ……………………………………………… 50
3.4.2 基于经济变量预测的实证检验 …………………………… 51
3.4.3 基于股票市场预测的实证检验 …………………………… 55
3.5 本章小结 ……………………………………………………… 56

第四章 基于股票市场异象的模型评估 …………………………… 153
4.1 数据选取 ……………………………………………………… 153
4.1.1 测试投资组合 ……………………………………………… 153
4.1.2 资产定价模型 ……………………………………………… 154
4.1.3 测量指标 …………………………………………………… 155
4.2 实证测试结果 ………………………………………………… 155
4.2.1 基于流动性特征分组的实证测试 ………………………… 155
4.2.2 基于其他市场异象投资组合的实证测试 ………………… 159
4.3 本章小结 ……………………………………………………… 170

第五章 模型评估的进一步测试 …………………………………… 182
5.1 基于夏普比率度量的模型评估 ……………………………… 182
5.1.1 测试方法 …………………………………………………… 182
5.1.2 模型比较结果 ……………………………………………… 184
5.1.3 蒙特卡洛模拟结果 ………………………………………… 184
5.1.4 因子的边际贡献率 ………………………………………… 185

5.2 流动性风险的独特性 ………………………………………… 186
    5.2.1 基于横截面测试的实证结果 ……………………………… 186
    5.2.2 基于跨越回归测试的实证结果 …………………………… 187
5.3 本章小结 ……………………………………………………… 187

第六章 结论与展望 …………………………………………… 204
6.1 研究结论 ……………………………………………………… 204
6.2 未来展望 ……………………………………………………… 205

参考文献 ………………………………………………………… 207

第一章 绪 论

1.1 研究背景

资产定价是现代金融学的重要分支，其主要目的是研究资产价格的确定及其影响因素。基于 Markowitz（1952）[1]的均值-方差理论，Sharpe（1964）[2]和 Lintner（1965）[3]提出了著名的资本资产定价模型（CAPM），奠定了资产定价研究的基础。在均值-方差有效、市场无摩擦、齐次预期等一系列严格的假设条件下，CAPM 建立了资产收益与市场风险的线性关系，指出资产的收益率由市场风险唯一决定。CAPM 直观的逻辑和简洁的形式使其一经提出便受到广泛欢迎。然而，其市场充分流动的假设条件以及单一的市场风险因素并不能完全描述复杂的金融市场。

与经典的 CAPM 理论不同，Amihud 和 Mendelson（1986）[4]提出非流动性是证券和金融市场的中心特征，建立了关于流动性对资产价值影响的理论（简称 A-M 理论）。A-M 理论给出了股票的预期收益和流动性之间的关系，即随着资产的非流动性或交易成本的增加，投资者需要更高的预期收益以补偿交易成本。基于 A-M 理论，股票与无风险资产（例如债券）之间较大的平均收益差距除了由投资者的风险厌恶决定，另外一个重要的原因是股票比债券更加不流动。例如，债券可以以稳定的价格参与单一的大宗交易，而股票的交易成本远远高于债券的交易成本。因此，A-M 理论指出股票相对于无风险债券获得的显著超额收益一部分是对风险的补偿，而另外一部分是对交易成本的补偿。此观点也解释了著名的"股票溢价之谜"。Amihud 和 Mendelson（1986）[4]的流动性溢价理论为资产收益率和交易成本之间的关系奠定了基础，也获得了大量的实证支持。例如，Amihud 和 Mendelson（1986）[4]利用买卖差价作为非流动性的测量指标证实了这种显著的正向关系。在逐笔交易数据可以获得之后，Brennan 和 Subrahmanyam（1996）[5]使用市场影响成本和买卖差价来估计股票的非流动性，发现流动性不足会增加股票的预期回报率。

Silber（1991）[6]研究了在股票交易受限的情况下，流动性不足对股票价格的影响。与 A – M 理论一致，Silber 发现交易限制降低了股票价格。此外，大量的实证研究根据不同的流动性测度，在各种市场（股票、债券、衍生品）条件下均表明，在控制了资产特征和风险之后，流动性差的资产将获得更高的预期收益，证实了流动性效应的存在，也为随后考察流动性作为定价的系统性风险奠定了基础。

由于流动性的特征会影响资产价格，对流动性的冲击自然也会对资产价格造成影响。基于此假设，对流动性的研究开始进一步探讨流动性风险是否可以作为一个定价的系统性因素。流动性冲击代表整体市场流动性相对于预期的变化，如果这些变化持续存在，新的流动性水平会对资产价格产生冲击，对资产收益的不确定性造成影响。例如，如果市场流动性恶化并且交易成本上升，由于投资者预计这些成本将在一段时间内保持较高水平，则要求更高的证券预期收益来补偿较高的交易成本，从而导致股价下跌。同样，如果债券的流动性下降而其现金流量不受影响，所需的到期收益率将上升，债券价格将下降（Amihud，2002[7]）。因此，这些市场流动性冲击是系统性风险的来源，应由规避风险的投资者进行定价。Amihud 等（1997）[8]考察了流动性与资产价格的因果关系，确立了流动性到价格的影响方向，证明了市场流动性的外生性（Liquidity Externality），进一步表明流动性冲击创造了额外的风险来源，影响资产评估。由于不同证券之间市场的流动性冲击向资产价格冲击的传递不同，风险厌恶的投资者倾向于选择其收益和交易成本对整个市场流动性冲击不太敏感的证券，即当市场价格下跌时，其交易成本不会显著上升。总之，投资者更喜欢流动性风险较低的股票，流动性风险越大，作为补偿所需的预期收益越高。

既然流动性影响资产的定价，那么应考虑将流动性效应纳入资本资产定价模型。由于流动性的多维度特征，学者们利用不同的流动性代理变量构建了定价因子并发展了相应的流动性因子模型。其中作为代表性成果，Pástor 和 Stambaugh（2003）[9]提出了一个价格影响测度用于捕获价格对交易量的反映。基于 1966 年到 1999 年的美国数据，Pástor 和 Stambaugh 测试了流动性 β（即股票收益对流动性冲击的敏感性）与期望股票收益的关系，证明了期望收益是 β 的增函数。进一步，基于提出的测度他们构建了市场范围的流动性因子，并将 Fama 和 French（1993）[10]三因子模型扩展为四因子模型。此外，其他学者如 Sadka（2006）[11]将交易对价格的影响分解为四个部分，证明只有价格影响成本的变化部分是显著定价的，并基于此变量构建了流动性因子且扩展了 CAPM 模型。不同于 Pástor 和 Stambaugh（2003）[9]利用对流动性的冲击衡量流动性风险，实证研究中还从流动性溢价的角度考察与资产流动性相关的系统性风险。基于此观点，个股收益的变化由市场范围的风险溢价和流动性溢价共同体现。其中系统性风险的测量不是基于市场范围流动性水平的变化，而是基于市场范围流动性收益溢价的变化。作为主要研究，Liu（2006）[12]基于一个交易的不连续测度构建了流动性风险因子，并发展了流动性扩展的资本资产定价模型。大量的实证研究支持了这些理论预测，即如果投资者关注股票的非流动性，且对流动性差的股票要求更高的预期收益，那么股票流动性的变化则会影响股票价值。因此，投资者不仅愿意持有流动性强的资产，也希望持有流动性风险较小的资产，即当市场的流动性变差时，资产的价格下跌较少。

然而，最近的资产定价发展在很大程度上忽视了流动性风险。例如，流行的 Fama 和 French（2015）[13]五因子模型和 Hou 等（2015）[14]提出的四因子模型的构建均没有考虑流动性风险，其原因是在进行因子模型比较测试时，他们以 Pástor 和 Stambaugh（2003）[9]模型作为流动性因子模型的代表，发现大量异象组合在 Pástor – Stambaugh 的流动性因子上的载荷接近于零，为此认为增加流动性因子对模型性能改善甚微。Fama 和 French（2016）[15]，Momani（2018）[16]，和 Ahmed 等（2019）[17]也基于 Pástor – Stambaugh 流动性因子的表现提出流动性风险不能定价股票预期收益。为什么流动性风险在因子模型评估中的表现与已有的流动性资产定价理论与实践并不一致？其原因可能在于最近的因子模型测试通常选取 Pástor – Stambaugh 模型作为流动性因子模型的代表来评价流动性风险在资产定价中的角色。根据 Pástor 和 Stambaugh（2003）[9]，其流动性因子捕获了流动性的价格影响维度。然而，由于流动性是多维度的（包括交易量、交易速度、交易成本和价格影响），不同的维度对描述流动性的重要性可能并不相同，因此，源自不同的流动性代理变量构建的因子以及相应的流动性扩展模型可能在捕获流动性风险以及解释期望股票收益方面表现出不同的能力。事实上，已有实证证据也支持这种观点。例如，Pástor 和 Stambaugh（2003）[9]提到其价格影响测度在个股层面上并没有获得显著的溢价，且 Ben – Rephael 等（2015）[18]发现与交易成本和价格影响维度相关的流动性代理指标无法产生显著的流动性溢价。Sadka（2006）[11]指出其流动性因子模型能解释部分动量以及后盈余漂移的非正常变化。Liu（2006）[12]的实证证据表明其基于交易的不连续度量构建的流动性因子捕获了流动性的多个维度，且对 CAPM 以及 Fama–French（1993）[10]三因子模型具有稳健的流动性溢价。由以上证据表明，Pástor–Stambaugh 的价格影响测度可能无法充分描述流动性的特征，为此，最近的模型比较研究基于 Pástor–Stambaugh 流动性因子的表现对流动性风险在资产定价中的作用进行评价可能并不全面。

关于流动性风险与资产定价的研究一直是现代金融学的重要议题。基于流动性在资产定价中的重要作用以及近期研究对流动性风险在解释资产收益中表现的质疑，本研究从因子模型评估的角度探究流动性风险在资产定价中不可忽略的角色。具体来说，本研究从多个方面实证评估基于不同构建的流动性因子或因子模型是否具有不同的表现，以及基于流动性风险构建的模型相比于非流动性因子模型的表现。本研究的目的在于考察如果考虑除 Pástor–Stambaugh 模型以外其他的流动性因子模型，流动性风险在资产定价中的作用是否依然可以忽略？

1.2 研究意义

随着金融理论和实践的快速发展，资产定价研究中不断提出新的因子以及因子模型用于解释资产价格。面对大量新提出的资产定价因子模型，选择以及评估其中最为重要的定价因子已成为资产定价的一个新的研究方向。对于定价模型的评价，首先应该考察模型的提出是否符合直观的经济意义，其次通过不断发展的测试方法证实模型的适用性。从历史上看，金融经济学家曾经忽略了流动性问题，如经典的 CAPM 理论假设"无摩擦市场"，即所有的市场都是完全流通的。而事实上，流动性不足是证券和金融市场的一个核心特征，全球的金融危机更加充分说明了流动性和流动性风险的重要性及其对证券价格和金融市场运作的影响。为此，选择适用的流动性代理变量以及基于流动性风险的定价模型，评价资产的流动性是否应该被纳入资产定价中的重要因素具有理论和现实意义。

从理论方面，本研究补充了流动性相关的资产定价研究，完善了资产定价理论的发展。尽管已有众多研究支持流动性溢价以及流动性风险定价理论，但对于基于流动性风险构建的因子模型对资产收益的解释并没有达成一致的看法。现有文献发现不同的流动性因子模型对于解释流动性风险与资产收益之间的关系具有不同的结论。因此，考察基于不同流动性代理变量构建的因子模型的表现能够加深投资者关于流动性不同维度对资产价格变化影响的理解，对于资产定价的发展具有重要的理论意义。

从实践方面，由于市场流动性风险已经广泛影响经济的各个领域，例如，投资者的最优投资组合构建（Garleanu 和 Pedersen，2013[19]；Dong 等，2019[20]）、公司的资本成本和资本结构决策（Corwin，2003[21]；Butler 等，2005[22]；Ellul 等，2006[23]；Goldstein 等，2009[24]；Lipson 和 Mortal，2009[25]；谢黎旭等，2018[26]；张信东和薛海燕，2021[27]）、银行资本监管（Diamond 等，2002，2005，2011[28][29][30]）等，因此评估基于不同构建的流动性因子模型的表现、选取适合的因子模型对于企业投资评价、投资组合构建、绩效评估以及金融经济学研究具有重要的实践意义。

1.3 研究内容与论文结构

1.3.1 研究内容与方法

本研究以基于不同测度构建的流动性因子模型以及流行的资产定价模型为研究对象，利用最新的现代计量方法，通过评估因子模型的构建是否符合理论标准、因子模型对异象投资组合的解释能力、流动性因子模型相比于非流动性因子模型的表现以及流动性因子的额外解释力等问题，证实了流动性风险在资产定价中的重要角色。具体研究内容如下：

1. 评估不同流动性因子模型的构建是否符合理论标准。随着资产定价理论的深入以及实践的发展，近年来提出越来越多的资产定价模型。对于模型的评价，首先应考察因子模型的提出是否符合理论限制的要求（Lewellen 和 Nagel，2006[31]；Lewellen 等，2010[32]）。基于 Merton（1973）[33]，以及 Maio 和 Santa–Clara（2012）[34] 提出的跨期资本资产定价理论（ICAPM）以及相关的限制条件，本研究评估了因子模型的构建是否符合 ICAPM 的一致性条件。

具体来说，首先通过 Fama–Macbeth（1973）[35] 两阶段回归方法评估流动性风险因子的定价能力。进一步，构建时间序列预测回归模型用于考察与因子相关的状态变量对未来投资机会（以宏观经济变量以及股票市场指标代理）

的预测能力，并判别 ICAPM 提出的一致性条件是否成立。已有实证研究在考察因子的定价能力时通常假设因子模型是正确设定的，然而由于所有因子模型的提出均是对现实情景的近似，基于模型正确设定的假设并不可靠。为此，本研究在 Kan 等（2013）[36]提出的模型误设定假设框架下评估因子的定价能力，结果更加稳健。此外，根据 Kan 等（2013）[36]的观点，本研究还测试了因子的协方差风险价格，用于评估因子对提高模型解释力的贡献。

2. 评估因子模型对投资组合收益的解释能力。解释资产的超额收益是因子模型提出的核心目标。由于金融发展过程中越来越多的市场异象（Anomalies）被发现，实证中常通过考察因子模型对市场异象的解释能力来评估因子模型的表现。

本研究利用组合分析的方法采用多种测试指标评估因子模型在两类投资组合中的表现。第一类是基于不同的流动性测度分组的投资组合，用于比较不同的流动性因子模型以及非流动性因子模型解释流动性风险溢价的能力。第二类是资产定价实证研究中常考察的异象投资组合。根据 Pástor 和 Stambaugh（2003）[9]提出的基于价格影响维度构建的流动性因子模型在此类异象投资组合中的表现，最近的研究忽略了流动性风险在资产定价中的作用。有鉴于此，本部分的主要目的是考察其他的流动性风险因子（或流动性因子模型）与流行的资产定价模型相比在解释此类异象投资组合中的表现。

3. 利用新提出的资产定价方法考察流动性因子模型相比于非流动性因子模型的表现。实证文献中对定价模型的评估常基于特定的投资组合，然而选取不同的测试组合可能产生不同的结论。本研究利用 Barillas 和 Shanken（2017）[37]，和 Barillas 等（2020）[38]提出的基于模型夏普比率度量的测试方法比较因子模型的性能以及各因子在改善模型夏普比方面的边际贡献。此方法的特点是模型的比较不依赖于投资组合的选取而只与模型的构建有关，避免了由于测试组合选取不同而产生不同结论。

4. 评估流动性因子相对于竞争因子的额外解释力。本研究利用两种方法考察流动性因子的信息是否会被其他非流动性因子模型解释，如果不能被解释则说明流动性风险是不能被忽略的。第一种方法是在控制了竞争因子后考察流动性因子的风险溢价是否显著。第二种方法是利用跨越回归考察流动性因子是否被其他因子解释。流动性风险定价的一个重要特征是以市场状况为条件，基于已有证据，在市场压力和动荡的时期，流动性风险（非流动性风险的冲击或非流动性收益溢价)将达到更高的水平。因此,本研究在不同的市场条件以及子时期中考察了流动性风险因子包含的信息是否可以被竞争模型解释,进一步确认流动性风险不同于现有的风险来源。

1.3.2 研究框架

第一章介绍本书的选题背景、研究意义、研究内容、研究框架以及创新点。

第二章围绕本书的研究主题,首先介绍了流动性的相关研究,包括流动性的定义与测度,流动性溢价理论及其相关实证研究,流动性的系统性风险研究以及基于流动性风险的定价模型;其次讨论了资产定价模型从最初的CAPM模型到流行的资产定价实证模型的发展;最后对文献进行分析并提出本书的研究问题。

第三章评估基于不同构建的流动性因子模型与 Merton (1973)[33]提出的 ICAPM 理论的一致性。根据 ICAPM 对因子模型提出的标准,本章首先在模型误设定的假设下考察了基于不同的流动性代理变量构建的流动性因子的定价能力,同时对因子的协方差风险价格也进行了考察。进一步,测试与因子相关的状态变量对未来投资机会的预测能力并判定因子的构建是否满足 ICAPM 提出的一致性条件。

第四章评估因子模型对投资组合的解释能力。本章基于不同的流动性特征分组的投资组合以及各种异象投资组合,考察了流动性模型与流行的资产定价模型在解释流动性风险溢价以及其他股票异象投资组合收益的表现。

第五章利用新的因子模型评价方法进一步评估流动性模型相比于非流动性模型的表现。首先,利用 Barillas 和 Shanken (2017)[37],和 Barillas 等 (2020)[38]提出的基于模型夏普比率度量的测试方法对流动性因子模型与流行的资产定价模型进行比较,进一步,分析各因子在改善模型夏普比方面的边际贡献。其次,在不同的市场条件以及子时期中考察流动性因子相对于竞争因子的额外解释力。

第六章回顾和总结了全文的主要观点和结论,指出论文的不足之处,并对进一步需要研究的问题予以阐述。

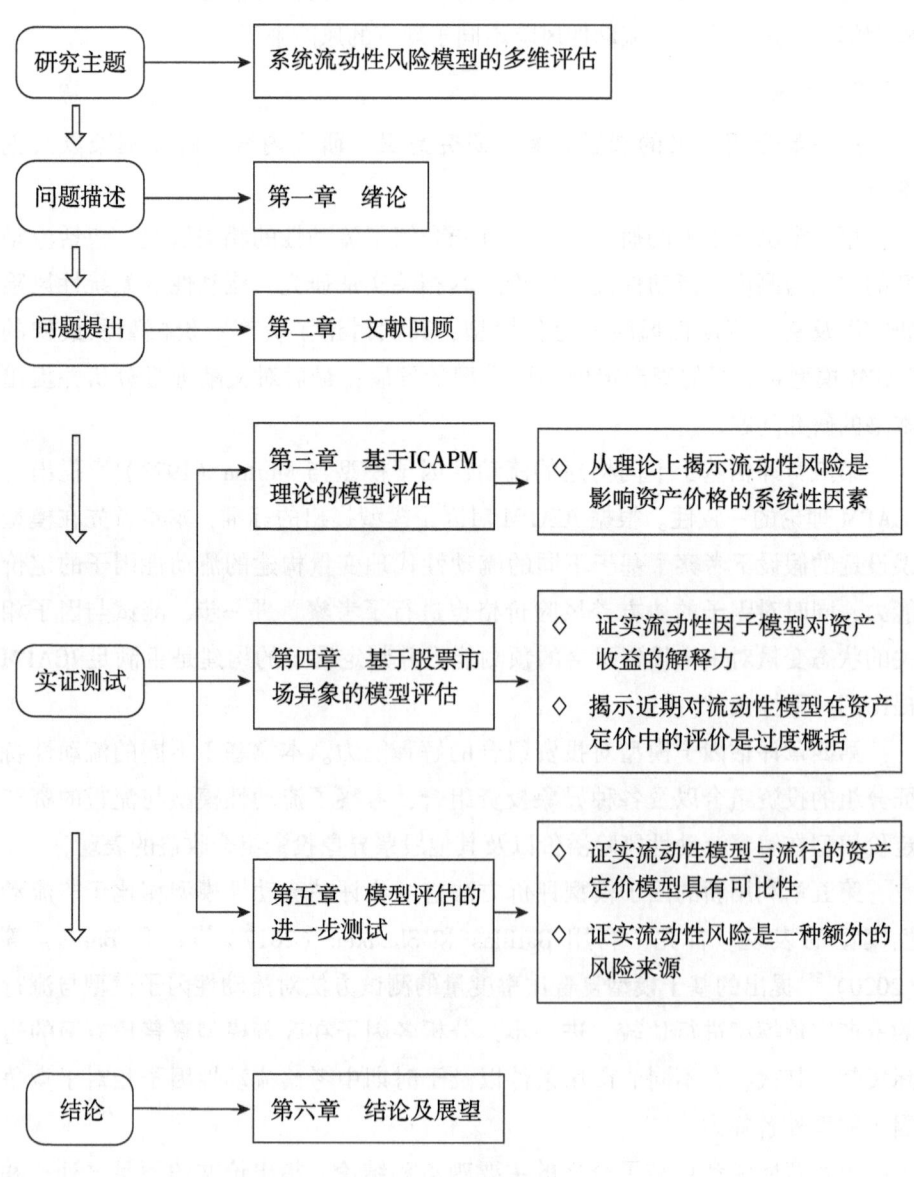

图1-1 研究框架图

1.4 主要创新点

本研究的创新主要有以下三点：

1. 本研究为支持流动性风险在资产定价中的重要作用提供了新的证据。现有关于流动性风险的研究通常考察不同的流动性代理变量产生的流动性溢价问题，或者比较不同的流动性测度的表现。与已有文献不同，本研究从因子模型评价的角度通过考察基于不同的流动性代理变量构建的流动性因子或因子模型是否具有不同的表现，以及与非流动性风险模型相比，流动性因子模型的表现来评估流动性风险在资产定价中的重要角色。

2. 本研究的实证证据补充了有关资产定价模型评估的最新研究。最近的资产定价研究或者忽略流动性风险，或者使用单一的基于价格影响维度构建的流动性因子作为捕获流动性风险的唯一代表。基于这类研究的结论，通常排除了流动性风险在资产定价中的重要性。与以上证据相反，本研究的结果表明基于交易的不连续性构建的流动性因子具有稳定的流动性溢价，证实流动性风险是资产定价不可忽略的重要风险来源。同时，本研究的证据也暗示了现有实证文献中利用 Pástor 和 Stambaugh（2003）[9]的因子模型的表现对流动性风险进行评价是一种过度概括。

3. 本研究丰富了对资产定价测试方法的实证应用。本研究综合使用多种计量方法评估模型表现。例如，在模型误设定的假设下评估因子模型的定价能力，同时还基于因子的协方差风险价格评估因子提高模型解释力的能力；在模型比较测试中，应用新提出的基于模型夏普比度量的成对比较以及多模型比较方法，避免了一般方法对测试投资组合的依赖；此外，还构建了时间序列预测回归模型、跨越回归模型，使用蒙特卡洛模拟方法、OLS 和 GLS 估计方法以及采用多种模型评价指标评估模型表现。

第二章 文献回顾

关于股票市场流动性和资产定价的研究，现有文献已取得了较为丰硕的成果。围绕本书的研究主题，本章将沿流动性的发展以及资产定价模型的发展两条线索对现有文献进行梳理进而提出本书的研究问题。

2.1 流动性风险的相关研究

2.1.1 流动性的定义与测度

流动性是金融市场的重要概念，是市场正常运行的根本。然而，由于流动性包含了市场多方面的特征，对流动性给出一个确定的概念是比较困难的。正如 Kenneth E. Boulding 所述："流动性并不是一个清晰且容易测量的概念。"以下按照时间顺序介绍学者们从不同角度对流动性的描述。

Keynes（1936）[39]最早提出了流动性的概念，指出流动性是资产具备的属性，并将流动性描述为"市场价格将来的波动性"。由于流动性最初被用于代表货币的属性，Hicks（1946）[40]也将流动性称为货币性。

不同于货币的流动性，Demsetz（1968）[41]提出了证券市场流动性的概念，指出证券市场的流动性是指交易能够立即执行的程度，对交易的即时性支付的成本可以用买卖价差衡量。

Black（1971）[42]更加直观地描述了流动的股票市场应该具备的特征。他提出如果市场是流动的，则对于小额的股票投资者总存在买价和实价，且报价价差很小；而对于大额的股票投资者则期望在较长的时间内以接近市场价格成交。

基于 Black 的发现，Kyle（1985）[43]用紧度（tightness）、深度（depth）和弹性（resiliency）刻画金融市场的流动性。紧度反映的是流动性的交易成本维度，常用买卖价差衡量。买卖价差越小，则交易成本越低，暗示了市场的流动性越好。深度通常用一定价格条件下的交易量来衡量。弹性用于衡量经市场冲击导致价格偏离后,价格恢复均衡价格的速度。

其他学者也对流动性给出了不同的定义。例如,Lippman 和 Mccall (1986)[44]指出如果资产能以可预期的价格迅速交易,则具有流动性。Schwartz (1988)[45]指出流动性是以合理的价格迅速成交的能力。Amihud 和 Mendelson (1989)[46]定义流动性是在一定时间内完成交易所需要的成本。

Harris (1990)[47]用四个维度衡量股票市场流动性的特征,包括市场宽度 (Breadth)、市场深度 (Depth)、市场弹性 (Resiliency) 以及交易的即时性 (Immediacy)。市场宽度的定义与 Kyle (1985)[43]中紧度的定义一致,衡量了流动性的交易成本维度。市场深度指在特定的价格上市场能够实现的交易量。市场的流动性越好,在当前价格上能够达成的交易量越大,即市场深度越大。市场弹性是指由于一定数量的交易导致的价格偏离恢复均衡价格的速度。由于订单的不平衡导致价格偏离时,弹性大的市场能迅速调整价格,而当市场缺乏弹性时,由订单导致的价格变化调整缓慢。即时性刻画了交易完成的速度,指市场能够实现迅速交易的能力。

基于 Harris 的"流动性四维论",Liu (2006)[12]提出流动性的基本特征为交易量、交易速度、交易成本和价格影响,并将流动性描述为"以低成本迅速交易大量股票且不会对价格造成明显影响的能力"。以下按照流动性的四个特征分类介绍相应的度量指标。

1. 基于交易成本的流动性测度

交易成本考察了流动性的紧度特征,通常用价差类指标衡量,如买卖价差、有效价差、实现价差等。

买卖价差是度量流动性最常用的方法之一。根据 Demsetz (1968)[41],买卖价差衡量了为交易的即时性所付出的成本:买卖价差越大,投资者为获得交易的即时性付出的成本越高,流动性越差。买卖价差通常可以分为绝对买卖价差(简记为 S)和相对买卖价差(简记为 RS)两种形式。令交易过程中的最低卖出价格为 PA,最高买入价格为 PB,M 为 PA 与 PB 的中点,S 和 RS 可以分别表示为:

$$S = PA - PB \qquad (2-1)$$

$$RS = (PA - PB)/M \qquad (2-2)$$

有效价差(简记为 ES)为订单执行的平均价格与买卖价差中点 M 的差值,衡量了订单的实际执行成本。记订单执行的平均价格为 P,则

$$ES = |P - M| \qquad (2-3)$$

在实际应用中,为了降低价格水平对价差估计值的影响,也经常考察相对有效价差 RES:

$$RES = ES/M \qquad (2-4)$$

实现价差(Realized Spread)衡量委托执行价格和委托执行后一段时间的买卖报价中点之间的差额,反映了委托执行后的市场影响成本。令 P_t 为 t 时刻的执行价格,则实现价差为:

$$RS = |P_t - M| \qquad (2-5)$$

相对实现价差为 $RRS = RS/M$。

基于股票价格变动的负相关规律,Roll (1984)[48] 提出了协方差估计模型用于估计价差:

$$S_t = \frac{1}{2}\sqrt{-\text{cov}(\Delta P_t, \Delta P_{t-1})} \qquad (2-6)$$

其中,S_t 为 t 时刻的价差,ΔP_t 为 t 时刻的价格变化,ΔP_{t-1} 为 $t-1$ 时刻的价格变化。模型表明相邻两期的价格负相关程度越强,价差的估计值越大。

2. 基于交易量的流动性测度

交易量反映了流动性的市场深度特征,其最为常用的交易量指标是换手率和市场深度。

换手率也称周转率,指在一定的时期内股票转手买卖的频率,反映了股票市场流通性的强弱。换手率的计算包括交易量换手率和交易金额换手率两种方式:

$$\text{交易量换手率} = \text{成交量}/\text{流通股本} \qquad (2-7)$$

$$\text{交易金额换手率} = \text{成交金额}/\text{流通市值} \qquad (2-8)$$

由换手率的定义可知,其倒数即证券持有的时间,因此,换手率越大,则证券持有时间越短,流动性越强。

市场深度是指在最优买卖报价上可供投资者交易的数量,包括报价深度、金额深度以及成交深度,具体计算方法为:

$$\text{报价深度} = (\text{最高买价上的订单总数} + \text{最低卖价上的订单总数})/2 \qquad (2-9)$$

$$\text{金额深度} = (\text{最高买价上的订单总数} \times \text{买进价格} + \text{最低卖价上的订单总数} \times \text{卖出价格})/2 \qquad (2-10)$$

成交深度计算的是在最佳买卖价位上的交易量或成交金额。由于是一个事后指标，成交深度更能反映交易者真实的交易意愿。

3. 基于价格影响的流动性测度

Silber（1975）[49]将非流动性（Illiquidity）定义为绝对价格的变化与交易需求的绝对过剩。Kyle（1985）[43]用价格对订单流的反映描述非流动性。Amihud（2002）[7]将非流动性定义为股票的每日绝对收益率与当日（美元）交易量比值的平均值，用 $|R_{iyd}|/VOLD_{iyd}$ 表示，其中 R_{iyd} 是股票 i 在 y 年第 d 个交易日的收益率，$VOLD_{iyd}$ 是相应的美元交易量。该指标给出了一美元的日交易量导致的绝对价格变化，反映了价格对订单流的冲击。在横截面测试时，对于股票 i 常考察其年度平均值 $ILLIQ_{iy}$：

$$ILLIQ_{iy} = 1/D_{iy} \sum_{t=1}^{D_{iy}} |R_{iyd}|/VOLD_{iyd} \qquad (2-11)$$

其中 D_{iy} 是股票 i 在 y 年的有效交易天数。$ILLIQ_{iy}$ 测度越大表示单位成交量对价格的影响越大，股票的流动性越差。

Pástor 和 Stambaugh（2003）[9]构建了另外的流动性测度反映订单流引起的价格变化。具体来说，股票 i 在第 t 个月的流动性测度可以由以下最小二乘估计得到：

$$r_{i,d+1,t} - r_{M,d+1,t} = \alpha_{i,t} + \beta_{i,t} r_{i,d,t} + \gamma_{i,t} sign(r_{i,d,t} - r_{M,d,t}) \cdot v_{i,d,t} + \varepsilon_{i,d+1,t}$$
$$(2-12)$$

其中 $r_{i,d+1,t}$ 是股票 i 在 t 月第 $d+1$ 天的收益率，$r_{M,d+1,t}$ 是 t 月第 $d+1$ 天的市场收益率，$v_{i,d,t}$ 是股票 i 的日交易量。$\gamma_{i,t}$ 是股票 i 在 t 月的流动性测度，反映了对一个给定交易量引起的价格反转。$\gamma_{i,t}$ 的符号一般为负，其绝对值越大则暗示了流动性越低。

对于个股，由最小二乘估计得到的 $\gamma_{i,t}$ 并不是一个准确的估计值，因此，Pástor 和 Stambaugh（2003）[9]还构建了一个市场范围的流动性测度：

$$\gamma_t = 1/N \sum_{i=1}^{N} \gamma_{i,t} \qquad (2-13)$$

其中 N 为股票数量。

Sadka（2006）[11]提出的流动性测度也是用于捕获交易对价格的影响。Sadka 将价格影响分解为四个部分，即可变永久的价格影响成本、固定永久的价格影响成本、可变暂时的价格影响成本以及固定暂时的价格影响成本。对于每个上市公司，以上价格影响测度可由 Glosten 和 Harris（1998）[50]的微观结构模型估计：

$$\Delta p_t = \alpha + \Phi D_t + \lambda DV_t + \overline{\Phi}\Delta D_t + \overline{\lambda}\Delta DV_t + y_t \qquad (2-14)$$

其中 Δp_t 代表了在 t 月由于交易量 V_t 的变化导致的价格增加，Δ 是一阶差分算子。D_t 是订单流的符号，相应的 DV_t 是 t 月的订单流，可通过一个两阶过程计算得到。Φ（λ）代表了固定（变化）永久的价格影响成本，$\overline{\Phi}$（$\overline{\lambda}$）代表了固定（变化）暂时性价格影响成本。y_t 代表了一个公共信息符号，α 是截距项。

4. 基于交易速度的流动性测度

Liu（2006）[12]通过经换手率调整的零日交易量构建了一个新的流动性指标，用于捕获流动性的交易速度维度，其计算公式为：

$$LMx = \left[Nx + \frac{1/Tx}{Df}\right] \times \frac{21x}{NT} \qquad (2-15)$$

其中 Nx 是过去 x 月的零交易量的天数；Tx 是过去 x 月的换手率（日交易量/流通股数）；NT 是过去 x 月的总交易天数；Df 需要满足条件 $0 < \frac{1/Tx}{Df} < 1$。

2.1.2　A–M 理论

Amihud 和 Mendelson（1986）[4]最早提出了流动性溢价理论（A–M 理论），证实流动性是影响资产价格的重要特征。他们建立一个均衡模型（A–M 模型）考察了买卖价差对资产定价的影响，结果发现资产的预期收益是买卖价差的增函数，证实了流动性是影响资产价格的一个状态变量。以下简单介绍 A–M 模型的提出。

假定市场中存在 M 个投资者以及 N+1 种资产，资产 j 在每单位时间内产生固定的现金流 d_j（$d_j > 0$），其交易成本用相对价差 S_j 表示。资产 0 没有交易成本并且有无限的供给量，而其他资产存在交易成本，供给量为 1 个单位。

交易通过竞争性的做市商进行，做市商对资产的买入和卖出进行报价。对于资产 j（$j = 0, 1, 2, \cdots, N$），其卖出报价和买入报价分别用 V_j 和 $V_j(1 - S_j)$ 表示。

假设投资者 i（$i = 1, 2, \cdots, M$）进入市场时的财富为 W_i，按照做市商的报价买入资产，持有 T_i 时期后再以做市商的报价卖出资产，其中 T_i 服从均值为 $1/\mu_i$ 的指数分布。将投资者按照预期持有期递增的顺序排序，即：$\mu_1^{-1} \leq$

$\mu_2^{-1} \leqslant \cdots \mu_M^{-1}$，资产以相对价差递增的顺序排序，即：$0 = S_0 \leqslant S_1 \leqslant \cdots \leqslant S_N < 1$。假设第 i 类投资者到达市场的时间服从参数为 λ_i 的泊松过程，且持有期是随机独立的。

对于一组给定的买价和卖价，投资者 i 的目标是实现贴现现金流的最大化。令 ρ 是零价差资产的风险调整收益率，x_{ij} 是投资者 i 拥有资产 j 的数量，则投资者 i 的资产组合期望值为：

$$E_{T_i}\left\{\int_0^{T_i} e^{-\rho y}\left[\sum_{j=0}^N x_{ij} d_j\right] dy\right\} + E_{T_i}\left\{e^{-\rho T_i}\sum_{j=0}^N x_{ij} V_j(1-S_j)\right\} =$$

$$(\mu_i + \rho)^{-1} \sum_{j=0}^N x_{ij} [d_j + \mu_i V_j(1-S_j)] \qquad (2-16)$$

对于给定的买卖价差，投资者 i 需要解决以下最大化问题：

$$max \sum_{j=0}^N x_{ij}[d_j + \mu_i V_j(1-S_j)] \qquad (2-17)$$

约束条件为 $\sum_{j=0}^N x_{ij} V_j \leqslant W_i$，且 $x_{ij} \geqslant 0$，$j = 0, 1, 2, \cdots, N$。

令 $X^*_{M\times(N+1)}$ 和 V^*_{N+1} 是最大化问题的最优解，其中 $X^*_{M\times(N+1)}$ 是平衡分配矩阵，V^*_{N+1} 是平衡卖价向量，则平衡时的买价向量可表示为 $[V_0^*, V_1^*(1-S_1), \cdots, V_N^*(1-S_N)]$。

定义投资者 i 对资产 j 投资所要求的预期净回报率为：

$$r_{ij} = d_j/V_j - \mu_i S_j \qquad (2-18)$$

其中，d_j/V_j 为资产 i 的总收益率，$\mu_i S_j$ 为预期流动性成本。

对于给定的价格矩阵 V，投资者 i 选择能够得到最大价差收益的资产 j 进入组合：

$$r_i^* = \max_{j=0,1,\cdots,N} r_{ij} \qquad (2-19)$$

为此，投资者 i 在资产 j 上获得的总收益率为 $r_i^* + \mu_i S_j$，同时反映了价差调整收益 r_i^* 和清算成本 $\mu_i S_j$。

当市场中有多个投资者时，资产 j 的均衡价格由收益率最低的投资者 i 决定，即：

$$d_j/V_j^* = \min_{i=0,1,\cdots,M}(r_i^* + \mu_i S_j) \qquad (2-20)$$

也可以表达为：

$$V_j^* = \max_{i=0,1,\cdots,M}[d_j/(r_i^* + \mu_i S_j)] \qquad (2-21)$$

其含义是资产 j 的均衡价格等于永久现金流以总收益率 ($r_i^* + \mu_i S_j$) 的折

现值。

此外，V_j^* 还可以表示为永久现金流 d_j 的现值与持有资产 j 的预期交易成本的现值的差，即：

$$V_j^* = d_j/r_i^* - \mu_i V_j^* S_j/r_i^* \qquad (2-22)$$

其中，r_i^* 为折现率。

A – M 理论表明在均衡时资产的期望收益随买卖价差增加。利用 1961—1980 年纽约证券交易所的样本数据，Amihud 和 Mendelson（1986）[4]证实了投资组合的风险调整收益随买卖价差增加，支持了理论模型的假设，暗示了资产的不流动性是一个定价特征。此外，A – M 理论还证明了代理效应的存在，即短期交易者倾向于投资更加流动的资产，而长期交易者愿意持有流动性差的资产，以便可以在更长的期限中分摊交易成本。因此，在均衡时收益是买卖价差的凹性增函数。

2.1.3　流动性风险溢价研究

Amihud 和 Mendelson 的发现建立了股票市场微观结构与资产定价的重要联系，推动了流动性与资产定价关系的研究。随后大量文献对 A – M 理论进行了实证检验。例如，作为 Amihud 和 Mendelson（1986）[4]的扩展研究，Amihud 和 Mendelson（1989）[46]对影响资产收益的因素进行了联合测试，具体考察了市场风险、残差风险、资产规模、公共信息与不流动性（用买卖价差衡量）对资产收益的影响，结果发现期望收益是市场风险和买卖价差的增函数，支持了 A – M 流动性溢价理论。Fang 等（2009）[51]通过考察买卖价差对公司账市比的影响验证了 Amihud – Mendelson 关于股票买卖价差对股票价值的负向效果。结果发现在控制了公司特征后，高的买卖价差会导致低的公司账市比。另外，作者还发现由于 2001 年股票交易价格实行小数化导致了买卖价差缩小从而提高了公司的账市比。相对比，Eleswarapu 和 Reinganum（1993）[52]利用 Amihud 和 Mendelson（1986）[4]实证中使用的买卖价差测度，提出流动性溢价具有较强的季节效应。基于 1961—1990 年 NYSE 公司的样本数据，Eleswarapu 和 Reinganum（1993）[52]发现流动性溢价只有在 1 月时显著为正，对于其他月份并没有发现显著的流动性溢价。然而，Eleswarapu（1997）[53]发现 1973 年到 1990 年期间的 Nasdaq 指数数据显著支持 A – M 流动性溢价理论，其原因可能是与 NYSE 股票交易所相比，由于不需要面临限价令和场内交易员的竞争，Nasdaq 股票交易所的内部价差能更好的代理交易成本。以上研究的共同点是均使用收盘时的买卖价差作为价差的代理指标，而并未考虑价差摊销的持有期。基于此，利用摊销价差（Amortized Spread）测量投资者持有期内的价差成本，Chalmers 和 Kadlec（1998）[54]对 1983 年至 1992 年 AMEX 和 NYSE 股票数据进行了考察，结果发现摊销价差相比买卖价差更能代表交易成本，支持了交易成本和资产定价理论。

由于买卖价差在较长的持有期内很难获得，Amihud 和 Mendelson（1986）[4]，以及 Eleswarapu 和 Reinganum（1993）[52]对买卖价差的测量可能存在明显的误差（Lee，1993[55]）。Petersen 和 Fialkowski（1994）[56]也表明报价价差不能很好地代理交易成本，提出需要寻找其他的代理变量更好地捕获资产的流动性。基于此，实证文献中提出了用不同的流动性代理变量考察 A–M 流动性溢价理论。例如，Datar 等（1998）[57]提出用换手率（交易的股票数量与流通的股票数量的比值）作为流动性的代理指标。以 1962 年 7 月至 1991 年 12 月 NYSE 上市的非金融公司作为研究样本，Datar 等发现流动性显著的影响了股票收益的横截面变化，且股票收益与换手率的负向关系在控制了公司规模、账面市值比以及公司 β 后依然显著。同时，基于换手率的测量指标，Datar 等并没有发现 Eleswarapu 和 Reinganum（1993）[52]提出的流动性溢价的季节效应。然而，Lee 和 Swaminathan（2000）[58]提出与低换手率的股票相比，高换手率股票的表现更像小股票，质疑将换手率作为流动性代理指标的合理性。

由于金融市场中的非流动性源于投资者的私人信息影响了资产配置和股价，不知情的交易者无法利用新信息调整投资组合（Bagehot，1971[59]；O'Hara，2003[60]；Grleanu 和 Pedersen，2004[61]），因此，信息风险可能影响资产的期望收益（Kyle，1985[43]；Easley 和 O'Hara，1987[62]；Glosten 和 Harris，1988[50]）。基于 Glosten 和 Harris（1988）[50]，以及 Kyle（1985）[43]的方法，Brennan 和 Subrahmanyam（1996）[5]将交易成本分解成固定和可变的成分，利用市场影响成本和买卖价差一起估计市场的不流动性。结果表明期望收益与非流动性的显著正向关系在经 Fama–French 三因子模型调整后依然稳健，且结果不受季节效应的影响。此外，Silber（1991）[6]以交易受限的股票为研究对象考察了非流动性对股价的影响，发现交易受限降低了股价。

Easley 等（2002）[63]利用信息交易的概率作为流动性的代理指标（记为 PIN），测试了非流动性对横截面资产收益的影响。利用 NYSE 交易所 1983 年至1998年的样本数据，结果证明在控制了其他因素之后，PIN对资产收益具有正向且显著的效果。然而，Duarte和Lance（2009）[64]发现当在估计的过程中加入一个股票非流动性的直接度量时，PIN的效果变为统计不显著，为此断言PIN与横截面期望收益的关系与信息不对称无关。

与Kyle的测度类似，Amihud（2002）[7]提出了一个新的价格影响测度，即利用绝对日收益和日（美元）交易的比值（记为ILLIQ）衡量一美元交易量带来的价格反映。基于1964年至1997年NYSE股票交易所数据，Amihud证实了ILLIQ对期望收益具有正向显著的影响，补充了股票预期收益和非流动性之间正向关系的证据。作为扩展，Amihud等（2010）[65]利用Amihud（2002）[7]提出的流动性测度在1960年至2009年的样本期内考察了股票收益和流动性的关系，证明了流动性差的股票产生了更高的期望收益。

不同于Amihud（2002）[7]测度，Pástor和Stambaugh（2003）[9]构建了一个新的价格影响指标用于捕获订单流引起的价格变化。利用1966年至1999年在NYSE和AMEX交易所上市的股票数据证实股票预期收益与总流动性的波动相关。

Liu（2006）[12]利用过去12个月的零日交易量（记为LM12）构建了一个衡量非流动性的测量指标，捕获了流动性的多个维度（如交易量、交易速度、交易成本）。利用1963年到2003年的美国数据，Liu基于LM12将股票分组发现经Fama–French三因子模型调整后流动性差的股票投资组合相比于流动性强的股票投资组合仍然具有显著的超额收益。

随着金融实践的发展，流动性在高频交易（HFT）中显得尤为重要。由交易策略产生的利润可能在除去交易成本后变得无利可图，对于HFT来说更是如此。基于A–M理论中提出的客户效应，高频交易者对交易成本敏感，所以流动的资产对HFT交易者来说更有价值。Bowen等（2010）[66]分析了FTSE100成分股的HFT交易情况，发现虽然HFT交易策略的收益几乎与风险因子无关，但它们对交易成本极为敏感。例如，在交易成本从零到十五个基点的范围内，策略的超额回报率从15.2%降到7.0%，而且，稍加延伸执行的等待期则会完全消除超额收益。因此，执行的延迟是流动性不足的一个方面。Ziemba和William（2007）[67]也指出，在执行交易中对股票的选择策略取决于股票的流动性。

除了美国市场，国际市场的大量证据也支持流动性溢价理论。例如，基于瑞士股票交易所在 1995 年至 2001 年的样本数据，Loderer 和 Roth (2005)[68]利用股票的市盈率代理期望收益考察了股票交易成本对市盈率的影响效果。研究结果发现不论是利用买卖价差还是交易量作为流动性的代理变量，流动性变差会显著降低市盈率。

对于新兴市场和亚洲市场，Bekaert 等（2007）[69]对 19 个新兴市场考察了流动性对期望收益的影响。利用每个股票市场零日公司收益的比率作为流动性的代理变量，他们发现其提出的流动性指标显著预测了未来收益，而换手率对收益的预测效果并不显著。Faff 和 Chan（2005）[70]，以及 Limkriangkrai 等（2008）[71]在澳大利亚股票市场证明了流动性与股票收益的正向关系。进一步，Amihud 等（2015）[72]考察了 45 个国家（分为 26 个发达市场和 19 个新兴市场）在 1990 年至 2011 年期间期望收益与非流动性的正向关系。基于 Amihud（2002）[7]提出的流动性测度，Amihud 等（2015）[72]发现几乎在所有国家流动性差的股票收益高于流动性强的股票收益。

除了股票市场，资产期望收益与交易成本的正向关系也存在于固定收入证券。例如，在国债市场，Amihud 和 Mendelson（1991）[73]发现流动性差的票据具有更高的到期收益。在公司债市场，Chen 等（2007）[74]利用不同的流动性测度考察了 4000 只公司债券，结果发现流动性越差的债券获得的收益越高，同时提高流动性会显著降低债券收益。Bao 等（2011）[75]利用 2003 年至 2009 年的交易数据建立了债券非流动性和债券价格之间的紧密联系，表明市场的流动性不足是解释高评级债券（从 AAA 到 A）利差的重要部分。总之，以上研究均表明流动性差的债券到期收益率较高。

与国外研究相比，尽管我国对流动性的研究起步较晚，但也取得了丰硕的成果。国内学者主要采用不同的流动性测度考察流动性对资产收益的影响。最早关于流动性的研究为王春峰等（2002）[76]对上海股市的实证考察。利用非流动性代理指标，作者考察了市场流动性对资产收益的影响。以上海股票市场 1994 年至 2001 年的数据为样本，实证结果表明政策因素（即代表非预期信息）影响流动性与资产收益的关系。具体来说，排除与政策相关的样本数据，流动性与股票收益呈现负相关关系，否则，流动性对资产收益没有显著的影响。同样的结论也存在于时间序列的测试过程中。因此，作者认为相比于预期的非流动性，流动性的非预期因素在解释股票收益中起到关键作用。

Amihud 和 Mendelson（1986）[4]提出股票的超额收益一部分是对风险的补

偿，另一部分则是对资产不流动性的补偿。吴文峰等（2003）[77]在中国股票市场实证考察了 Amihud 和 Mendelson 提出的理论。利用 Amihud（2002）[7]提出的非流动性指标，作者发现在 1993 年至 2001 年的样本期内，股票的超额收益主要来自对非流动性的交易成本的补偿，而不是对风险的补偿，对于小市值公司更是如此。

李一红和吴世农（2003）[78]利用换手率和非流动性两个指标作为流动性的代理变量测试了流动性溢价理论在中国市场是否成立。实证证据表明，基于个股数据换手率与预期收益呈负向关系，而非流动性与预期收益呈正向关系，符合流动性溢价理论。进一步，作者还证实了流动性度量的选取、市场形态、政策以及数据选择可能影响中国股票市场的流动性与预期收益之间的关系。

蔡楠（2003）[79]在沪市 A 股市场中考察了流动性对股票收益的影响。结果表明不论是在短期还是在长期的实证检验中，流动性的变化均对股票的超额收益具有显著的影响，且对于小公司影响更加明显。

何荣天（2003）[80]设计流动性指数作为流动性的测量指标考察了中国股票市场的流动性溢价问题。基于 1999 年至 2002 年的样本数据，结果表明中国股票市场存在显著的非流动性溢价，证实了股票市场的超额收益不只来源于对风险的补偿。

苏冬蔚和麦元勋（2003）[81]利用换手率作为流动性的测量指标，考察了我国股市是否具有显著的流动性溢价。实验结果表明资产的期望收益与换手率间的负向关系在加入规模、账市比等一系列控制变量后依然稳健。

陆静和唐小我（2004）[82]也采用换手率作为流动性的测量指标，基于 2001 年至 2002 年上海证券交易所的 A 股数据考察了流动性对期望收益的影响。结果表明我国股票市场流动性与期望收益呈负相关关系，与成熟的资本市场具有一致的特征。另外，证据还显示股票收益与公司的市值无关，即我国的股票市场不存在规模效应。

张维和梁朝晖（2004）[83]考察了中国股票市场的流动性变化与股票收益的动态关系。基于向量自回归模型以及格兰杰因果检验方法，证据表明中国股票市场的流动性特征是变化的，股票市场在 2002 年表现出非流动性溢价的现象。

苏冬蔚（2005）[84]考察了股票的执行成本对股票期望收益的影响。基于

A-M风险溢价理论，作者构建了执行成本与资产收益的非线性模型，并对沪深股市在1999年1月1日前上市的所有A、B股进行实证检验。结果发现股票的期望收益是执行成本的增函数。

席红辉（2006）[85]采用换手率和Amihud（2002）[7]提出的非流动性指标作为流动性的代理变量测量了流动性与股票预期收益的关系。基于1994年至2003年上海证券交易所的A股数据，证实了我国股市与成熟的国际市场一致，具有显著的流动性溢价。

谢赤等（2007）[86]基于高频数据构造了一种新的度量流动性的方法，并采用两种不同的回归过程研究上海股票市场中流动性与期望收益的关系。结果表明流动性溢价理论在上海股票市场是成立的。

许敏和刘善存（2008）[87]基于2004年至2005年上证50成分股的高频数据构建了两种流动性代理变量用于考察非流动性与股票收益的关系。结果发现股票预期收益与其提出的非流动性代理变量呈负相关关系，同时证据还表明流动性的波动不具有明显的风险溢价。

梁丽珍和孔东民（2008）[88]利用换手率、Amihud（2002）[7]测度以及Pástor和Stambaugh（2003）[9]流动性测度考察了中国股市流动性与资产收益的关系。结果表明中国股市存在显著的非流动性溢价。同时，实证结果表明Amihud测度相比于另外两个测度能更好地捕获流动性风险。

佟孟华等（2009）[89]考察了股票市场流动性对股票价格波动的影响。利用换手率作为流动性的代理指标，作者发现流动性与股票的价格波动具有正相关关系。

杨朝军和王灵芝（2011）[90]基于沪深股市的样本数据考察了流动性对资产收益的影响。通过混合回归分析验证流动性水平负向影响资产预期收益，确认了我国股市中存在流动性溢价。同时，作者还发现流动性的变化率与资产的收益互为因果关系。

胡啸兵等（2012）[91]构建了多维流动性指标并通过Copula-GARCH模型考察我国市场流动性对股票收益的影响。结果表明在牛市时期收益率与流动性同时增强，而在熊市时期收益率与流动性同时减弱，与流动性溢价理论不符。

张峥等（2013）[92]主要考察买卖价差作为流动性代理指标在中国的适用性。基于1999年至2009年中国股票市场的交易数据，研究表明价差类指标比其他间接指标能更好地捕获流动性，且 Amihud 指标优于低频指标。同时，结果也证实了流动性在解释股票收益中具有重要作用。

韩金晓和吴卫星（2017）[93]利用低频价差类指标考察了2007年到2015年中国股票市场的流动性溢价问题。结果发现中国股票市场存在普遍的流动性溢价。同时，实证证据还表明 Corwin 和 Schultz（2012）[94]提出的流动性测度比换手率能更好地测量中国股票市场的流动性。

邢红卫和刘维奇（2018）[95]以2000年1月至2015年6月的沪深 A 股为研究样本，证实了换手率的风险溢价以及风险信息。

总之，以上证据表明资产的预期收益与资产不流动性的正向关系在国内外均成立，支持了 Amihud 和 Mendelson（1986）[4]的流动性溢价理论，同时也为流动性的资产定价研究奠定了基础。

2.1.4 流动性资产定价研究

2.1.3 节的研究从流动性作为股票特征的角度考察了流动性与资产价格的关系，即考察流动性的水平效应，结果表明持有流动性差的资产投资者将获得更高的未来回报。与对流动性水平效应的研究相比，考察流动性作为定价的系统性风险（即流动性的风险效应）的研究较少，以下介绍相关文献。

一系列研究发现，无论是对个体资产还是对市场，流动性都是随着时间的推移而变化的，且流动性的变化具有市场范围的共性（Chordia 等，2000[96]；Hasbrouck 和 Seppi，2001[97]；Huberman 和 Halka，1999[98]），对流动性的研究开始考察整个市场的流动性是否可以被视为不可分散的系统性风险。如果流动性影响收益，对流动性的冲击也会对资产价格造成影响。在相关的研究中，市场流动性是一个系统性因素，其冲击会影响个体资产价格，而个体资产的价格敞口对市场流动性的冲击是定价的。不同于考察交易成本对资产收益的影响，随后的一些研究将流动性作为一种额外的风险因素进行了探讨。

非流动性在不同的时期具有显著变化，且这些变化会影响股票价值（Amihud，2002[7]）。当非流动性增加时，高的预期收益意味着投资者以高的贴现率折现未来现金流。如果非流动性没有对股票的现金流造成影响，预期收益的增加则意味着股价下跌，即对市场非流动性的冲击与股票价格呈负向关系。这种负向关系对于小规模股票和流动性差的股票尤为显著，也就是说通常有较高预期收益率的流动性差的股票对流动性冲击有较大的敏感性。

Pástor 和 Stambaugh（2003）[9]是考察股票的系统流动性风险的主要研究，证实了市场范围的流动性风险是资产定价中重要的状态变量。基于 1966 年至 1999 年的美国数据，Pástor 和 Stambaugh 测试了流动性 β（即股票收益对流动性冲击的敏感性）与预期股票收益的关系，证明了预期收益是 β 的增函数。进一步，基于估计的流动性 β 将股票分为 10 个投资组合，Pástor 和 Stambaugh 证明了高低 β 投资组合的收益差具有正向且显著的风险调整收益，即具有高流动性风险（即高 β）的股票具有高的期望收益。同时，Pástor 和 Stambaugh 也证实了 Amihud（2002）[7]的发现，即相比于大规模股票，小规模股票的收益率对于不流动性冲击具有更高的风险敞口。

由经典的资本资产定价模型（CAPM），风险厌恶的投资者定价股票的系统性风险或股票 β。然而，在具有交易成本的市场存在额外的系统性风险来源。Acharya 和 Pedersen（2005）[99]提出了一个流动性调整的资产定价模型用于解释资产价格如何受流动性风险和流动性共性的影响。模型表示股票的期望收益来自三个渠道的影响，即股票非流动性与市场非流动性的协方差，股票收益与市场非流动性的协方差，以及股票非流动性与市场收益的协方差。基于 Amihud（2002）[7]的流动性测度，Acharya 和 Pedersen 考察了 NYSE/AMEX 交易所 1964 年至 1999 年的股票数据，证实了流动性是定价的系统性风险。

作为对 Pástor 和 Stambaugh（2003）[9]，以及 Acharya 和 Pedersen（2005）[99]工作的扩展，Lin 等（2011）[100]考察流动性风险对公司债的横截面定价问题。在 1994 年至 2009 年的样本期内，作者发现对流动性敏感度高的债券与对流动性敏感度低的债券的平均收益差为每年 4%。同时，公司债券的期望收益与流动性 β 的正向关系在控制了流动性水平、债券特征等一系列影响因素后依然显著。Lin 等的发现证实了流动性风险是公司债预期收益的重要决定因素。DeJong 和 Driessen（2012）[101]也考察了流动性在定价公司债中的角色，发现公司债的收益受国债和股票市场流动性的显著影响。通过对预期收益的考察，他们发现美国长期投资级债券的总流动性风险溢价约为每年 0.6%，而对于流动性风险敞口较高的投机级债券，流动性风险溢价约为每年 1.5%，支持了流动性风险是公司债收益的定价因素。

Sadka（2006）[11]考察了流动性风险在异象解释中的重要角色。Sadka 利用交易产生的价格影响作为流动性的测量指标，并将其分解成可变成分和固定成分。在1983年至2001年的样本期内Sadka证明了流动性的变化成分能够定价与动量以及后盈余漂移相关的投资组合收益。由于流动性的变化成分与私人信息密切相关，结果暗示了动量和后盈余漂移组合的部分超额收益可以看作对知情交易相对于噪声交易比率的非预期变化的补偿。

以上研究将对流动性的冲击看作定价的系统性因子考察其对资产预期收益的影响。与之不同，Liu（2006）[12]用非流动性产生的收益溢价（即流动性差和流动性强的股票的收益差）估计股票的系统性风险。基于一个交易的不连续测度，Liu将股票分为十组，然后利用低流动性投资组合与高流动性投资组合的收益差构建了流动性因子，并将CAPM扩展为包含市场因子和流动性因子的资产定价模型。Liu提出的两因子模型很好地解释了股票的横截面收益，他不但解释了CAPM和Fama–French三因子模型无法捕获的流动性溢价，而且还解释了与规模、长期投资受限相关的异常现象。

Amihud（2014）[102]利用流动性风险溢价考察流动性的系统性风险。基于Amihud（2002）[7]提出的流动性指标将股票分组，并用流动性最高和最低的股票五分位组合的收益差作为流动性因子（记为IML）。实证表明在1950年至2012年的样本期内，经Fama–French三因子模型以及Cahart四因子模型调整后的非流动性溢价为每年4%，且在资金流动性不足以及市场不利的情形下IML β 具有正向显著的风险价格。

对于考察流动性作为定价的系统性风险，国内学者也进行了深入的探讨。孔东民（2006）[103]在中国股票市场检验了Acharya和Pedersen（2005）[99]提出的流动性风险模型。基于中国股票市场1995年到2004年的数据，实验结果发现在不同的时期，A–P模型都比CAPM更好地解释资产收益，且在控制了公司规模等影响因素后，结果依然稳健。

黄峰和邹小芃（2007）[104]构建了一个流动性风险调整的定价模型，检验流动性风险对中国股票市场中个股收益差异的解释力。实验结果发现流动性风险具有显著的溢价，而CAPM中的市场风险溢价并不显著，暗示了流动性是影响股票收益的系统性风险。

王金安和陈浪南（2008）[105]将传统的CAPM模型扩展为包含流动性风险以及偏态风险的高阶矩资产定价模型。基于1995年至2005年沪深两市的A股数据，表明基于流动性构建的资产定价模型能很好地解释资产收益，暗示了流动性以及偏态因素对中国股票市场的资产定价具有重要影响。

陈青和李子白（2008）[106]用 Amihud（2002）[7]提出的非流动性指标测量流动性，并采用 Liu（2006）[12]的方法构建了基于流动性风险的资产定价模型。基于我国沪深证券交易所在 1997 年到 2005 年的数据，实证发现提出的模型能很好地解释流动性溢价。同时，经流动性调整的模型能够解释规模、账市比以及收益反转异象，证实了流动性风险在资产定价中的重要角色。

周芳和张维（2011）[107]对 Fama–French 三因子模型以及 Liu（2006）[12]流动性调整的资产定价模型进行了改进，并比较 CAPM 与改进后的模型对中国股票市场收益的解释能力。结果表明 CAPM 模型无法解释存在于中国股票市场的规模、价值以及流动性溢价现象。基于 Fama–French 三因子模型的改进模型可以捕获价值溢价，但无法捕获规模以及流动性风险溢价。相比之下，综合换手率和非流动性两个度量指标改进的流动性模型对规模、价值以及流动性溢价均具有良好的解释能力。

刘锋和霍德明（2012）[108]以 1996 年至 2010 年的上市公司为样本，考察了流动性在定价股票收益中的作用。在资产定价的横截面测试中，证据表明在控制了相关的风险因子以及股票特征后，流动性风险依然具有显著的定价能力。

周芳等（2013）[109]讨论了市场风险以及流动性风险的资产定价问题。基于资产定价理论，文中推导了包含相对流动性风险和绝对流动性风险两种形式的资产定价模型，揭示了资产期望收益的形成过程。

田利辉和王冠英（2014）[110]考察了交易量与股票收益的关系。基于 1995 年至 2012 年沪深 A 股的交易数据，作者发现成交量与换手率均同股票的预期收益呈负相关关系。此外，证据还表明市场、市值、账市比以及收益率的反转效应均不能解释交易量效应，为此在 Fama–French 三因子模型中增加了成交量和换手率两个因素。

李延军和王丽颖（2015）[111]考察了我国 A 股市场中流动性风险对股票价格的影响。基于 2002 年至 2012 年 A 股市场的非金融股票数据，文章建立了经流动性和动量调整后的 Fama–French 三因子模型并测试了模型对股票预期收益的影响。结果表明，股票的流动性强弱明显影响了预期收益，而动量对我国股票收益没有显著影响。

2.1.5 基于流动性风险的定价模型

基于流动性作为定价的系统性风险的证据，实证文献中提出了不同的流动性风险模型，以下对具有代表性的流动性模型予以介绍。

1. Pástor – Stambaugh (2003)[9] 四因子模型

Pástor 和 Stambaugh (2003)[9] 测试了流动性 β（即股票收益对流动性冲击的敏感性）和期望收益的关系，发现股票的期望收益是 β 的增函数，因此提出市场的流动性是一个状态变量。首先，基于 Campbell 等 (1993)[112] 的方法，Pástor 和 Stambaugh 构建了一个衡量市场不流动性的测度：

$$r_{i,d+1,t} - r_{M,d+1,t} = \alpha_{i,t} + \beta_{i,t} r_{i,d,t} + \gamma_{i,t} sign(r_{i,d,t} - r_{M,d,t}) \cdot v_{i,d,t} + \varepsilon_{i,d+1,t} \quad (2-23)$$

其中 $r_{i,d+1,t}$ 是股票 i 在 t 月第 $d+1$ 天的收益率，$r_{M,d+1,t}$ 是 t 月第 $d+1$ 天的市场收益率，$v_{i,d,t}$ 是股票 i 的日交易量。$\gamma_{i,t}$ 是股票 i 在 t 月的流动性测度，反映了对一个给定交易量引起的价格反转。$\gamma_{i,t}$ 的符号一般为负，其绝对值越大则暗示了流动性越低。

对 $\gamma_{i,t}$ 的等权平均即为 t 月的市场流动性测度，记为 γ_t。基于 $\Delta\gamma_t$ 序列的自回归新息项，Pástor 和 Stambaugh 构建了一个市场范围的非交易型流动性因子，记为 PS_{inn}，并将 Fama – French 三因子模型扩展为 Pástor – Stambaugh 四因子模型，即：

$$E(R_i) = R_f + \beta_{i,M} E(M) + \beta_{i,SMB} E(SMB) + \beta_{i,HML} E(HML) + \beta_{i,PS_{inn}} E(PS_{inn}) \quad (2-24)$$

或

$$R_{i,t} = \alpha_i + \beta_{i,M}(R_{M,t} - R_{f,t}) + \beta_{i,SMB} SMB_t + \beta_{i,HML} HML_t + \beta_{i,PS_{inn}} PS_{inn} \quad (2-25)$$

此外，与 Fama – French 因子的构建方法相同，Pástor 和 Stambaugh 利用以上回归中估计得到的流动性 β（即 PS_{inn} 的斜率系数 $\beta_{i,PS_{inn}}$）将股票分组，利用高低 β 投资组合的收益差构建了一个交易型流动性因子，记为 PS_{trd}，其对应的因子模型为：

$$E(R_i) = R_f + \beta_{i,M} E(M) + \beta_{i,SMB} E(SMB) + \beta_{i,HML} E(HML) + \beta_{i,PS_{trd}} E(PS_{trd}) \quad (2-26)$$

或

$$R_{i,t} = \alpha_i + \beta_{i,M}(R_{M,t} - R_{f,t}) + \beta_{i,SMB} SMB_t + \beta_{i,HML} HML_t + \beta_{i,PS_{trd}} PS_{trd} \quad (2-27)$$

2. Sadka (2006)[11] 模型

Sadka (2006)[11] 提出了不同的价格影响测度用于捕获交易对价格的影

响。具体来说，Sadka 将价格影响分解为四个部分，对于每个公司在每个月的价格影响部分可以由 Glosten 和 Harris（1988）[50]的微观结构模型估计：

$$\Delta p_t = \alpha + \Phi D_t + \lambda DV_t + \overline{\Phi}\Delta D_t + \overline{\lambda}\Delta DV_t + y_t \qquad (2-28)$$

其中 Δp_t 代表了在 t 月由于交易量 V_t 的变化导致的价格增加，Δ 是一阶差分算子。D_t 是订单流的符号，相应的 DV_t 是 t 月的订单流，可通过一个两阶过程计算得到。Φ（λ）代表了固定（变化）永久的价格影响成本，$\overline{\Phi}$（$\overline{\lambda}$）代表了固定（变化）暂时性价格影响成本。y_t 代表了一个公共信息符号，α 是截距项。

基于不同的价格影响部分，Sadka 分别构建了总的流动性测度，并利用每个总流动性测度的时间序列新息项构建了流动性因子。在考察这些因子对横截面收益的影响时，Sadka 发现只有价格影响成本的变化部分（λ）是显著定价的，因此在 CAPM 的基础上扩展了两因子模型：

$$E(R_{i,t}) = R_{f,t} + \beta_{i,M}[E(R_{M,t}) - R_{f,t}] + \beta_{i,SF}E(SF) \qquad (2-29)$$

其时间序列形式为：

$$R_{i,t} = \alpha_i + \beta_i(R_{M,t} - R_{f,t}) + \beta_{i,SF}SF_t \qquad (2-30)$$

其中，SF_t 是 Sadka（2006）[11]基于价格的变化部分构建的流动性因子的月度收益，是非交易型的因子。

3. Liu（2006）[12]流动性扩展的资本资产定价模型（LCAPM）

Liu（2006）[12]用一个换手率调整的零日交易量测度衡量了股票交易的不流动性：

$$LMx = \left(Nz + \frac{1/Tx}{Df}\right) \times \frac{21x}{NT} \qquad (2-31)$$

其中 Nz 是过去 x 月零交易量的天数；Tx 是过去 x 月的换手率（日交易量/流通股数）；NT 是过去 x 月的总交易天数；Df 需要满足条件 $0 < \frac{1/Tx}{Df} < 1$。

Liu（2006）[12]发现由过去 12 个月的数据得到的流动性测度能很好地捕获投资组合的预期收益，因此基于 LM12（即 $x = 12$）排序所有股票，利用低流动性和高流动性投资组合的收益差构建了一个流动性因子，记为 LF，并在 CAPM 的基础上扩展了 LF 形成了流动性扩展的资本资产定价模型（LCAPM）：

$$E(R_i) = R_f + \beta_{i,M}[E(R_M) - R_f] + \beta_{i,LF}E(LF_t) \qquad (2-32)$$

其时间序列形式为：

$$R_{i,t} = \alpha_i + \beta_i(R_{M,t} - R_{f,t}) + \beta_{i,LF}LF_t \qquad (2-33)$$

LF 也是交易型因子。

2.2 资产定价模型的相关研究

2.2.1 资本资产定价模型（CAPM）

Markowitz（1952）[1]首次提出了投资组合理论，为资产定价模型的发展奠定了基础。基于均值－方差有效、市场无摩擦、齐次预期等一系列假设条件，投资组合理论考察了理性投资者在单期效用最大化目标下的资产配置问题，并利用均值－方差模型确定最优投资组合。均值－方差分析揭示了资产的期望收益由其自身的风险大小决定，并且指出分散化的证券组合可以降低非系统性风险。

基于 Markowitz 的投资组合理论以及假设条件，Sharpe（1964）[2]和 Lintner（1965）[3]将资产的期望收益表示为市场投资组合的线性函数，提出了著名的资本资产定价模型（CAPM）。CAPM 的提出首先需要满足以下严格的假设：

（1）投资者对预期收益率、方差以及资产协方差有一致的预期；

（2）资本市场中无交易成本和个人所得税；

（3）投资者以无风险利率借入和贷出资金；

（4）遵循 Markowitz 的均值－方差分析做投资决策。

基于以上假设，CAPM 的形式为：

$$E(R_i) = R_f + \beta_i E(R_M - R_f) \qquad (2-34)$$

其中，$E(R_i)$ 表示证券 i 的预期收益率；R_f 表示无风险利率；$E(R_M)$ 表示市场组合收益率；$\beta_i = \sigma_{iM}/\sigma_M^2$ 是资产 i 的系统性风险，根据市场投资组合的方差，以及资产 i 与市场投资组合的协方差计算得到。

CAPM 的核心思想即资产的收益率是由其风险决定的。利用 β 表示资产风险，即收益率对市场变动的敏感程度，则资产的收益率可以表示为 β 的线性函数。CAPM 明确指出了资产收益与风险的关系，并且简洁的形式使其一经提出便受到广泛关注。然而，随后大量的实证研究对 CAPM 的构建提出了质疑。首先，Roll（1977）[113]批评 CAPM 根本无法被检验，因为 CAPM 中提到的市场投资组合在实际中难以量化，使用不同市场组合的代理变量将得到不同的结论。其次，在对 CAPM 的实证检验中，发现单一的市场风险并不能完全解释由某些资产特征导致的超额收益，也被称为"市场异象"。例如，最初的研究发现按盈余价格比（Basu，1983[114]）、市值（Banz，1981[115]）、账面市值比（Stattman，1980；Rosenberg 等，1985[116]）等特征排序的股票其溢价无法被市场 β 解释，暗示了资产的预期收益可能包含市场 β 之外的信息。此外，CAPM 的假设过于严格，与实际不符。例如，金融市场存在交易成本，投资人的预期并不一致，借款利率通常也大于贷款利率。综上，CAPM 的提出为资产定价研究奠定了基础，其缺陷也推动了资产定价理论和资产定价模型的进一步发展。

2.2.2 套利定价理论（APT）

由于 CAPM 的执行要求严格的假设，以及大量实证证据对 CAPM 提出的质疑，Ross（1976）[117]提出了套利定价理论（APT）。基于 APT，资产的收益是由某些共同因素决定的，即：

$$R_{i,t} = \alpha_i + \sum_{j=1}^{k} \beta_{i,j} f_{j,t} + \varepsilon_{i,t} \tag{2-35}$$

其中，$R_{i,t}$ 表示证券 i 在 t 期的收益率；$f_{j,t}$ 是决定资产收益的第 j 个因素（$j=1, \cdots, k$）在 t 期的收益率；因子载荷 $\beta_{i,j}$ 衡量证券 i 对第 j 个因素的敏感性；α_i 与 $\varepsilon_{i,t}$ 分别是多因子模型的截距和误差项。

当市场达到均衡时，资产 i 的期望收益可以表示为 $\beta_{i,j}$ 的线性函数，即无套利模型可以表示为：

$$E(R_i) = R_f + \sum_{j=1}^{k} \beta_{i,j} \gamma_j \tag{2-36}$$

其中 R_f 表示无风险利率，γ_j 为第 j 个系统性风险因素的风险溢价。当资产 i 对所有系统性风险因子都不敏感时，有 $\beta_{i,j}=0$。此时，资产 i 为无风险资产，其期望收益等于无风险利率。

与 CAPM 相比，APT 放弃了 Markowitz 的均值－方差假设条件，要求更为宽松。从模型形式上看，APT 可看作将 CAPM 扩展到多因素的情形。APT 的多因素定价模型形式更符合实践要求，然而也存在一些缺陷：虽然 APT 提出了资产的期望收益由多个因素共同决定的模型框架，但是其中并没有给出确定这些因素的标准。实践过程中，APT 的执行通常使用两种方法。第一种方法是利用因子分析法或主成分方法从大量的因素中寻找关键的共同因子。然而，此方法对于不同的数据选择可能会得到不同的备选因子，因此无法获得一致的结论。另外，通过此方法所选择的因子通常不具有经济动机，无法给出确定的含义（Shanken，1982[118]；Lehmann 和 Modest，1988[119]；Fama，1991[120]）。另一种方法是根据经济理论假定共同因子，再通过实证检验所选因子是否能解释资产的横截面收益。例如，Chen 等（1986）[121]选取一系列经济变量作为备选风险因子，然后确认所选因子是否影响资产收益。然而，Fama（1991）[120]，Shanken 和 Weinstein（1990）[122]也提出 Chen 的结果并不可靠。为此，尽管 APT 的提出为资产定价模型从单因子模型到多因子模型提供了思路，但是系统因子如何选择依然无法在 APT 中寻求答案。

2.2.3 跨期资本资产定价模型（ICAPM）

CAPM 模型是一个单期静态模型，假设投资者只关注投资组合在单个时期后的均值和方差。事实上，现实中的证券市场是连续变化的，投资者不仅关注投资期末的财富水平，也关注其他影响收益的投资机会。为此，Merton（1973）[33]在动态的假设下扩展了 CAPM，提出了跨期资本资产定价模型（ICAPM）：

$$E(R_i) = R_f + \beta_{i,M}(ER_M - R_f) + \sum_{j=1}^{k} \beta_{i,j}(ER_j - R_f) \qquad (2-37)$$

ICAPM 中指出资产的预期收益与两部分有关：一部分是 Markowitz 的均值－方差收益，另一部分是与未来投资机会相关的 k 个"状态变量"（"State variables"）产生的风险溢价。

ICAPM 的提出为多因子模型的构建提供了方向，即选取影响投资机会的状态变量，或与状态变量相关的模拟投资组合（mimicking portfolios）。

2.2.4 资产定价实证模型

1. Fama – French（1993）[10]三因子模型

ICAPM 的提出为多因子模型的构建提供了理论基础，随后一系列实证研究基于各种影响股票预期收益的因素构建了因子模型。在检验 CAPM 的有效性时，大量的实证证据不但证实了市场 β 不能完全解释资产的预期收益，同时也发现其他变量，如规模、盈余价格比、账市比对资产价格有明显影响（Banz，1981[115]；Bhandari，1988[123]）。Fama 和 French（2012）[124]考察了以上变量联合市场 β 对横截面股票收益的解释力，结果发现规模和账市比在

1963 年到 1990 年期间能够很好的解释美国股票的预期收益。为此，Fama 和 French（1993）[10]在 CAPM 的基础上扩展了规模和账市比因子，提出资产定价研究中具有影响力的 Fama – French 三因子模型：

$$E(R_i) = R_f + \beta_{i,M}[E(R_M) - R_f] + \beta_{i,SMB}E(SMB) + \beta_{i,HML}E(HML)$$
(2 – 38)

其时间序列形式为：

$$R_{i,t} = \alpha_i + \beta_{i,M}(R_{M,t} - R_{f,t}) + \beta_{i,SMB}SMB_t + \beta_{i,HML}HML_t \quad (2-39)$$

其中，SMB 为规模因子，是小股票投资组合和大股票投资组合的收益差；HML 为账市比因子，是高账市比股票与低账市比股票的收益差；系数 $\beta_{i,SMB}$ 和 $\beta_{i,HML}$ 分别为 SMB 和 HML 的因子载荷，衡量资产对系统性因素的敏感性。

Fama – French 三因子模型的构建将规模和账市比看作影响投资机会的状态变量，是 ICAPM 的实证应用。模型很好的解释了文献中提出的众多 CAPM 异象，例如盈余价格比、现金流价格比、长期收益反转等非正常收益均可以被纳入规模以及账市比效应。然而，与对 CAPM 的实证检验相同，文献中也发现了大量 Fama – French 三因子模型无法解释的异象（Jegadeesh 和 Titman，1993[125]；Ikenberry 等，1995[126]；Loughran 和 Ritter，1995[127]；Sloan，1996[128]；Chan 等，2003[129]；Ang 等，2006[130]；Daniel 和 Titman，2006[131]；Campbell 等，2008[132]；Hafzalla 等，2011[133]），其中最有影响力的为 Jegadeesh 和 Titman（1993）[125]发现的动量效应（momentum effect）。

2. Carhart（1997）[134]四因子模型

Daniel 和 Titman（1997）[135]发现了一个短期收益率持续的现象，即在短时期内过去收益率高的股票将继续保持高的收益，而过去收益率低的股票持续表现出低收益，这种现象被称为动量（Momentum）异象。Jegadeesh 和 Titman 表示虽然 Fama – French 三因子模型能解释大量的异常收益，却无法包含动量效应，为此动量也是影响资产收益的一个相关状态变量。Fama 和 French（1996）[136]也证实了他们的三因子模型无法解释动量效应。基于以上发现，Carhart（1997）[134]利用过去收益率高的股票和过去收益率低的股票的收益差构建了一个动量因子，并将 Fama – French 三因子模型扩展为包含市场，规模，账市比以及动量的四因子模型，形式为：

$$E(R_i) = R_f + \beta_{i,M}[E(R_M) - R_f] + \beta_{i,SMB}E(SMB) +$$
$$\beta_{i,HML}E(HML) + \beta_{i,UMD}E(UMD) \quad (2-40)$$

其时间序列形式为：

$$R_{i,t} = \alpha_i + \beta_{i,M}(R_{M,t} - R_{f,t}) + \beta_{i,SMB}SMB_t + \beta_{i,HML}HML_t + \beta_{i,UMD}UMD_t \tag{2-41}$$

其中 UMD 表示动量因子。

Carhart（1997）[134]四因子模型的提出解释了由动量效应造成的异象收益，并且常与 CAPM 以及 Fama – French 三因子模型一起作为资产定价实证研究中的基准模型。

3. Fama – French（2015）[13]五因子模型

随着资产定价的发展以及越来越多的异象被发现，资产定价的实证研究中提出了大量新的定价因子以及发展了众多的资产定价模型（Harvey 等，2016[137]；Hou 等，2019[138]），其中与盈利（Haugen 和 Baker，2004[139]；Randolph 等，2002[140]；Novy – Marx，2013[141]）和投资（Fairfield 等，2003[142]；Richardson 和 Sloan，2005[143]；Liu 等，2009[144]）相关的异象最为显著。为了捕获由投资和利润造成的异常收益，Fama 和 French（2015）[13]构建了投资和盈利因子，并将 Fama – French 三因子模型扩展为五因子模型：

$$E(R_i) = R_f + \beta_{i,M}[E(R_M) - R_f] + \beta_{i,SMB}E(SMB) + \beta_{i,HML}E(HML) + \beta_{i,RMW}E(RMW) + \beta_{i,CMA}E(CMA) \tag{2-42}$$

其时间序列形式为：

$$R_{it} = \alpha_i + \beta_{i,M}(R_{Mt} - R_{ft}) + \beta_{i,SMB}SMB_t + \beta_{i,HML}HML_t + \beta_{i,RMW}RMW_t + \beta_{i,CMA}CMA_t \tag{2-43}$$

其中，盈利因子 RMW 是指高盈利股票与低盈利股票之间的收益差，投资因子 CMA 是低资产成长股与高资产成长股的收益差。

4. Hou – Xue – Zhang（2015）[14]四因子模型

在 Fama – French 五因子模型提出的同期，Hou 等（2015）[14]也构建了包含市场、规模、投资和盈利的 Hou – Xue – Zhang 四因子模型，与 Fama – French 五因子模型一起成为最近资产定价的主流模型，其形式为：

$$E(R_i) = R_f + \beta_{i,M}[E(R_M) - R_f] + \beta_{i,ME}E(ME) + \beta_{i,IA}E(IA) + \beta_{i,ROE}E(ROE) \tag{2-44}$$

其时间序列形式为：

$$R_{i,t} = \alpha_i + \beta_{i,M}(R_{M,t} - R_{f,t}) + \beta_{i,ME}ME_t + \beta_{i,IA}IA_t + \beta_{i,ROE}ROE_t \tag{2-45}$$

其中，规模因子 ME 是小股票投资组合与大股票投资组合的收益差，投资因子 IA 是低投资股票组合与高投资股票组合的收益差，利润因子 ROE 是高利润投资组合与低利润投资组合的收益差。与 Fama – French 五因子模型不同，Hou – Xue – Zhang 模型中的 ME、IA、ROE 是按 2×2×3 对规模、投资、利润排序形成的投资组合。

2.3 文献评述与问题提出

围绕本书的研究主题，本章沿流动性的发展脉络和资产定价的发展脉络两条主线对现有研究进行了梳理。对于流动性的相关研究，首先介绍了流动性的定义与测度，其次介绍了流动性的溢价理论以及支持性证据，最后对流动性作为定价的系统性风险的国内外文献进行了归纳总结。根据定义，流动性是一个模糊且无法直接测量的概念，通常被认为包含交易量、交易速度、交易成本和价格影响四个方面的特征。由于流动性的多维度特征，基于不同维度提出的测量指标表现不同，为此初期对流动性的研究旨在寻找恰当的流动性代理变量。Amihud 和 Mendelson（1986）[4] 提出的流动性溢价理论（A – M 理论）最早建立了流动性与资产定价的关系。通过构建一个均衡模型提出资产的预期收益是买卖价差的增函数，证实了流动性是影响资产价格的重要特征。基于 A – M 理论，考察流动性与预期资产收益的关系成为流动性研究的一个主要方向。国内外的大量实证研究根据不同的流动性测度，在各种市场（股票、债券、衍生品）条件下均证实了资产的预期收益与非流动性的正向关系，支持了 A – M 理论。随着流动性的共性被发现，对流动性的研究开始关注流动性是否可以被视为不可分散的系统性风险。在相关的研究中，市场流动性是一个系统性因素，其冲击会影响个体资产价格，因而是定价的。与对流动性的风险溢价研究相比，对流动性作为系统性风险的考察还处于初期研究阶段。现有文献对系统流动性风险的考察主要有两类：一类是以 Pástor 和 Stambaugh（2003）[9] 为代表的利用市场范围的流动性冲击作为资产定价的状态变量；另一类是以 Liu（2006）[12] 为代表的利用非流动性产生的收益溢价估计股票的系统性风险。他们均证实了流动性风险的系统性，并利用不同的流动性代理变量构建了流动性因子并发展了相应的因子模型。基于他们的研究，国内外其他学者也相继证实了流动性的系统性风险问题，并类似构建了其他流动性扩展的定价模型。总之，基于对流动性相关研究的回顾，流动性不仅具有影响资产价格的特征，而且是定价的系统性风险。为了考察流动性在资产定价中的角色，本章第二部分对资产定价模型的发展进行了简单回顾。

基于 Markowitz（1952）[1]构建的投资组合理论，Sharpe（1964）[2]和 Lintner（1965）[3]最早提出了资本资产定价模型（CAPM），指出在一个完全无摩擦的竞争市场，当达到均衡状态时，股票的预期收益由单一的市场因子决定。CAPM 的提出为利用因子模型解释股票超额收益的研究奠定了基础，然而单因子模型并不能解释大量的异常收益。基于 CAPM 理论，Ross（1976）[117]提出了套利定价理论（APT）。与 CAPM 相比，APT 的模型设定假定资产收益是多个风险因素的线性函数，但是却没有具体给出影响资产超额收益的风险因素。与 APT 相似，Merton（1973）[33]提出的 ICAPM 也是一个包含多个风险因子的资产定价模型，它解决了投资者在多期动态投资过程中的决策问题。ICAPM 的提出表明投资组合的超额收益应该被多个系统性风险因素捕获，更加符合复杂的金融市场。更重要的是，ICAPM 指出影响资产收益的定价因子应该是能预测投资机会的状态变量或相关的模拟组合，因此也建立了从资产定价理论到实践应用的桥梁。以 ICAPM 作为理论基础，一系列实证研究基于各种影响股票预期收益的因素构建了因子模型，其中最具影响力的为 Fama 和 French（1993）[10]基于公司规模和账市比构建的 Fama – French 三因子模型，以及其动量扩展的 Carhart（1997）[134]四因子模型。他们与 CAPM 一起长期作为企业投资评估、投资组合构建以及绩效评估的基准模型。

随着资产定价研究的发展以及越来越多的异象被发现，传统的 CAPM，Fama – French（1993）[10]三因子模型、Carhart（1997）[134]四因子模型已经无法适应新的需求。基于最近的实证研究，上百种潜在的交易以及非交易因子影响股票横截面收益（Harvey 等，2016[137]；McLean 和 Pontiff，2016[145]；Hou 等，2019[138]；Feng 等，2020[146]），为此新的定价模型也在不断地被提出。尽管所有的定价模型均是对现实的近似（Jagannathan 和 Wang，2007[147]；Kan 和 Robotti，2009[148]；Gospodinov 等，2013[149]；Kan 等，2013[36]；Barillas 和 Shanken，2018[150]），从学术和实践的角度，判定重要的定价因子以及因子模型依然非常重要（Fama 和 French，2018[151]；Ahmed 等，2019[17]；Barillas 等，2020[38]）。由此，定价因子或因子模型的比较已经成为资产定价研究中的一个新的方向。在最近的模型比较测试中，基于上市公司投资和利润构建的因子具有良好的表现，其相关的 Fama – French 五因子模型和 Hou – Xue –

Zhang 四因子模型成为最近资产定价的主流模型。另外，在测试中发现 Pástor 和 Stambaugh（2003）[9] 提出的流动性因子对提高模型的解释力贡献较弱（Fama 和 French，2015，2016，2018[13][15][151]；Hou 等，2017[152]；Ahmed 等，2019[17]），为此认为流动性风险不是影响资产收益的主要因素。此结论与 A－M 理论以及大量的流动性支持证据并不一致。通过对相关问题的考察，本研究认为产生不一致的结论可能源于最近的因子模型测试通常选取 Pástor－Stambaugh 模型作为流动性模型的代表来评价流动性风险在资产定价中的角色。基于本章对流动性相关研究的回顾，由于流动性具有多维度的特征，在考察流动性的测度，流动性的风险溢价以及资产定价问题时，文献均表明不同的流动性测度以及基于不同测度构建的因子模型可能具有不同的表现。因此，在利用因子模型评估来选取资产定价的核心因素时仅通过基于流动性某个维度构建的因子模型（例如 Pástor－Stambaugh 基于价格影响维度构建的模型）的表现来评价流动性风险在资产定价中的作用可能过于片面。基于以上思考，本研究将考察基于不同构建的流动性因子模型的表现同时与流行的资产定价模型进行比较，以此评估流动性风险在资产定价中的角色。

第三章 基于 ICAPM 理论的模型评估

自从 Amihud 和 Mendelson（1986）[4]提出了流动性溢价理论，对流动性的研究主要集中在考察非流动性与资产收益的正向关系，即流动性的水平效应。随后，由于流动性共性的提出，学者们开始关注流动性作为一个定价的系统性风险，并基于不同的流动性指标构建了相应的流动性因子模型。然而，由于流动性具有多维度特征，采用不同维度的流动性代理变量构建的因子或因子模型可能具有不同的表现。遵循资产定价因子模型的提出首先应该符合理论限制的要求（Lewellen 和 Nagel，2006[31]；Lewellen 等，2010[32]），本章基于 Merton（1973）[33]的 ICAPM 理论评估不同流动性因子模型的构建是否符合风险-收益的解释。

基于 Maio 和 Santa-Clara（2012）[34]提出的与 ICAPM 理论相关的限制条件，本章首先在模型误设定的假设下评估流动性风险因子的定价能力，同时根据因子的协方差风险价格测试因子提高模型解释力的能力。进一步，考察与因子相关的状态变量对未来投资机会的预测能力并判别 ICAPM 提出的一致性条件。本章的目的在于通过验证模型的构建是否符合 ICAPM 理论从而揭示流动性风险是一种影响资产价格的系统性因素。

3.1 基础理论与实证方法

3.1.1 ICAPM 理论的限制条件

Merton（1973）[33]基于一个连续时间的投资组合选择问题提出了 ICAPM 理论，但其中并没有明确指出 ICAPM 理论对模型提出的要求。基于 Merton 的理论，Maio 和 Santa-Clara（2012）[34]推导了 ICAPM 对多因子定价模型提出的限制，以下进行简要分析。

假设有 N 个风险资产，资产 i 的即时收益率为：

$$\frac{dS_i}{S_i} = \mu_i(z, t)\, dt + \sigma_i(z, t)\, d\xi_i, \quad i=1, \cdots, N \qquad (3-1)$$

其中 S_i 表示资产 i 的价格，$d\xi_i$ 是一个维纳过程，两个套利风险资产的协方差等于 $\sigma_{ij}dt$。

在式（3-1）中，由于资产收益的均值 μ_i 和波动 σ_i 是状态变量 z 的函数，则投资机会是随时间变化的，其中 z 遵循以下扩散过程：

$$dz = a(z, t)dt + b(z, t)d\zeta \quad (3-2)$$

$d\zeta$ 定义了另外一个维纳过程，且 z 与资产 i 的协方差为 $\sigma_{iz}dt^2$。

记无风险资产为第 $N+1$ 个资产，且即时收益率等于 r，则有：

$$\frac{dB}{B} = rdt \quad (3-3)$$

为了简化问题，以下假设无风险率为常数。

财富 W 的动态变化可计算如下：

$$dW = \sum_{i=1}^{N}\omega_i(\mu_i - r)Wdt + (rW - C)dt + \sum_{i=1}^{N}\omega_i W\sigma_i d\zeta_i \quad (3-4)$$

其中 ω_i 为资产 i 在投资组合中的权重，C 表示消费。投资者最大化效用可计算如下：

$$J(W, z, t) = \max_{C,\omega_i} E_t\left[\int_{s=t}^{\infty} U(C, s)ds\right] \quad (3-5)$$

其中 $J(W, z, t)$ 定义了价值函数。

在 ICAPM 中，期望收益与资产的均衡关系为：

$$\mu_i - r = \gamma\sigma_{im} + \gamma_z\sigma_{iz} \quad (3-6)$$

其中 $\gamma \equiv -WJ_{WW}(W, z, t)/J_W(W, z, t)$ 定义了相对风险厌恶参数，σ_{im} 和 σ_{iz} 分别定义了资产 i 的收益与市场收益和状态变量 z 的协方差，γ_z 定义了与状态变量相关的协方差风险价格，即：

$$\gamma_z \equiv -\frac{J_{Wz}(W,z,t)}{J_W(W,z,t)} \quad (3-7)$$

其中 $J_W(\cdot)$ 为财富的边际值，$J_{WW}(\cdot)$ 为财富的边际值增长率，$J_{Wz}(\cdot)$ 为关于财富和状态变量的二阶混合偏导数。

根据 Cochrane（2005）[153]，可以得到 ICAPM 即式（3-6）在离散时间上的表示：

$$E_t(R_{i,t+1}) - R_{f,t+1} = \gamma \text{Cov}_t(R_{i,t+1}, R_{m,t+1}) + \gamma_z \text{Cov}_t(R_{i,t+1}, \Delta z_{t+1}) \quad (3-8)$$

其中 $R_{i,t+1}$ 是资产 i 在时刻 t 到 $t+1$ 的收益率；$R_{f,t+1}$ 定义了 t 时刻的无风险率；$R_{m,t+1}$ 是市场收益率；Δz_{t+1} 表示状态变量的变化。式（3-8）与标准的 CAPM

模型相比,增加了右侧第二项 $\gamma_z \text{Cov}_t(R_{i,t+1}, \Delta z_{t+1})$。因此,如果状态变量的风险价格为0,即 $\gamma_z = J_{W_z}(\cdot) = 0$,则式(3-8)为标准的 CAPM 模型。

ICAPM 为众多实证资产定价文献中提出的多因子模型提供了理论背景,因此常被称为多因子模型的"fishing license"(Fama,1991[120])。然而,如式(3-8)所示,模型中的非市场因子应为某个状态变量的变化 Δz_{t+1},故需具备一些条件。

利用重期望公式可以得到 ICAPM 的无条件形式:

$$E(R_{i,t+1} - R_{f,t+1}) = \gamma \text{Cov}(R_{i,t+1}, R_{m,t+1}) + \gamma_z \text{Cov}(R_{i,t+1}, \Delta z_{t+1}) \quad (3-9)$$

式(3-9)暗示了风险溢价的来源有两个,其一是由 CAPM 捕获的市场风险溢价 $\gamma \text{Cov}(R_{i,t+1}, R_{m,t+1})$,即与市场收益正相关的资产赢得一个超过无风险率的正的风险溢价。与经济直觉相符,这样的资产无法对当前的总财富变化提供对冲:在财富回报率高的时期,资产会获得更好的支付。为此,风险厌恶的投资者只有当此资产能够提供高于无风险率的溢价时才愿意持有这样的资产。

对于式(3-9)的第二项 $\gamma_z \text{Cov}(R_{i,t+1}, \Delta z_{t+1})$,考虑一个预测未来市场收益的状态变量,如果跨期风险 γ_z 的风险价格为正,与状态变量正相关(即与未来市场期望收益正相关)的资产会赢得正的风险溢价。直觉是,该资产对未来财富的负面冲击不能提供对冲,因为资产在低预期收益时也获得低的收益。因此,理性的投资者只有在此资产能提供超预期回报时才愿意持有此资产。

ICAPM 的经济直觉为模型在横截面定价中 γ_z 的符号提出了限制。具体来说,如果状态变量与未来总收益正相关,即:

$$\text{Cov}_t(R_{m,t+2}, z_{t+1}) = \text{Cov}_t[E_{t+1}(R_{m,t+2}), z_{t+1}] =$$
$$\text{Cov}_t[E_{t+1}(R_{m,t+2}), \Delta z_{t+1}] > 0 \quad (3-10)$$

则跨期风险价格为正。

关于这个问题,不失一般性,假设资产 i 的收益率与状态变量正相关:

$$\text{Cov}_t(R_{i,t+1}, z_{t+1}) = \text{Cov}_t(R_{i,t+1}, \Delta z_{t+1}) > 0 \quad (3-11)$$

以上两个条件暗示了资产 i 的收益与未来期望市场收益也是正相关:

$$\text{Cov}_t(R_{i,t+1}, R_{m,t+2}) = \text{Cov}_t[R_{i,t+1}, E_{t+1}(R_{m,t+2})] > 0 \quad (3-12)$$

最后一个条件暗示了此资产不能为再投资风险提供对冲,且与满足 $\text{Cov}(R_{i,t+1}, R_{m,t+2}) = 0$ 的资产相比将赢得一个更高的风险溢价,即 $\gamma_z \text{Cov}_t(R_{i,t+1}, \Delta z_{t+1}) > 0$。结合 $\text{Cov}_t(R_{i,t+1}, \Delta z_{t+1}) > 0$ 的假设条件,则有 $\gamma_z > 0$。相应地,如果假设状态变量预测负向的期望市场收益,则跨期风险价格应该为负。

以上结论表明如果状态变量正向预测期望收益,则资产与其新息项的协方差应该在横截面中赢得一个风险溢价。因此,在考察提出的定价因子是否符合 ICAPM 理论时,除了测试候选状态变量对未来总收益是否具有预测能力,还需要评估与状态变量相关的风险价格是否具有正确的符号。

接下来,考察状态变量对市场波动的预测并推断 γ_z 在相应的横截面测试中的符号。其主要结果为:如果状态变量与未来市场波动正相关,即:

$$\text{Cov}_t(R_{m,t+2}^2, z_{t+1}) = \text{Cov}_t[E_{t+1}(R_{m,t+2}^2), z_{t+1}] =$$
$$\text{Cov}_t[E_{t+1}(R_{m,t+2}^2), \Delta z_{t+1}] > 0 \quad (3-13)$$

则跨期风险价格为负。

为了具体说明,假设资产 i 的收益率与市场收益的未来波动正相关:

$$\text{Cov}_t(R_{i,t+1}, R_{m,t+2}^2) = \text{Cov}_t[R_{i,t+1}, E_{t+1}(R_{m,t+2}^2)] > 0 \quad (3-14)$$

式(3-14)的经济含义是资产为再投资风险提供了对冲,因为当未来总波动高时,资产也获得高的收益。因此,相较于满足 $\text{Cov}_t(R_{i,t+1}, R_{m,t+2}^2) = 0$ 的资产,该资产应获得一个低的风险溢价,即 $\gamma_z \text{Cov}_t(R_{i,t+1}, \Delta z_{t+1}) < 0$。结合假设 $\text{Cov}_t(R_{i,t+1}, \Delta z_{t+1}) > 0$,则有 $\gamma_z < 0$。换言之,如果假设状态变量预测了负向的市场波动,则跨期风险价格应该为正。

根据以上推断,基于市场波动的考察得到了一个与基于期望收益相反的结论,即如果一个状态变量负向预测收益的波动,资产与状态变量协方差的风险应该在横截面测试中获得一个正的溢价。直觉是,一个与未来总波动负相关的资产对风险厌恶的投资者来说无法提供对冲,即风险厌恶的投资者排斥未来财富的不确定性,除非此资产能够提供一个溢价。

3.1.2 基于模型误设定假设的两阶段回归方法

线性资产定价模型描述了资产的期望收益和系统性风险之间的关系,即对于 K 个风险因子有:

$$E(R_i) = \gamma_0 + \sum_{k=1}^{K} \beta_{i,k} \gamma_k, \quad i = 1, \cdots, N \quad (3-15)$$

其中 R_i 为资产 i 的期望收益率,$\beta_{i,k}$ 为资产 i 对因子 k 的因子载荷,γ_k 为与风险因子 k 相关的风险溢价,γ_0 为零 β 率。

对于给定的因子收益,可以通过以下时间序列回归估计因子载荷:

$$R_{i,t} = \alpha_i + \sum_{k=1}^{K} \beta_{i,k} f_{k,t} + \varepsilon_{i,t}, \quad t = 1, \cdots, T \quad (3-16)$$

其中 $R_{i,t}$ 是资产 i 的月度收益率（实证测试使用月度数据），$f_{k,t}$ 是因子 k 的月度收益，α_i 是资产 i 的回归截距。

令 u 为 N 个资产的期望收益向量，V_N 为 N 个资产的 $N \times N$ 维协方差矩阵，γ 为由 γ_0 和 γ_k ($k = 1, \cdots, K$) 组成的 $K+1$ 维向量，$X = (1_N, \beta)$ 为 $N \times (K+1)$ 维矩阵，其中 1_N 为 $N \times 1$ 维单位向量，β 是与 K 个因子相关的 $N \times K$ 维因子载荷矩阵，则式 (3-15) 的矩阵形式为：

$$u = X\gamma \tag{3-17}$$

定义 W 为 $N \times N$ 维加权矩阵，γ 可由下式计算：

$$\gamma = (X'WX)^{-1}X'Wu \tag{3-18}$$

且相应的定价误差为：

$$e = u - X\gamma = [I_N - X(X'WX)^{-1}X'W]u \tag{3-19}$$

其中 I_N 是 $N \times N$ 维单位矩阵。

根据 Kan 等 (2013)[36]，横截面 R^2 可通过下式计算：

$$R^2 = 1 - \frac{e'We}{e_0'We_0} \tag{3-20}$$

其中 $e_0 = [I_N - 1_N(1_N'W1_N)^{-1}1_N'W]u$。

实证研究中常采用横截面 R^2 评估定价模型的性能。当模型是正确设定 (correctly specified) 时，$R^2 = 1$（或 $e = 0$）。Kan 等 (2013)[36] 推导了样本 R^2 ($\hat{R}^2$) 的渐近分布，用来确定一个给定的模型是否被正确设定。另一个判定模型是否正确设定的方法是 F 检验。对于一个正确设定的模型，Kan 等 (2013)[36] 指出模型的偏离 $\hat{Q} = \hat{e}'\hat{V}(\hat{e})^+\hat{e}$ 遵循渐近 F 分布，其中 $\hat{V}(\hat{e})$ 为样本定价误差 $\hat{e}$ 的协方差矩阵，$\hat{V}(\hat{e})^+$ 为相应的伪逆。实证测试将使用以上两种方法评估定价模型是否正确识别。

另外，传统的研究通常只关注相关因子是否产生显著的非零风险溢价。然而，Kan 等 (2013)[36] 提出当考察某个因子是否能提高模型的解释力时应该考察与因子相关的协方差风险价格是否显著为零。以下令 $C = (1_N, V_{Rf})$，其中 V_{Rf} 是测试资产 R 与因子 f 之间的 $N \times K$ 维协方差矩阵，相应的横截面回归模型为：

$$u = C\lambda \tag{3-21}$$

以及协方差风险价格 λ 可计算如下：

$$\lambda = (C'WC)^{-1}C'Wu \qquad (3-22)$$

在模型错误设定的假设下，Kan 等（2013）[36]推导了因子载荷的风险溢价（γ）和协方差风险价格（λ）的渐近分布［参见 Kan 等（2013）[36]的网络附录］，同时指出模型的错误设定对因子 γ 的渐近标准误差有很大影响，特别是对于与测试资产相关性较低的风险因子。本研究的实证分析根据 Kan 等（2013）[36]提出的模型误设定稳健性标准误评估因子 γ 和 λ 的显著性，并令 W 分别取 I_N 和 V_N^{-1} 考察了 OLS 和 GLS 估计。

3.2 数据选取

3.2.1 测试资产与预测指标

1. 横截面测试资产

本章 3.3 节通过横截面测试考察因子模型的定价能力。由于因子定价能力的测试与资产的选择相关，本章基于以下几组测试资产考察因子的定价能力。

首先选取资产定价研究中最常用的 Fama – French 25 组规模 – 账市比投资组合作为基准测试资产。此组资产的形成是每年 6 月末将 NYSE/AMEX/NASDAQ 上市的股票按流通市值从小到大分为 5 组，然后在每个规模组中再按账市比由低到高分为 5 组，最后得到 25 个按规模和账市比排序的投资组合。每个投资组合中所有股票的月度收益按流通市值加权即得到该组合的月度收益。

为了考察结果的稳健性，实证测试还选取了 Fama – French 25 组规模 – 动量投资组合，以及 Fama – French 32 组由规模、利润和投资形成的投资组合。与 25 组规模 – 账市比投资组合的形成类似，25 组规模 – 动量投资组合的形成首先是按照股票的流通市值从小到大分为 5 组，然后在每个规模组中再按过去 2—12 个月的收益将股票从低收益到高收益分为 5 组，最后得到 25 个按规模和动量排序的投资组合。Fama – French 32 组规模 – 利润 – 投资组合是依据 NYSE 上市股票的流通市值中位数将股票分为小规模和大规模两组，然后对于每个规模组中的股票再根据利润（由低利润到高利润）和投资（由低投资到高投资）分别独立分为四组，最终形成 32 个投资组合。

选取与动量，以及利润 – 投资相关的组合做稳健性测试出于两个目的：一是因为由动量特征造成的投资组合超额收益是 Fama – French 三因子模型提出后无法解决的主要异象之一，而且流行的 Fama – French 五因子模型也无法解释动量的异常收益。对于 32 组规模 – 利润 – 投资组合的选取是由于与投资利润相关的异常收益是近期主流资产定价模型关注的重点，例如 Asness 和 Frazzini（2013）[154]，Fama 和 French（2015）[13] 以及 Hou 等（2015）[14] 均针对解释投资利润异常收益构建了不同的因子模型。二是因为本章在测试基于流动性风险构建的因子模型时同时也考察了资产定价测试中常用作基准模型的 Fama – French 三因子、五因子模型，Cahart 四因子模型，以及 Hou – Xue – Zhang 四因子模型。由于这些非流动性因子模型的构建与动量，以及利润 – 投资组合相关，为此能很好的解释这两组投资组合。如果流动性因子模型也能在这两组特征相关的投资组合中与非流动性基准模型具有可比的表现，则暗示了流动性因子模型对资产收益具有良好的解释力。此外，遵循 Lewellen（2010）[32] 的建议，测试中还在 Fama – French 25 组规模 – 账市比投资组合中加入了 5 个工业投资组合测试结果的稳健性。因为工业投资组合与一般的模型构建相关性低，为此加入工业投资组合能降低测试投资组合与被测因子模型的高相关性，得到更可靠的结论。

以上的测试资产如 25 组规模 – 账市比投资组合、25 组规模 – 动量投资组合、32 组规模 – 利润 – 投资组合以及 5 个工业投资组合数据均来源于 Kenneth French 数据库①，样本期为 1968 年 1 月至 2017 年 12 月。

2. 时间序列预测指标

本章 3.4 节通过构建时间序列回归模型考察与因子相关的状态变量对未来投资机会的预测能力。测试中分别选用了宏观经济指标和股票市场指标作为未来投资机会的代理变量。

对于宏观经济指标，根据 Liew 和 Vassalou（2000）[155]，以及 Boons（2016）[156]，选取了芝加哥联邦储备银行国民活动指数（CFNAI），工业生产指数的对数增长率（IPG）以及国内生产总值增长率（GDP）代表美国未来投资机会。其中 CFNAI 和 IPG 来源于圣路易斯联邦储备经济数据库（Federal Reserve Economic Data database of the Federal Reserve Board of St. Louis，FRED），GDP 数据来源于经济合作与发展组织（Organization for Economic Co – operation and Development，OECD）。

对于股票市场，分别用股票市场收益（R_M）和股票市场波动（Vol）代

---

① http：//mba. tuck. dartmouth. edu/pages/faculty/ken. french/data.

表投资机会的变化。其中 R_M 为价值加权股票市场指数的月度收益率，数据来自芝加哥证券价格研究中心（Chicago Center for Research in Security Prices, CRSP）；$Vol = log(var)$，var 是已实现股票方差，来源于 Amit Goyal 数据库。

3.2.2 资产定价模型

以下介绍实证中考察的非流动性因子模型以及基于不同流动性测度构建的流动性因子模型。

非流动性因子模型：

1. Fama – French（1993）[10]三因子模型（FF3）

$$E(R_i) = R_f + \beta_{i,MKT}E(MKT) + \beta_{i,SMB}E(SMB) + \beta_{i,HML}E(HML) \tag{3-23}$$

其中，$E(R_i)$ 表示资产 i 的预期收益率；R_f 表示无风险利率，用一个月的短期国债利率代理；$E(MKT)$ 表示市场因子的期望值；$E(SMB)$ 表示 Fama – French 规模因子的期望值；$E(HML)$ 表示账市比因子的期望值。市场因子 MKT 由 NYSE/AMEX/ARCA/NASDAQ CRSP 价值加权指数的超额收益率表示；规模因子 SMB 是小股票投资组合和大股票投资组合的收益差；账市比因子 HML 是高账市比股票与低账市比股票的收益差。

2. Carhart（1997）[134]四因子模型（C4）

$$E(R_i) = R_f + \beta_{i,MKT}E(MKT) + \beta_{i,SMB}E(SMB) + \beta_{i,HML}E(HML) + \beta_{i,UMD}E(UMD) \tag{3-24}$$

其中，$E(UMD)$ 是动量因子 UMD 的期望值，UMD 为过去收益率高的股票和过去收益率低的股票的收益差。

3. Fama – French（2015）[13]五因子模型（FF5）

$$E(R_i) = R_f + \beta_{i,MKT}E(MKT) + \beta_{i,SMB^*}E(SMB^*) + \beta_{i,HML}E(HML) + \beta_{i,RMW}E(RMW) + \beta_{i,CMA}E(CMA) \tag{3-25}$$

其中，$E(RMW)$ 为盈利因子的期望值，$E(CMA)$ 为投资因子的期望值。盈利因子 RMW 是指高盈利股票与低盈利股票之间的收益差，投资因子 CMA 是低资产成长股与高资产成长股的收益差。此外，由于 FF5 与 FF3 中规模因子的构造略有不同，为区别，将 FF5 中的规模因子标注为 SMB^*。

4. Hou – Xue – Zhang（2015）[14]四因子模型（HXZ4）

$$E(R_i) = R_f + \beta_{i,MKT}E(MKT) + \beta_{i,ME}E(ME) + \beta_{i,IA}E(IA) + \beta_{i,ROE}E(ROE) \tag{3-26}$$

其中 ME、IA 和 ROE 为规模、投资和利润因子。

流动性因子模型：

5. Pástor – Stambaugh（2003）[9]四因子模型（PS4$_{trd}$）

$$E(R_i) = R_f + \beta_{i,MKT}E(MKT) + \beta_{i,SMB}E(SMB) + \beta_{i,HML}E(HML) + \beta_{i,PS_{trd}}E(PS_{trd}) \quad (3-27)$$

其中 PS$_{trd}$为 Pástor – Stambaugh 构建的交易型流动性因子。基于流动性的价格影响度量，Pástor – Stambaugh 也构建了非交易型因子，记为 PS$_{inn}$，相应的模型记为 PS4$_{inn}$。

6. Sadka（2006）[11]两因子模型（S2），其时间序列形式为：

$$R_{i,t} - R_{f,t} = \alpha_i + \beta_{i,MKT}MKT_t + \beta_{i,SF}SF_t + \varepsilon_{i,t} \quad (3-28)$$

其中，SF_t 是 Sadka（2006）流动性因子的月度收益。Sadka 的流动性因子是基于价格影响的变化部分构建的，是非交易型因子。

7. Liu（2006）[12]提出的流动性扩展的资本资产定价模型（LCAPM）：

$$E(R_i) = R_f + \beta_{i,MKT}E(MKT) + \beta_{i,LF}E(LF) \quad (3-29)$$

其中 LF 为 Liu（2006）基于交易的不连续测度构建的流动性因子。

关于 MKT、SMB、SMB*、HML、RMW、CMA 和 UMD 的因子数据来源于 Kenneth French 数据库。关于流动性因子 PS$_{inn}$（PS$_{trd}$）、SF 和 LF 的数据分别来自于作者 Stambaugh、Sadka 和 Liu 的个人网站。数据的样本期为 1968 年 1 月至 2017 年 12 月。由于数据限制，关于 Sadka（2006）[11]因子，样本期则从 1983 年 4 月至 2012 年 12 月。

表 3.1（见章末）给出因子月度收益的描述性统计。由 Panel A 所示，因子均值的范围为从 – 0.06% 至 0.64%，且除了规模因子（SMB 和 SMB*）以及非交易型因子 PS$_{inn}$和 SF，其他因子均统计显著。由 Panel B，HXZ4 中的规模因子 ME 与 Fama – French 的规模因子 SMB* 高度相关，相关系数为 0.97。类似的，其投资因子之间的相关性为 0.91，以及盈利因子之间的相关性为 0.62。四个流动性因子之间的相关性最高为 0.1，暗示了不同的流动性因子捕获了不同的信息。此外，流动性因子与基于公司特征构建的非流动性因子的相关性也很弱。由 Panel B，流动性因子与基于公司特征的因子之间的最高相关性由 LF 和 IA 产生，为 0.42，意味着流动性因子和非流动性因子所捕获的信息是不同的。

3.3 横截面实证测试

3.3.1 因子模型的确定性测试

现有的实证文献通常在资产定价模型为正确设定的假设下进行定价测试。然而，由于资产定价模型的提出只是现实的近似，一系列证据表明在模型为正确设定的假设下进行统计推断是不可靠的（Hou 和 Kimmel，2006[157]；Shanken 和 Zhou，2007[158]；Gospodinov 等，2013[149]；Kan 等，2013[36]）。本节利用 3.1.2 节提到的 R^2 检验和 F 检验测试所考察的因子模型是否正确设定。

表 3.2 因子模型的确定性测试结果

	CAPM	S2	LCAPM	PS4$_{inn}$	PS4$_{trd}$	FF3	C4	FF5	HXZ4
Panel A：OLS									
$\hat{R}^2$	0.19	0.49	0.40	0.68	0.69	0.64	0.73	0.74	0.70
$p\,(R^2=1)$	0.00	0.08	0.00	0.00	0.00	0.00	0.08	0.00	0.00
$\hat{Q}$	0.12	0.18	0.11	0.08	0.09	0.10	0.06	0.08	0.09
$p\,(Q=0)$	0.00	0.00	0.00	0.00	0.00	0.00	0.02	0.00	0.00
Panel B：GLS									
$\hat{R}^2$	0.10	0.23	0.12	0.28	0.26	0.22	0.35	0.25	0.23
$p\,(R^2=1)$	0.00	0.00	0.00	0.00	0.00	0.00	0.01	0.00	0.00
$\hat{Q}$	0.12	0.18	0.12	0.08	0.09	0.10	0.08	0.09	0.10
$p\,(Q=0)$	0.00	0.00	0.00	0.00	0.00	0.00	0.00	0.00	0.00

表 3.2 中的 Panel A 和 Panel B 分别是关于因子模型在 25 个规模 – 账市比投资组合下的 OLS 和 GLS 确定性测试结果。表中对于各因子模型列出了样本 R^2 估计值 $\hat{R}^2$，F 测试统计量 $\hat{Q}$，以及相应的 p 值 $p\,(R^2=1)$ 和 $p\,(Q=0)$，用于判定模型为正确设定（即 $R^2=1$ 或 $Q=0$）的零假设是否成立。由 Panel A 所示（OLS 结果），CAPM 产生最小的样本 R^2，为 19%，FF5 产生最大的样本 R^2，为 74%。根据测试统计量的 p 值，所考察的因子模型均存在模型误设

定的可能性。例如，除了 S2 和 C4，其余因子模型的 $p\ (R^2=1)$ 值均为 0，暗示了他们无法在 5% 的显著性水平下通过模型为正确设定的零假设。F 测试得到了一致的结果。所有因子模型的 $p\ (Q=0)$ 值均接近 0，说明对于模型为正确设定的零假设均被拒绝。与 Lewellen 等 (2010)[32] 的结论一致，GLS 估计对于评价定价模型更为严格。由 Panel B，所有因子模型产生的 GLS R^2 均低于相应的 OLS R^2 估计值。其中，CAPM 产生最小的 GLS R^2 估计值，为 10%，C4 产生最大的 GLS R^2 估计值，为 35%。另外，因子模型的 $p\ (R^2=1)$ 和 $p\ (Q=0)$ 估计值均渐近为零，暗示了模型为正确设定的零假设对所有模型均被拒绝。总体而言，以上确定性测试结果表明所考察的 9 个资产定价模型均存在模型误设定的可能性。因此，在模型误定的假设下进行统计分析是十分必要的。

3.3.2 基于因子风险溢价的实证测试

实证文献一般通过考察因子载荷的溢价判定一个提出的因子是否可以捕获投资者的定价风险。如果因子具有显著的溢价则暗示了因子所捕获的风险被市场定价。由 3.3.1 节的分析，所考察的因子模型均存在模型误设定的可能性。因此，本节使用 3.1.2 节介绍的 Kan 等 (2013)[36] 提出的方法在模型误设定假设下评估因子的定价能力，其稳健性 t 值记为 t_{KRS}。此外，为了考察基于模型误设定假设下得到的结论与基于模型正确设定得到结论的差异，以下还列出了在模型正确设定的假设下判定因子风险溢价显著性的 Shanken (1992)[159] t 统计量，记为 t_S。表 3.3（见章末）给出了因子风险溢价（$\gamma\%$）的 OLS 和 GLS 估计，以及相应的 t_{KRS} 和 t_S。

由 Panel A，OLS 估计结果显示 LCAPM 中基于交易的不连续性构建的流动性因子产生了显著的风险溢价 0.76% （$t_{KRS}=3.04$）。此结果表明投资者需要较高的回报来补偿承担的流动性风险。相比而言，其他的流动性因子显示出弱的定价能力。由表 3.3，PS_{inn} 和 PS_{trd} 的风险溢价估计值分别为 1.90% 和 1.63%，SF 产生的风险溢价估计值为 0.22%，且他们的风险溢价估计值基于 t_S 和 t_{KRS} 均不显著。对于非流动性因子，与 SMB^*、HML、ME、RMW 和 IA 相关的风险溢价估计值均为正，且在 5% 的显著性水平下统计显著，说明他们具有显著的定价资产收益的能力。相对比，与 SMB、CMA 和 ROE 相关的风险溢价估计并不显著，暗示了这三个因子具有弱的定价能力。在所有定价因子中，模型误设定的假设对动量因子 UMD 的影响最为明显。例如，在模型正确设定的假设下，$t_S = 3.58$ 说明 UMD 产生显著的溢价。然而，根据模型误设定的 t 统计量，$t_{KRS} = 1.5$，说明 UMD 的定价能力并不显著。根据 Kan 等（2013）[36] 的论断，t_S 与 t_{KRS} 之间具有较大差异说明了 UMD 与测试资产的相关性较低。此外，与早期研究一致（Jagannathan 和 Wang，1996[160]；Petkova，2006[161]；Kan 等，2013[36]），大多数模型中市场因子 MKT 的载荷与资产的期望收益负相关（C4 中除外）。

Panel B 中基于 GLS 方法得到的 γ 估计与 Panel A 中相应的 OLS 估计具有类似的结果。LCAPM 中的因子 LF 产生了显著的 γ 估计 0.58%（$t_{KRS} = 2.88$）。与 OLS 结果不同的是，ME 和 RMW 在 OLS 方法中具有显著的风险溢价，分别为 0.27%（$t_{KRS} = 1.98$）和 0.50%（$t_{KRS} = 2.15$），而当使用 GLS 方法时，ME 和 RMW 对收益的预测能力变为不显著。

3.3.3 基于因子协方差风险的实证测试

通常的实证测试只考察提出的因子是否具有显著的风险溢价，认为如果因子的风险溢价显著则表明因子具有定价资产的能力和提高模型解释力的能力。然而，根据 Kan 等（2013）[36] 的推断，因子的定价能力不同于因子提高模型解释力的能力，如果考察风险因子是否对提高模型解释力具有显著贡献，则应测试与因子相关的协方差风险价格是否统计显著。利用 Kan 等（2013）[36] 的方法，表 3.4（见章末）给出了 14 个风险因子的协方差风险价格估计（λ），以及基于模型正确设定和模型误设定假设下的 t 统计量 t_S 和 t_{KRS}。

由 Panel A 所示，LF 产生显著的 OLS 协方差风险价格 9.06（$t_{KRS} = 1.97$），说明增加 LF 对提高 LCAPM 的解释力具有明显贡献。相对比，其他的流动性因子 SF、PS_{inn} 和 PS_{trd} 均产生不显著的协方差风险价格，分别为 61.30（$t_{KRS} = 1.12$）、7.58（$t_{KRS} = 1.35$）和 14.14（$t_{KRS} = 1.37$），暗示了他们对提高模型的解释力贡献较弱。对于非流动性风险因子，与 HML（在 FF3 和 C4 中）、SMB^*、ME 和 IA 相关的协方差风险价格也具有显著的 t_{KRS} 统计量。在所有的测试因子中，UMD、RMW 和 ROE 的表现对模型的假设敏感。例如，基于模型正确设定的假设，显著的 Shanken（1992）[159] t 统计量（t_S）表明他们提高了模型的解释力，然而基于模型误设定稳健性的 t_{KRS} 统计量，与 UMD、RMW 和 ROE 相关的协方差风险价格变为不显著，表明他们对解释资产收益贡献有限。

由 Panel B 中给出的 GLS 估计值，只有规模因子（C4 中除外）在 5% 的水平下产生了显著的协方差风险价格估计。此外，与 Kan 等 (2013)[36] 的证据一致，表 3.3 和表 3.4 所列出的 γ 和 λ 提供了不同的信息。以规模和账市比因子为例，对于不同版本的规模因子，其 λ 估计值一般统计显著，而相关的风险溢价 γ 不显著（只有 SMB* 和 ME 产生显著的 γ 估计值）。对于 HML，情况恰恰相反。HML 的 λ 估计值通常并不显著，而相应的 γ 估计值在所有模型设定中均统计显著。因此，根据 Kan 等 (2013)[36] 的论断，HML 因子具有强的定价能力，而规模因子对提高模型的解释力作用明显。

3.3.4 稳健性测试

1. 基于扩展投资组合的测试结果

由于因子定价能力的推断对测试组合的选择敏感，按照 Lewellen (2010)[32] 的建议，考察在 25 个规模 - 账市比投资组合中加入 5 个工业投资组合后因子的风险溢价和协方差风险价格。表 3.5 和表 3.6（见章末）分别给出了因子 γ（%）和 λ 的估计值。

与基于 25 个规模 - 账市比投资组合得到的结果相似，LF 的 OLS 和 GLS γ 估计值分别为 0.71%（$t_{KRS} = 2.90$）和 0.53%（$t_{KRS} = 2.73$），且统计显著，证实了 LF 具有稳定的定价能力。对于协方差风险价格，LF 产生显著的 OLS λ 估计值，为 9.24（$t_{KRS} = 2.15$）。相对比，与其他流动性因子相关的 γ 以及 λ 估计值均不显著，暗示了它们的定价能力以及对模型的解释力相对较弱。对于非流动性风险因子，与相应的基准结果一致，HML 和 IA 在 OLS 以及 GLS 中均产生显著的风险溢价估计，显示出稳健的定价能力，而协方差风险估计暗示了规模因子对提高模型解释力具有突出贡献。

2. 基于 25 个规模 - 动量投资组合的实证结果

表 3.7 和表 3.8（见章末）分别是基于 25 个规模 - 动量投资组合估计的因子风险溢价和协方差风险价格。在四个流动性因子中，只有 LCAPM 的流动性因子 LF 表现出显著的定价能力。由表 3.7 所示，LF 的 γ 估计值在 OLS 和 GLS 的情形中分别为 0.91%（$t_{KRS} = 3.94$）和 0.44%（$t_{KRS} = 2.47$）。相对比，基于 t_{KRS} 统计量，PS_{inn}、PS_{trd} 和 SF 在 OLS 和 GLS 回归中均产生不显著的风险溢价 γ 估计值。对于因子的协方差风险价格，由表 3.8 所示，LF 产生显著的 OLS 以及 GLS λ 估计值，分别为 12.96（$t_{KRS} = 2.49$）和 7.42（$t_S = 2.35$）。关于 PS_{inn}，其 OLS 和 GLS λ 估计值分别为 18.14（$t_S = 3.42$）和 7.35（$t_S = $

2.30），且在模型正确设定的假设下统计显著。与表 3.7 结果类似，PS_{trd} 和 SF 的协方差风险价格不论是基于 OLS 还是 GLS 回归均不显著。对于非流动性因子，与 Fama 和 French（2015）[13] 的证据相同，动量因子 UMD 在 25 个规模 - 动量组合中表现出显著的定价能力。例如，UMD 因子产生了显著的 OLSγ 估计值 0.72%（t_{KRS} = 3.94）和 GLS γ 估计值 0.65%（t_{KRS} = 3.62）。与 UMD 相关的 λ 估计值也统计显著，分别为 5.94（t_{KRS} = 2.24）和 3.53（t_S = 2.58）。此外，ROE 因子在解释规模 - 动量投资组合也具有突出的表现。利用 OLS 以及 GLS 方法，ROE 产生了显著的 γ 估计值 0.67%（t_{KRS} = 2.87）和 0.68%（t_{KRS} = 3.21），以及显著的 λ 估计值 14.35（t_{KRS} = 2.74）和 14.08（t_{KRS} = 3.10）。此证据验证了 Hou 等（2019）[138] 的观点，即 ROE 对于解释动量效应具有突出贡献。对于其他的风险因子，如 SMB、HML、RMW 和 IA，结果表明他们对与动量相关的投资组合定价能力均不稳健。

3. 基于 32 个规模 - 投资 - 利润组合的实证结果

本节基于规模、投资和盈利形成的 32 个投资组合评估因子模型的 β 风险溢价和协方差风险价格。与 Fama 和 French（2015）[13] 一致，这些测试组合为投资和盈利因子的良好表现提供了支持性证据。如表 3.9、表 3.10（见章末）所示，CMA、IA、RMW 和 ROE 在与投资、利润相关的测试组合中均产生了显著的 β 风险溢价（γ）和协方差风险价格（λ）。LF 同样展示了良好的表现。由表 3.9，与 LF 相关的风险溢价 γ 在 OLS 与 GLS 估计值中均统计显著，分别为 1.77%（t_{KRS} = 4.23）和 0.94%（t_{KRS} = 2.41），说明 LF 能显著定价投资、利润相关的投资组合。由表 3.10，LF 的 OLSλ 估计值为 25.56（t_{KRS} = 3.04），GLS 估计值为 14.44（t_S = 2.95），说明 LF 对提高模型的解释力也具有显著的贡献。与基于其他投资组合得到的证据一致，另外三个流动性因子 PS_{inn}、PS_{trd} 以及 SF 的 γ 和 λ 估计值均不显著，确认了他们弱的定价能力及模型解释力。此外，表 3.11 ~ 表 3.14（见章末）还考察了 25 个规模 - 方差投资组合与 25 个规模 - beta 投资组合的风险溢价和协方差风险价格估计，与以上结果一致，LF 均体现了良好的定价能力与模型解释力。

4. 资产为超额收益情形

根据现有文献中常采用的方法，本节在零 β 率等于无风险率的假设下考察因子模型解释以上投资组合收益的表现。具体来说，对于每个因子模型，根据以下等式估计风险溢价 γ 和协方差风险价格 λ：

$$E(R_i - R_f) = \sum_{k=1}^{K} \beta_{i,k}\gamma_k \qquad (3-30)$$

$$E(R_i - R_f) = \sum_{k=1}^{K} cov(R_i, f_k)\lambda_k \qquad (3-31)$$

与上述证据一致，表 3.15 ~ 表 3.26（见章末）的结果显示在四个流动性因子中，只有基于 LCAPM 的流动性风险溢价在三组投资组合中均统计显著。在非流动性因子中，动量因子 UMD 表现出显著的定价能力。此外，当左边的测试组合为超额收益时，与市场因素 MKT 相关的 γ 和 λ 估计值为正值且统计显著，与 Kan 等（2013）[36] 的证据一致。

3.4 基于 ICAPM 理论的一致性检验

3.4.1 构建状态变量

本节考察与因子相关的状态变量对未来投资机会的预测能力。进一步，评估状态变量对投资机会的预测是否满足 ICAPM 的一致性条件，即与因子相关的状态变量对未来投资机会的预测方向是否与上节估计的因子风险溢价具有一致的符号。

首先，对所有定价因子构建相应的状态变量。根据 Maio 和 Santa - Clara (2012)[34] 的方法，与因子相关的状态变量可以由过去 60 个月的因子收益累加得到。以 LF 为例，其相应的状态变量可以由以下等式计算：

$$CLF_t = \sum_{s=t-59}^{t} LF_s \qquad (3-32)$$

所有因子的状态变量可由类似的方法得到。由表 3.27（见章末）所示，与 UMD 相关的状态变量 CUMD 具有最高的平均收益 0.40，而与 SF 相关的状态变量 CSF 的平均收益最低，几乎为零。在所有因子的相关状态变量中，除了 CSF 其余状态变量的平均收益均统计显著。由 Panel B，与流动性因子相关的状态变量间的最大相关性由 CPS_{trd} 与 CSF 产生，为 0.39，暗示了流动性因子的状态变量间的相关性依然很弱。

为了评估状态变量对未来投资机会的预测能力，根据现有文献（Keim 和 Stambaugh, 1986[162]；Campbell, 1987[163]；Fama 和 French, 1988, 1989[164][165]；Maio 和 Santa - Clara, 2012[34]；Boons, 2016[156]；Maio 和 Santa - Clara, 2017[166]；Cooper 和 Maio, 2018[167]），构建以下长期预测回归：

$$y_{t,t+p} = a_p + b_p x_t + \varepsilon_{t,t+p} \qquad (3-33)$$

其中变量 y 代表 CFNAI 或者 IPG，x_t 代表与风险因子相关的状态变量，$\varepsilon_{t,t+p}$ 是预测误差项。在回归等式中，系数 b_p 的符号表明一个给定的状态变量对未来投资机会的变化具有正向或者是负向的预测能力，其相应的 t-统计量用于判断预测效果是否统计显著。

预测回归分别考察了 $p=1$，3，12，24 和 36 个月的预测区间。为了纠正序列相关性，用 Newey-West（1987）[168] 标准误（滞后阶数为 $p-1$）评估 b_p 的统计显著性。根据构建状态变量的滞后阶数，预测回归的实际样本期为 1972 年 12 月至 2017 年 12 月（关于 CSF 的预测回归，样本期为 1988 年 3 月至 2012 年 12 月）。

3.4.2 基于经济变量预测的实证检验

1. 基于 CFNAI 的实证结果

表 3.28（见章末）给出了关于 CFNAI 的单变量预测回归结果。对于与流动性因子相关的状态变量，CLF 在所有的预测区间一致正向预测了 CFNAI。CLF 对 CFNAI 的回归 R^2 在 $p=12$ 时达到最大值 3.55%，且预测斜率在从 $p=1$ 到 $p=12$ 的区间内统计显著。CPS_{trd} 对 CFNAI 表现出负向的预测能力。CPS_{trd} 的斜率绝对值从 $p=1$ 到 $p=36$ 单调增加，且在最长的预测区间 $p=36$ 上具有最高的 R^2 估计值，为 3.39%。CPS_{inn} 与 CSF 对 CFNAI 展示出类似的预测模式。由表 3.12 所示，他们的斜率在短期 $p=1$ 时为正，而当 $p>3$ 时，预测斜率为负。然而，在所有的预测区间，CPS_{trd}、CPS_{inn} 和 CSF 的斜率估计值在 5% 的显著性水平上不显著。对于与非流动性因子相关的状态变量，与 Cooper 和 Maio（2018）[167] 一致，投资因子对 CFNAI 具有显著的预测能力：CCMA 与 CIA 在所有的预测区间产生了显著的正斜率，且在 $p=24$ 时具有最大的 R^2 估计值。此外，CHML 的斜率在 $p=1$ 到 $p=36$ 的预测区间为正，且在 $p<36$ 时统计显著。

为了进一步考察每个因子在相应的定价模型中的边际预测能力，以下执行各因子模型对 CFNAI 的多变量预测回归：

$$y_{t,t+p} = a_p + b_p CMKT_t + c_p CLF_t + \varepsilon_{t,t+p} \qquad (3-34)$$

$$y_{t,t+p} = a_p + b_p CMKT_t + c_p CSF_t + \varepsilon_{t,t+p} \qquad (3-35)$$

$$y_{t,t+p} = a_p + b_p CMKT_t + c_p CSMB_t + d_p CHML_t + \varepsilon_{t,t+p} \qquad (3-36)$$

$$y_{t,t+p} = a_p + b_p CMKT_t + c_p CSMB_t + d_p CHML_t + e_p CPS_{inn,t} + \varepsilon_{t,t+p} \quad (3-37)$$

$$y_{t,t+p} = a_p + b_p CMKT_t + c_p CSMB_t + d_p CHML_t + e_p CPS_{trd,t} + \varepsilon_{t,t+p} \quad (3-38)$$

$$y_{t,t+p} = a_p + b_p CMKT_t + c_p CSMB_t + d_p CHML_t + e_p CUMD_t + \varepsilon_{t,t+p} \quad (3-39)$$

$$y_{t,t+p} = a_p + b_p CMKT_t + c_p CSMB_t + d_p CHML_t + e_p CRMW_t + f_p CCMA_t + \varepsilon_{t,t+p} \quad (3-40)$$

$$y_{t,t+p} = a_p + b_p CMKT_t + c_p CME_t + d_p CIA_t + e_p CROE_t + \varepsilon_{t,t+p} \quad (3-41)$$

为了节省空间，表3.29（见章末）仅给出了预测区间为 $p=1$，12，36 的多变量回归结果。与表3.28 中的单变量回归结果一致，CLF 的斜率在 $p=1$ 和 12 个月的预测区间为正且在5%的水平上统计显著，表明 CLF 对 CFNAI 的正向预测能力在控制了 $CMKT$ 的效果后依然稳健。对于 S2 模型，CSF 的斜率在 $p>1$ 的预测区间为负值，并且在 $p=36$ 时统计显著。在 Pástor 和 Stambaugh 的两个相关模型中，CPS_{trd} 对 CFNAI 的预测斜率依然为负值，而 CPS_{inn} 在相应的 PS4$_{inn}$ 模型中斜率符号改变，即 CPS_{inn} 在 $p=1$，12 时负向预测了 CFNAI 的变化，而在长期预测期间 $p=36$ 上正向预测了 CFNAI 的变化，与来自单变量回归的证据相反。与上节证据一致，在控制了 MKT、SMB 和 HML 后，CPS_{trd} 和 CPS_{inn} 的斜率在所有预测区间依然不显著。因此，在四个流动性因子中，只有 CLF 产生了显著的正斜率，且与3.3.2 节中得到的正的风险价格方向一致，符合 ICAPM 的一致性条件。

对于其他的非流动性因子模型，HXZ4 中与投资因子相关的状态变量 CIA 在控制了其他状态变量后在所有的预测区间仍具有显著的正斜率。FF5 中 $CCMA$ 的预测斜率也为正且在 $p=1$ 时统计显著。因此，投资因子对 CFNAI 的预测方向与正向的风险价格一致。相比而言，与 HXZ4 和 FF5 中的利润因子相关的状态变量 $CROE$ 和 $CRMW$ 均在 $p=1$ 时具有显著的负斜率，与相应的风险价格方向相反。此外，C4 中的 $CUMD$ 在 $p=1$ 时具有显著的负斜率，与 UMD 的正的风险价格不一致。对于与规模、账市比相关的状态变量，$CHML$ 显示了稳健的预测能力：$CHML$ 在所有的模型设定中（FF5 除外）斜率为正值，且在 $p=1$，12 时预测效果显著，符合 ICAPM 的一致性条件。然而，$CSMB$、$CSMB^*$

以及 CME 在各预测区间的斜率均不显著，不符合 ICAPM 标准。

2. 基于 IPG 的实证结果

表3.30 和表3.31（见章末）分别给出了当投资机会用 IPG 代理时各状态变量的预测能力。与来自 CFNAI 的预测证据相比，状态变量对 IPG 的预测能力较弱。由表3.30 所示，在所有状态变量的单变量回归中只有 $CROE$ 在 $p = 24$ 和 36 时具有显著的斜率。在表3.31 所示的多变量回归中，状态变量对 IPG 的预测斜率也具有较小的估计值，且在 5% 的水平上不显著。与流动性因子相关的状态变量对 IPG 的预测方向与对 CFNAI 的预测方向基本一致。例如，CLF 在单变量回归以及基于 LCAPM 的多变量回归中均正向预测了 IPG 的变化，与 LF 正的风险价格一致。类似的，CPS_{trd} 和 CSF 在对 IPG 的回归中产生负向预测斜率，与相应的因子风险价格方向相反。当 $p = 1$ 时，CPS_{inn} 在控制了 $CMKT$、$CSMB$ 和 $CHML$ 后与 IPG 具有显著的负向关系。然而，由3.3.2 节的结论，PS_{inn} 的风险价格为正（尽管不显著），因此 CPS_{inn} 的预测斜率与 PS_{inn} 正的风险价格不一致。同样，与对 CFNAI 的预测结果类似，状态变量 $CCMA$（$p < 36$）和 CIA 正向预测了 IPG 的变化，与投资因子 CMA 和 IA 的正的风险价格一致。不同于对 CFNAI 的预测结果，ROE 在单变量回归（$p = 24$，36）以及在 HXZ4 中（$p = 36$）均产生显著的正斜率，符合 ICAPM 的一致性标准。类似的，FF5 中与利润相关的状态变量 $CRMW$ 也在中长期（$p = 12$，36）对 IPG 具有正向的预测斜率，但是效果并不显著。

总之，当投资机会用 IPG 代理时，状态变量对 IPG 的预测方向与对 CFNAI 的预测方向基本一致，但是从斜率估计值可以看出状态变量对 IPG 的预测效果较弱。

3. 基于 GDP 的实证结果

因为一般投资者的再平衡频率并不确定，本节利用季度数据评估因子模型对 GDP 增长的预测能力。根据 Liew 和 Vassalou（2000）[155] 的方法，首先将因子的月度持有期收益转换为季度持有期收益，然后对因子模型分别构建一年期预测回归：

$$GDP_{(q,q+4)} = a_q + b_q MKT_{(q-4,q)} + c_q LF_{(q-4,q)} + \varepsilon_{q,q+4} \quad (3-42)$$

$$GDP_{(q,q+4)} = a_q + b_q MKT_{(q-4,q)} + c_q SF_{(q-4,q)} + \varepsilon_{q,q+4} \quad (3-43)$$

$$GDP_{(q,q+4)} = a_q + b_q MKT_{(q-4,q)} + c_q SMB_{(q-4,q)} + d_q HML_{(q-4,q)} + \varepsilon_{q,q+4}$$

$$(3-44)$$

$$GDP_{(q,q+4)} = a_q + b_q MKT_{(q-4,q)} + c_q SMB_{(q-4,q)} + d_q HML_{(q-4,q)} + e_q PS_{inn,(q-4,q)} + \varepsilon_{q,q+4} \quad (3-45)$$

$$GDP_{(q,q+4)} = a_q + b_q MKT_{(q-4,q)} + c_q SMB_{(q-4,q)} + d_q HML_{(q-4,q)} + e_q PS_{trd,(q-4,q)} + \varepsilon_{q,q+4} \quad (3-46)$$

$$GDP_{(q,q+4)} = a_q + b_q MKT_{(q-4,q)} + c_q SMB_{(q-4,q)} + d_q HML_{(q-4,q)} + e_q UMD_{(q-4,q)} + \varepsilon_{q,q+4} \quad (3-47)$$

$$GDP_{(q,q+4)} = a_q + b_q MKT_{(q-4,q)} + c_q SMB_{(q-4,q)} + d_q HML_{(q-4,q)} + e_q RMW_{(q-4,q)} + f_q CMA_{(q-4,q)} + \varepsilon_{q,q+4} \quad (3-48)$$

$$GDP_{(q,q+4)} = a_q + b_q MKT_{(q-4,q)} + c_q ME_{(q-4,q)} + d_q IA_{(q-4,q)} + e_q ROE_{(q-4,q)} + \varepsilon_{q,q+4} \quad (3-49)$$

表 3.32（见章末）给出了关于 GDP 增长的预测回归结果。在所有因子模型中，仅含市场因子的 CAPM 模型对 GDP 的预测能力最弱，其 R^2 估计值为 12.69%。由 R^2 的变化可以看出增加 LF 对提高 CAPM 的预测能力具有显著效果。由 LCAPM 的回归结果所示，在 CAPM 中加入 LF 后样本 R^2 显著提高，即 LCAPM 的样本 R^2 估计值仅次于四因子模型 HXZ4，为 18.82%。此外，与来自 CFNAI 和 IPG 的预测证据一致，LF 显著预测了 GDP 增长，其预测斜率为 0.05（$t=2.79$）。在 CAPM 上扩展 SF 因子也将 CAPM 模型的解释力提高到了 14.21%，且显著的负斜率 -0.18（$t=-2.44$）说明 SF 与经济增长呈负向关系。FF3 模型对 GDP 回归的样本 R^2 为 14.87%，且基于 FF3 得到的扩展模型并没有显著提升 FF3 的表现。例如，当增加了 PS_{inn} 或 UMD 因子后，相应的扩展模型 $PS4_{inn}$ 和 C_4 的预测 R^2 分别为 14.79% 和 14.59%，低于 FF3 的预测 R^2 值。由预测变量的斜率可知新增因子没有明显提高 FF3 的解释力是由于预测因子如 PS_{inn}、PS_{trd}、UMD、RMW 以及 CMA 对 GDP 的预测能力并不显著。HXZ4 对 GDP 具有最强的预测效果，其 R^2 估计值为 19.77%。由斜率的估计值可知，IA 和 ROE 均正向预测 GDP 的变化，且 IA 的预测效果显著。因此，基于 GDP 的预测结果，LF 与 IA 显著的预测了 GDP 的正向增长，且正的预测斜率与相应的正的因子风险价格方向一致。此外，SF 对 GDP 的预测回归也具有显著的斜率，但是负向的预测能力与 SF 的风险价格方向并不一致。

总之，以上结果表明不同的流动性因子对于未来投资机会包含了不同的信息。一般来说，LF 正向预测了经济行为的变化。相反，SF 对商业循环的预测呈负方向。对于 Pástor-Stambaugh 流动性因子，PS_{inn} 和 PS_{trd} 对未来投资机会不具备稳健的预测能力。为此，在基于不同构建的流动性因子中，只有 LF 符合 ICAPM 的一致性标准。对于非流动性因子，IA 对经济变量具有显著的预测能力，且符合 ICAPM 理论。

3.4.3 基于股票市场预测的实证检验

根据 Maio 和 Santa-Clara (2012)[34]，本小节考察当未来投资机会用股票市场收益（R_M）或波动（Vol）作为代理变量时因子模型的预测能力。对因子模型执行以下时间序列回归：

$$y_{t,t+p} = a_p + b_p CMKT_t + c_p CLF_t + \varepsilon_{t,t+p} \quad (3-50)$$

$$y_{t,t+p} = a_p + b_p CMKT_t + c_p CSF_t + \varepsilon_{t,t+p} \quad (3-51)$$

$$y_{t,t+p} = a_p + b_p CMKT_t + c_p CSMB_t + d_p CHML_t + \varepsilon_{t,t+p} \quad (3-52)$$

$$y_{t,t+p} = a_p + b_p CMKT_t + c_p CSMB_t + d_p CHML_t + e_p CPS_{inn,t} + \varepsilon_{t,t+p} \quad (3-53)$$

$$y_{t,t+p} = a_p + b_p CMKT_t + c_p CSMB_t + d_p CHML_t + e_p CPS_{trd,t} + \varepsilon_{t,t+p} \quad (3-54)$$

$$y_{t,t+p} = a_p + b_p CMKT_t + c_p CSMB_t + d_p CHML_t + e_p CUMD_t + \varepsilon_{t,t+p} \quad (3-55)$$

$$y_{t,t+p} = a_p + b_p CMKT_t + c_p CSMB_t + d_p CHML_t + e_p CRMW_t + f_p CCMA_t + \varepsilon_{t,t+p} \quad (3-56)$$

$$y_{t,t+p} = a_p + b_p CMKT_t + c_p CME_t + d_p CIA_t + + e_p CROE_t + \varepsilon_{t,t+p} \quad (3-57)$$

其中 $y_{t,t+p} = y_{t+1} + \cdots y_{t+p}$，$y$ 分别代表 R_M 和 Vol，R_M 为市场指数的连续复合收益，$Vol = log(var)$，其中 var 是已实现股票方差。

表 3.33（见章末）给出了因子模型对股票市场收益的多变量预测回归。与对经济变量的预测相比，CPS_{inn} 在 $p=12$ 和 36 时正向预测了 R_M，且在 10% 的水平上统计显著，CPS_{trd} 在所有区间具有显著为负的斜率（在 $p=1$ 时显著性水平为 5%）。因此，CPS_{inn} 对股票收益的预测方向同相应的风险因子 PS_{inn} 的风险价格方向一致。在 $p=36$ 时，CSF 对股票收益的预测力也显著为负，然而由于 SF 的风险价格为正，CSF 不满足 ICAPM 的一致性标准。另外，与 Cooper 和 Maio (2018)[167] 的结果相似，与利润因子相关的状态变量可以预测股票收益的变化。例如，在 $p=12$ 时，$CRMW$ 的斜率显著为正，说明在控制

了 FF5 中的其他因子后，$CRMW$ 对股票收益具有稳健的预测能力。类似的，在 $p=36$ 时，HXZ4 模型中的 $CROE$ 也显著（10% 的显著性水平）预测了股票收益的正向变化。结果表明利润因子对股票市场收益提供了有价值的信息，且与利润因子相关的状态变量与正的风险价格具有一致的符号，符合 ICAPM 标准。

表 3.34（见章末）给出了因子模型对股票市场波动的多变量预测回归。由回归中显著的斜率个数可以看出因子相关状态变量对未来股票波动的预测能力明显高于对股票收益的预测能力。CLF 与 CPS_{inn} 在 $p=1$ 时产生显著的负斜率，分别为 -0.33（$t=-2.62$）和 -0.28（$t=-2.45$），与相应的正的因子风险价格一致。相对比，CPS_{trd} 在所有预测区间均显著预测了股票市场波动的增加，SF 也在 $p=36$ 时具有显著的正斜率，因此根据对股票波动的预测结果，PS_{trd} 和 SF 不满足 ICAPM 的一致性标准。对于非流动性因子模型，HXZ4 中的 CIA 在所有的预测区间具有显著的负斜率。类似的，$CCMA$ 也在 $p=1$ 和 36 上与股票市场波动呈显著的负向关系。因此，与基于对经济变量的预测证据一致，投资因子符合 ICAPM 框架。另外，FF5 和 HXZ4 中与利润因子相关的状态变量 $CRMW$ 和 $CROE$，以及 C4 中与动量相关的状态变量均在 $p=1$ 时具有显著的正斜率，与正的因子风险价格方向相反。总之，当投资机会由股票市场变量或经济行为指标代理时，结论是一致的。

3.5 本章小结

由于流动性具有多维度的特征，基于不同的流动性代理变量构建的流动性因子或因子模型可能具有不同的表现。本章根据 Merton（1973）[33] 的 ICAPM 理论对不同的流动性以及非流动性因子模型进行了评估。基于 Maio 和 Santa-Clara（2012）[34] 提出的 ICAPM 标准，首先在模型误设定的假设下评估风险因子的定价以及提高模型解释力的能力。其次，考察与风险因子相关的状态变量对未来投资机会的预测能力并判定风险因子是否满足 ICAPM 的一致性条件。

与假设一致，实证结果显示基于不同的流动性测度构建的流动性因子具有不同的表现。其中，Pástor 和 Stambaugh（2003）[9]，以及 Sadka（2006）[11] 的基于价格影响维度构建的流动性因子不满足 ICAPM 标准。与 Fama 和 French（2015，2016）[13][15] 的早期研究一致，他们产生的流动性风险溢价并不显著。其原因可能是价格影响捕获了流动性的多维度之一,因此无法准确地代理流动性,不能产生稳健的流动性溢价。相对比,Liu(2006)[12]构建的因子模型 LCAPM 符合 ICAPM 标准:LCAPM 中基于交易的不连续性构建的流动性因子在不同的测试组合和方法下均产生了稳健的风险溢价以及显著的协方差风险价格,且对未来投资机会产生了一致的预测能力。另外,与已有证据一致,基于企业特征构建的因子,如动量、投资和盈利因子在根据这些特征形成的投资组合中产生显著的风险溢价。鉴于两因子模型 LCAPM 中不包含以上基于企业特征的因子(例如存在于竞争模型中的动量、投资、盈利因子),因此 LCAPM 对特征组合如 25 组规模 – 动量,以及 32 组规模 – 投资 – 利润组合的良好解释力为流动性风险在资产定价中的重要性提供了支持性证据。

表3.1 因子的描述性统计

Panel A: Means, standard deviations, and t-statistics

	MKT	SMB	HML	UMD	SMB*	RMW	CMA	ME	IA	ROE	LF	PS_{inn}	PS_{trd}	SF
Mean(%)	0.52	0.15	0.36	0.63	0.18	0.27	0.33	0.26	0.41	0.54	0.64	−0.06	0.37	0.01
Std(%)	4.50	3.09	2.89	4.30	3.04	2.23	2.02	3.07	1.87	2.54	3.43	5.60	3.38	0.63
t-statistic	2.81	1.16	3.03	3.58	1.46	2.97	4.02	2.08	5.35	5.19	4.55	−0.28	2.66	0.23

Panel B: Spearman rank correlation

	MKT	SMB	HML	UMD	SMB*	RMW	CMA	ME	IA	ROE	LF	PS_{inn}	PS_{trd}	SF
MKT	1.00	0.28	−0.28	−0.11	0.25	−0.22	−0.34	0.25	−0.33	−0.15	−0.69	−0.06	−0.04	0.00
SMB		1.00	−0.14	−0.04	0.98	−0.29	−0.14	0.94	−0.16	−0.26	−0.18	0.15	−0.02	0.14
HML			1.00	−0.15	−0.05	−0.18	0.69	−0.02	0.64	−0.27	0.35	−0.07	0.03	0.05
UMD				1.00	−0.04	0.17	−0.04	−0.02	0.03	0.42	0.11	−0.09	0.04	0.12
SMB*					1.00	−0.27	−0.08	0.97	−0.11	−0.26	−0.16	0.14	−0.03	0.15
RMW						1.00	−0.18	−0.28	−0.11	0.62	0.17	−0.00	0.05	0.02
CMA							1.00	−0.07	0.91	−0.22	0.41	−0.09	0.02	0.03
ME								1.00	−0.08	−0.20	−0.17	0.12	−0.05	0.15
IA									1.00	−0.08	0.42	−0.08	0.03	−0.00
ROE										1.00	0.10	−0.02	0.01	−0.02
LF											1.00	−0.13	0.02	0.05
PS_{inn}												1.00	0.07	0.10
PS_{trd}													1.00	0.02
SF														1.00

第三章 基于 ICAPM 理论的模型评估

表 3.3 基于 25 个规模－账市比投资组合的因子风险溢价估计

Models	$\hat{\gamma}_0$	$\hat{\gamma}_{MKT}$	$\hat{\gamma}_{SMB}$	$\hat{\gamma}_{SMB^*}$	$\hat{\gamma}_{HML}$	$\hat{\gamma}_{UMD}$	$\hat{\gamma}_{RMW}$	$\hat{\gamma}_{CMA}$	$\hat{\gamma}_{ME}$	$\hat{\gamma}_{IA}$	$\hat{\gamma}_{ROE}$	$\hat{\gamma}_{LF}$	$\hat{\gamma}_{PS_{inn}}$	$\hat{\gamma}_{PS_{trd}}$	$\hat{\gamma}_{SF}$
Panel A: OLS															
CAPM	1.72	−0.60													
	(3.41)	(−1.40)													
	[3.21]	[−1.34]													
LCAPM	1.40	−0.33											0.76		
	(2.13)	(−0.66)											(3.11)		
	[2.05]	[−0.65]											[3.04]		
S2	2.01	−0.98													0.22
	(2.51)	(−1.45)													(1.16)
	[2.25]	[−1.33]													[1.02]
FF3	1.62	−0.68	0.09		0.37										
	(4.51)	(−2.06)	(0.70)		(3.04)										
	[4.21]	[−1.94]	[0.70]		[3.02]										
PS4$_{inn}$	1.51	−0.58	0.11		0.34								1.90		
	(3.95)	(−1.70)	(0.83)		(2.81)								(1.58)		
	[3.53]	[−1.56]	[0.81]		[2.75]								[1.25]		
PS4$_{trd}$	1.47	−0.57	0.12		0.36									1.63	
	(3.54)	(−1.60)	(0.92)		(2.99)									(1.81)	
	[3.28]	[−1.48]	[0.91]		[3.02]									[1.42]	
C4	0.80	0.17	0.11		0.40	2.58									

59

续表

Models	$\hat{\gamma}_0$	$\hat{\gamma}_{MKT}$	$\hat{\gamma}_{SMB}$	$\hat{\gamma}_{SMB^*}$	$\hat{\gamma}_{HML}$	$\hat{\gamma}_{UMD}$	$\hat{\gamma}_{RMW}$	$\hat{\gamma}_{CMA}$	$\hat{\gamma}_{ME}$	$\hat{\gamma}_{IA}$	$\hat{\gamma}_{ROE}$	$\hat{\gamma}_{LF}$	$\hat{\gamma}_{PS_{inn}}$	$\hat{\gamma}_{PS_{trd}}$	$\hat{\gamma}_{SF}$
C4	(1.09)	(0.40)	(0.81)		(3.28)	(3.58)									
	[0.63]	[0.25]	[0.78]		[3.36]	[1.50]									
FF5	1.41	−0.52	0.23	0.33			0.50	−0.09							
	(3.28)	(−1.44)	(1.78)	(2.73)			(2.83)	(−0.47)							
	[2.85]	[−1.29]	[1.79]	[2.67]			[2.15]	[−0.38]							
HXZ4	1.26	−0.36							0.27	0.38	0.41				
	(2.70)	(−0.97)							(2.02)	(3.16)	(1.86)				
	[2.45]	[−0.90]							[1.98]	[3.20]	[1.83]				
Panel B: GLS															
CAPM	1.74	−0.80													
	(6.31)	(−2.85)													
	[5.71]	[−2.71]													
LCAPM	1.51	−0.57										0.58			
	(4.09)	(−1.73)										(3.03)			
	[3.16]	[−1.42]										[2.88]			
S2	2.36	−1.37													0.20
	(7.56)	(−3.89)													(1.90)
	[6.59]	[−3.49]													[1.21]
FF3	1.80	−0.87	0.15		0.34										
	(5.82)	(−2.84)	(1.18)		(2.84)										

第三章 基于 ICAPM 理论的模型评估

续表

Models	$\hat{\gamma}_0$	$\hat{\gamma}_{MKT}$	$\hat{\gamma}_{SMB}$	$\hat{\gamma}_{SMB^*}$	$\hat{\gamma}_{HML}$	$\hat{\gamma}_{UMD}$	$\hat{\gamma}_{RMW}$	$\hat{\gamma}_{CMA}$	$\hat{\gamma}_{ME}$	$\hat{\gamma}_{IA}$	$\hat{\gamma}_{ROE}$	$\hat{\gamma}_{LF}$	$\hat{\gamma}_{PS_{inn}}$	$\hat{\gamma}_{PS_{trd}}$	$\hat{\gamma}_{SF}$
FF3	[5.25]	[−2.63]	[1.18]		[2.83]										
	1.80	−0.86	0.15		0.33										
PS4$_{inn}$	(5.53)	(−2.73)	(1.16)		(2.78)								1.49		
	[4.87]	[−2.48]	[1.16]		[2.75]								(1.64)		
	1.69	−0.77	0.15		0.35								[1.09]		
PS4$_{trd}$	(5.00)	(−2.41)	(1.19)		(2.91)									1.06	
	[4.36]	[−2.16]	[1.19]		[2.90]									(1.80)	
	1.33	−0.38	0.15		0.35	1.76								[1.16]	
C4	(3.07)	(−1.06)	(1.20)		(2.92)	(3.02)									
	[2.31]	[−0.83]	[1.20]		[2.91]	[1.88]									
	1.67	−0.75	0.20	0.34			0.27	0.18							
FF5	(4.84)	(−2.34)	(1.55)	(2.86)			(1.77)	(1.01)							
	[4.11]	[−2.06]	[1.56]	[2.82]			[1.29]	[0.73]							
	1.72	−0.80							0.25	0.25	0.29				
HXZ4	(4.94)	(−2.46)							(1.87)	(2.23)	(1.50)				
	[4.25]	[−2.20]							[1.83]	[2.11]	[1.34]				

61

表 3.4 基于 25 个规模－账市比投资组合的协方差风险价格估计

Panel A：OLS

Models	$\hat{\lambda}_0$	$\hat{\lambda}_{MKT}$	$\hat{\lambda}_{SMB}$	$\hat{\lambda}_{SMB^*}$	$\hat{\lambda}_{HML}$	$\hat{\lambda}_{UMD}$	$\hat{\lambda}_{RMW}$	$\hat{\lambda}_{CMA}$	$\hat{\lambda}_{ME}$	$\hat{\lambda}_{IA}$	$\hat{\lambda}_{ROE}$	$\hat{\lambda}_{LF}$	$\hat{\lambda}_{PS_{inn}}$	$\hat{\lambda}_{PS_{trd}}$	$\hat{\lambda}_{SF}$
CAPM	0.02 (3.41) [3.21]	−2.95 (−1.39) [−1.36]													
LCAPM	0.01 (2.13) [2.05]	2.95 (0.69) [0.67]										9.06 (1.99) [1.97]			
S2	0.02 (2.51) [2.25]	−5.99 (−1.95) [−1.87]													61.30 (1.30) [1.12]
FF3	0.02 (4.51) [4.21]	−3.30 (−1.78) [−1.68]	3.00 (1.93) [1.93]		3.64 (2.19) [2.16]										
PS4$_{inn}$	0.02 (3.95) [3.53]	−5.80 (−2.26) [−1.82]	2.46 (1.44) [1.26]		3.46 (1.95) [1.69]								7.58 (1.77) [1.35]		
PS4$_{trd}$	0.01	−2.70	2.95		3.08									14.14	

第三章 基于ICAPM理论的模型评估

续表

Models	$\hat{\lambda}_0$	$\hat{\lambda}_{MKT}$	$\hat{\lambda}_{SMB}$	$\hat{\lambda}_{SMB^*}$	$\hat{\lambda}_{HML}$	$\hat{\lambda}_{UMD}$	$\hat{\lambda}_{RMW}$	$\hat{\lambda}_{CMA}$	$\hat{\lambda}_{ME}$	$\hat{\lambda}_{IA}$	$\hat{\lambda}_{ROE}$	$\hat{\lambda}_{LF}$	$\hat{\lambda}_{PS_{inn}}$	$\hat{\lambda}_{PS_{trd}}$	$\hat{\lambda}_{SF}$
PS4$_{trd}$	(3.54)	(−1.30)	(1.72)		(1.68)									(1.78)	
	[3.28]	[−1.16]	[1.68]		[1.57]									[1.37]	
C4	0.01	4.70	1.88		11.63	16.11									
	(1.09)	(1.55)	(1.00)		(3.93)	(3.55)									
	[0.63]	[0.82]	[0.89]		[2.14]	[1.56]									
FF5	0.01	−3.28		6.60	8.90		10.85	−13.24							
	(3.28)	(−1.25)		(3.47)	(1.81)		(2.50)	(−1.27)							
	[2.85]	[−1.08]		[3.28]	[1.35]		[1.92]	[−0.99]							
HXZ4	0.01	−0.06							6.04	11.52	8.31				
	(2.70)	(−0.02)							(3.01)	(2.36)	(1.98)				
	[2.45]	[−0.02]							[3.01]	[2.22]	[1.86]				
Panel B:GLS															
CAPM	0.02	−3.96													
	(6.31)	(−2.81)													
	[5.71]	[−2.73]													
LCAPM	0.02	−0.59											4.40		
	(4.09)	(−0.20)											(1.34)		

63

续表

Models	$\hat{\lambda}_0$	$\hat{\lambda}_{MKT}$	$\hat{\lambda}_{SMB}$	$\hat{\lambda}_{SMB^*}$	$\hat{\lambda}_{HML}$	$\hat{\lambda}_{UMD}$	$\hat{\lambda}_{RMW}$	$\hat{\lambda}_{CMA}$	$\hat{\lambda}_{ME}$	$\hat{\lambda}_{IA}$	$\hat{\lambda}_{ROE}$	$\hat{\lambda}_{LF}$	$\hat{\lambda}_{PS_{inn}}$	$\hat{\lambda}_{PS_{trd}}$	$\hat{\lambda}_{SF}$
LCAPM	[3.16]	[-0.16]										[1.06]			
S2	0.02	-7.83													57.12
	(7.56)	(-4.05)													(2.13)
	[6.59]	[-3.65]													[1.35]
FF3	0.02	-4.54	4.02		2.97										
	(5.82)	(-2.64)	(2.64)		(1.82)										
	[5.25]	[-2.44]	[2.57]		[1.81]										
PS4$_{inn}$	0.02	-7.08	3.55		2.86								6.51		
	(5.53)	(-3.19)	(2.19)		(1.66)								(2.00)		
	[4.87]	[-2.52]	[1.97]		[1.46]								[1.31]		
PS4$_{trd}$	0.02	-3.94	3.76		2.78									9.14	
	(5.00)	(-2.16)	(2.36)		(1.64)									(1.75)	
	[4.36]	[-1.86]	[2.28]		[1.60]									[1.13]	
C4	0.01	0.27	3.32		7.87	10.55									
	(3.07)	(0.11)	(2.01)		(3.23)	(2.92)									
	[2.31]	[0.08]	[1.88]		[2.30]	[1.88]									
FF5	0.02	-3.64		5.33	3.29		6.06	-1.46							

第三章　基于 ICAPM 理论的模型评估

续表

表 3.5　基于扩展投资组合的溢价估计

Models	$\hat{\lambda}_0$	$\hat{\lambda}_{MKT}$	$\hat{\lambda}_{SMB}$	$\hat{\lambda}_{SMB^*}$	$\hat{\lambda}_{HML}$	$\hat{\lambda}_{UMD}$	$\hat{\lambda}_{RMW}$	$\hat{\lambda}_{CMA}$	$\hat{\lambda}_{ME}$	$\hat{\lambda}_{IA}$	$\hat{\lambda}_{ROE}$	$\hat{\lambda}_{LF}$	$\hat{\lambda}_{PS_{inn}}$	$\hat{\lambda}_{PS_{trd}}$	$\hat{\lambda}_{SF}$
FF5		(−1.62)		(2.97)	(0.76)		(1.71)	(−0.16)							
	(4.84)	[−1.32]		[2.74]	[0.54]		[1.34]	[−0.11]							
	[4.11]														
HXZ4	0.02	−3.62							5.77	4.73	5.22				
	(4.94)	(−1.68)							(3.07)	(1.11)	(1.45)				
	[4.25]	[−1.47]							[2.97]	[1.01]	[1.28]				

Models	$\hat{\gamma}_0$	$\hat{\gamma}_{MKT}$	$\hat{\gamma}_{SMB}$	$\hat{\gamma}_{SMB^*}$	$\hat{\gamma}_{HML}$	$\hat{\gamma}_{UMD}$	$\hat{\gamma}_{RMW}$	$\hat{\gamma}_{CMA}$	$\hat{\gamma}_{ME}$	$\hat{\gamma}_{IA}$	$\hat{\gamma}_{ROE}$	$\hat{\gamma}_{LF}$	$\hat{\gamma}_{PS_{inn}}$	$\hat{\gamma}_{PS_{trd}}$	$\hat{\gamma}_{SF}$
Panel A: OLS															
CAPM	1.53	−0.44													
	(3.25)	(−1.10)													
	[3.00]	[−1.05]													
LCAPM	1.26	−0.22												0.71	
	(2.08)	(−0.47)												(2.97)	
	[2.01]	[−0.46]												[2.90]	
S2	1.79	−0.77													0.21
	(2.62)	(−1.32)													(1.12)
	[2.37]	[−1.21]													[1.03]

65

续表

Models	$\hat{\gamma}_0$	$\hat{\gamma}_{MKT}$	$\hat{\gamma}_{SMB}$	$\hat{\gamma}_{SMB^*}$	$\hat{\gamma}_{HML}$	$\hat{\gamma}_{UMD}$	$\hat{\gamma}_{RMW}$	$\hat{\gamma}_{CMA}$	$\hat{\gamma}_{ME}$	$\hat{\gamma}_{IA}$	$\hat{\gamma}_{ROE}$	$\hat{\gamma}_{LF}$	$\hat{\gamma}_{PS_{inn}}$	$\hat{\gamma}_{PS_{trd}}$	$\hat{\gamma}_{SF}$
FF3	1.71 (5.49) [5.45]	−0.75 (−2.51) [−2.46]	0.09 (0.68) [0.68]		0.34 (2.78) [2.78]										
PS4$_{inn}$	1.71 (5.48) [5.38]	−0.76 (−2.51) [−2.45]	0.09 (0.68) [0.69]		0.33 (2.79) [2.70]								−0.09 (−0.09) [−0.07]		
PS4$_{trd}$	1.70 (5.39) [5.36]	−0.75 (−2.48) [−2.44]	0.09 (0.68) [0.69]		0.33 (2.76) [2.78]									0.34 (0.63) [0.52]	
C4	1.39 (3.59) [2.20]	−0.42 (−1.23) [−0.81]	0.09 (0.71) [0.71]		0.34 (2.81) [2.88]	1.01 (1.78) [0.95]									
FF5	1.73 (4.72) [3.96]	−0.80 (−2.35) [−2.03]		0.17 (1.34) [1.35]	0.31 (2.59) [2.55]		0.29 (1.93) [1.49]	−0.02 (−0.12) [−0.09]							
HXZ4	1.55 (4.46) [−1.91]	−0.61							0.18 (1.39)	0.29 (2.59)	0.11 (0.64)				

66

续表

Models	$\hat{\gamma}_0$	$\hat{\gamma}_{MKT}$	$\hat{\gamma}_{SMB}$	$\hat{\gamma}_{SMB^*}$	$\hat{\gamma}_{HML}$	$\hat{\gamma}_{UMD}$	$\hat{\gamma}_{RMW}$	$\hat{\gamma}_{CMA}$	$\hat{\gamma}_{ME}$	$\hat{\gamma}_{IA}$	$\hat{\gamma}_{ROE}$	$\hat{\gamma}_{LF}$	$\hat{\gamma}_{PS_{inn}}$	$\hat{\gamma}_{PS_{trd}}$	$\hat{\gamma}_{SF}$
HXZ4	[4.10]	[−1.79]							[1.36]	[2.60]	[0.63]				
Panel B:GLS															
CAPM	1.73 (7.53) [6.84]	−0.80 (−3.13) [−2.97]													
LCAPM	1.64 (6.13) [5.08]	−0.71 (−2.57) [−2.27]										0.53 (2.84) [2.73]			
S2	2.18 (8.49) [7.14]	−1.18 (−3.71) [−3.31]													0.15 (1.49) [0.90]
FF3	1.77 (7.10) [6.38]	−0.84 (−3.14) [−2.90]	0.15 (1.18) [1.18]		0.34 (2.88) [2.88]										
PS4$_{inn}$	1.78 (7.10) [6.38]	−0.85 (−3.16) [−2.91]	0.15 (1.18) [1.18]		0.34 (2.87) [2.86]								0.08 (0.10) [0.07]		

67

Models	$\hat{\gamma}_0$	$\hat{\gamma}_{MKT}$	$\hat{\gamma}_{SMB}$	$\hat{\gamma}_{SMB^*}$	$\hat{\gamma}_{HML}$	$\hat{\gamma}_{UMD}$	$\hat{\gamma}_{RMW}$	$\hat{\gamma}_{CMA}$	$\hat{\gamma}_{ME}$	$\hat{\gamma}_{IA}$	$\hat{\gamma}_{ROE}$	$\hat{\gamma}_{LF}$	$\hat{\gamma}_{PS_{inn}}$	$\hat{\gamma}_{PS_{trd}}$	$\hat{\gamma}_{SF}$
PS4$_{trd}$	1.76	−0.84	0.15		0.34									0.06	
	(6.75)	(−3.05)	(1.18)		(2.88)									(0.14)	
	[5.87]	[−2.77]	[1.18]		[2.88]									[0.10]	
C4	1.41	−0.46	0.15		0.35	1.42									
	(4.24)	(−1.52)	(1.19)		(2.93)	(2.92)									
	[3.36]	[−1.26]	[1.19]		[2.95]	[2.18]									
FF5	1.72	−0.79		0.17	0.34		0.02	0.29							
	(5.82)	(−2.69)		(1.37)	(2.87)		(0.12)	(1.98)							
	[4.49]	[−2.19]		[1.38]	[2.85]		[0.10]	[1.55]							
HXZ4	1.76	−0.83							0.23	0.23	0.11				
	(6.50)	(−2.98)							(1.78)	(2.17)	(0.69)				
	[5.51]	[−2.64]							[1.74]	[2.07]	[0.67]				

表3.6 基于扩展投资组合的协方差风险价格估计

Models	$\hat{\lambda}_0$	$\hat{\lambda}_{MKT}$	$\hat{\lambda}_{SMB}$	$\hat{\lambda}_{SMB^*}$	$\hat{\lambda}_{HML}$	$\hat{\lambda}_{UMD}$	$\hat{\lambda}_{RMW}$	$\hat{\lambda}_{CMA}$	$\hat{\lambda}_{ME}$	$\hat{\lambda}_{IA}$	$\hat{\lambda}_{ROE}$	$\hat{\lambda}_{LF}$	$\hat{\lambda}_{PS_{inn}}$	$\hat{\lambda}_{PS_{trd}}$	$\hat{\lambda}_{SF}$
Panel A:OLS															
CAPM	0.02	−2.18													
	(3.25)	(−1.10)													

续表

Models	$\hat{\lambda}_0$	$\hat{\lambda}_{MKT}$	$\hat{\lambda}_{SMB}$	$\hat{\lambda}_{SMB^*}$	$\hat{\lambda}_{HML}$	$\hat{\lambda}_{UMD}$	$\hat{\lambda}_{RMW}$	$\hat{\lambda}_{CMA}$	$\hat{\lambda}_{ME}$	$\hat{\lambda}_{IA}$	$\hat{\lambda}_{ROE}$	$\hat{\lambda}_{LF}$	$\hat{\lambda}_{PS_{inn}}$	$\hat{\lambda}_{PS_{trd}}$	$\hat{\lambda}_{SF}$
CAPM	0.01 [3.00]	−1.06 3.61													
LCAPM	0.02 (2.08) [2.01]	(0.91) [0.90]										9.24 (2.12) [2.15]			
S2	0.02 (2.62) [2.37]	−4.90 (−1.81) [−1.74]													58.43 (1.23) [1.12]
FF3	0.02 (5.49) [5.45]	−3.79 (−2.25) [−2.22]	3.07 (2.02) [2.01]		3.11 (1.89) [1.88]										
PS4$_{inn}$	0.02 (5.48) [5.38]	−4.09 (−1.84) [−1.54]	3.03 (1.96) [1.93]		3.03 (1.87) [1.76]								0.72 (0.21) [0.16]		
PS4$_{trd}$	0.02 (5.39) [5.36]	−3.77 (−2.22) [−2.20]	3.04 (1.98) [1.98]		2.90 (1.79) [1.81]									2.80 (0.59) [0.49]	
C4	0.01	−0.67	2.59		6.07	6.17									

续表

Models	$\hat{\lambda}_0$	$\hat{\lambda}_{MKT}$	$\hat{\lambda}_{SMB}$	$\hat{\lambda}_{SMB}^*$	$\hat{\lambda}_{HML}$	$\hat{\lambda}_{UMD}$	$\hat{\lambda}_{RMW}$	$\hat{\lambda}_{CMA}$	$\hat{\lambda}_{ME}$	$\hat{\lambda}_{IA}$	$\hat{\lambda}_{ROE}$	$\hat{\lambda}_{LF}$	$\hat{\lambda}_{PS_{inn}}$	$\hat{\lambda}_{PS_{trd}}$	$\hat{\lambda}_{SF}$
C4	0.02 (3.59) [2.20]	−0.29 (−0.17)	1.64 [1.59]		2.53 [1.61]	1.76 [0.93]									
FF5	0.02 (4.72) [3.96]	−5.08 (−1.99) [−1.57]		5.11 (2.85) [2.58]	7.51 (1.75) [1.25]		5.08 (1.47) [1.22]	−11.91 (−1.26) [−0.89]							
HXZ4	0.02 (4.46) [4.10]	−2.39 (−1.11) [−1.05]							3.95 (2.23) [2.22]	6.87 (1.59) [1.56]	2.13 (0.69) [0.67]				
Panel B:GLS															
CAPM	0.02 (7.53) [6.84]	−3.96 (−3.08) [−3.00]													
LCAPM	0.02 (6.13) [5.08]	−2.23 (−0.96) [−0.79]										2.52 (0.89) [0.74]			
S2	0.02 (8.49) [7.14]	−6.62 (−3.86) [−3.50]													43.02 (1.71) [1.05]

70

续表

Models	$\hat{\lambda}_0$	$\hat{\lambda}_{MKT}$	$\hat{\lambda}_{SMB}$	$\hat{\lambda}_{SMB^*}$	$\hat{\lambda}_{HML}$	$\hat{\lambda}_{UMD}$	$\hat{\lambda}_{RMW}$	$\hat{\lambda}_{CMA}$	$\hat{\lambda}_{ME}$	$\hat{\lambda}_{IA}$	$\hat{\lambda}_{ROE}$	$\hat{\lambda}_{LF}$	$\hat{\lambda}_{PS_{inn}}$	$\hat{\lambda}_{PS_{trd}}$	$\hat{\lambda}_{SF}$
FF3	0.02	−4.39	3.98		3.09										
	(7.10)	(−2.91)	(2.66)		(1.93)										
	[6.38]	[−2.67]	[2.59]		[1.95]										
PS4$_{inn}$	0.02	−5.00	3.90		3.05								1.43		
	(7.10)	(−2.64)	(2.59)		(1.90)								(0.53)		
	[6.38]	[−2.09]	[2.46]		[1.86]								[0.35]		
PS4$_{trd}$	0.02	−4.36	3.97		3.08									0.33	
	(6.75)	(−2.83)	(2.64)		(1.93)									(0.09)	
	[5.87]	[−2.54]	[2.53]		[1.95]									[0.06]	
C4	0.01	−0.59	3.44		6.99	8.51									
	(4.24)	(−0.29)	(2.19)		(3.21)	(2.83)									
	[3.36]	[−0.22]	[2.06]		[2.55]	[2.11]									
FF5	0.02	−3.77		3.66	1.24		0.26	3.10							
	(5.82)	(−1.76)		(2.15)	(0.34)		(0.09)	(0.39)							
	[4.49]	[−1.30]		[1.98]	[0.26]		[0.08]	[0.29]							
HXZ4	0.02	−4.17							4.84	3.72	1.91				
	(6.50)	(−2.28)							(2.82)	(0.95)	(0.68)				
	[5.51]	[−1.97]							[2.73]	[0.89]	[0.63]				

表 3.7 基于 25 个规模－动量投资组合的因子风险溢价估计

Models	$\hat{\gamma}_0$	$\hat{\gamma}_{MKT}$	$\hat{\gamma}_{SMB}$	$\hat{\gamma}_{SMB^*}$	$\hat{\gamma}_{HML}$	$\hat{\gamma}_{UMD}$	$\hat{\gamma}_{RMW}$	$\hat{\gamma}_{CMA}$	$\hat{\gamma}_{ME}$	$\hat{\gamma}_{IA}$	$\hat{\gamma}_{ROE}$	$\hat{\gamma}_{LF}$	$\hat{\gamma}_{PS_{inn}}$	$\hat{\gamma}_{PS_{trd}}$	$\hat{\gamma}_{SF}$
Panel A:OLS															
CAPM	1.98	−0.85													
	(5.15)	(−2.34)													
	[4.36]	[−2.23]													
LCAPM	1.17	−0.13											0.91		
	(1.84)	(−0.27)											(3.73)		
	[1.38]	[−0.22]											[3.94]		
S2	1.35	−0.33													0.33
	(2.42)	(−0.69)													(1.65)
	[1.96]	[−0.58]													[1.62]
FF3	2.83	−1.65	0.27		−0.76										
	(5.06)	(−3.43)	(1.89)		(−2.52)										
	[4.44]	[−2.92]	[1.92]		[−2.29]										
PS4$_{inn}$	2.69	−1.49	0.35		−1.13								4.50		
	(3.66)	(−2.46)	(2.24)		(−2.60)								(3.22)		
	[2.55]	[−1.73]	[1.87]		[−1.82]								[1.32]		
PS4$_{trd}$	2.75	−1.58	0.28		−0.76									−0.83	
	(4.68)	(−3.14)	(1.99)		(−2.49)									(−1.07)	
	[3.76]	[−2.51]	[1.99]		[−2.27]									[−0.34]	
C4	0.52	0.46	0.07		0.59	0.72									

72

续表

Models	$\hat{\gamma}_0$	$\hat{\gamma}_{MKT}$	$\hat{\gamma}_{SMB}$	$\hat{\gamma}_{SMB^*}$	$\hat{\gamma}_{HML}$	$\hat{\gamma}_{UMD}$	$\hat{\gamma}_{RMW}$	$\hat{\gamma}_{CMA}$	$\hat{\gamma}_{ME}$	$\hat{\gamma}_{IA}$	$\hat{\gamma}_{ROE}$	$\hat{\gamma}_{LF}$	$\hat{\gamma}_{PS_{inn}}$	$\hat{\gamma}_{PS_{trd}}$	$\hat{\gamma}_{SF}$
C4	(0.23)	(0.85)	(0.48)		(1.70)	(4.01)									
	[0.15]	[0.61]	[0.41]		[1.10]	[3.94]									
FF5	0.48	0.49		0.35	−0.38		0.23	0.98							
	(0.15)	(0.88)		(2.37)	(−0.99)		(0.65)	(2.65)							
	[0.13]	[0.80]		[2.26]	[−0.70]		[0.39]	[1.58]							
HXZ4	0.45	0.46							0.41	0.19	0.67				
	(0.11)	(0.90)							(2.97)	(0.72)	(3.76)				
	[0.09]	[0.73]							[2.83]	[0.59]	[2.87]				

Panel B:GLS

CAPM	1.36	−0.37													
	(4.71)	(−1.37)													
	[4.13]	[−1.26]													
LCAPM	0.90	0.10										0.44			
	(1.79)	(0.29)										(2.52)			
	[1.32]	[0.22]										[2.47]			
S2	1.28	−0.29													−0.08
	(3.70)	(−0.86)													(−0.87)
	[3.30]	[−0.81]													[−0.61]
FF3	1.95	−0.94	0.34		−0.35										
	(5.11)	(−2.73)	(2.47)		(−1.55)										

续表

Models	$\hat{\gamma}_0$	$\hat{\gamma}_{MKT}$	$\hat{\gamma}_{SMB}$	$\hat{\gamma}_{SMB^*}$	$\hat{\gamma}_{HML}$	$\hat{\gamma}_{UMD}$	$\hat{\gamma}_{RMW}$	$\hat{\gamma}_{CMA}$	$\hat{\gamma}_{ME}$	$\hat{\gamma}_{IA}$	$\hat{\gamma}_{ROE}$	$\hat{\gamma}_{LF}$	$\hat{\gamma}_{PS_{inn}}$	$\hat{\gamma}_{PS_{trd}}$	$\hat{\gamma}_{SF}$
FF3	3.52	−2.00	2.40		−1.20										
	[3.52]	[−2.00]	[2.40]		[−1.20]										
PS4$_{inn}$	2.07	−1.04	0.39		−0.57								1.67		
	(4.99)	(−2.82)	(2.77)		(−2.20)								(1.90)		
	[3.49]	[−2.07]	[2.61]		[−1.54]								[1.05]		
PS4$_{trd}$	1.91	−0.90	0.34		−0.35									−0.46	
	(4.86)	(−2.57)	(2.49)		(−1.52)									(−0.79)	
	[3.32]	[−1.87]	[2.43]		[−1.19]									[−0.45]	
C4	1.34	−0.37	0.26		0.05	0.65									
	(2.52)	(−0.92)	(1.87)		(0.19)	(3.68)									
	[1.55]	[−0.60]	[1.65]		[0.12]	[3.62]									
FF5	1.35	−0.38		0.37	−0.54		0.29	0.56							
	(2.51)	(−0.94)		(2.69)	(−1.84)		(1.10)	(1.92)							
	[1.89]	[−0.73]		[2.75]	[−1.51]		[0.73]	[1.40]							
HXZ4	0.76	0.14							0.41	0.21	0.68				
	(1.10)	(0.38)							(2.99)	(1.12)	(4.07)				
	[0.80]	[0.29]							[2.95]	[0.83]	[3.21]				

第三章 基于ICAPM理论的模型评估

表3.8 基于25个规模-动量投资组合的协方差风险价格估计

Models	$\hat{\lambda}_0$	$\hat{\lambda}_{MKT}$	$\hat{\lambda}_{SMB}$	$\hat{\lambda}_{SMB^*}$	$\hat{\lambda}_{HML}$	$\hat{\lambda}_{UMD}$	$\hat{\lambda}_{RMW}$	$\hat{\lambda}_{CMA}$	$\hat{\lambda}_{ME}$	$\hat{\lambda}_{IA}$	$\hat{\lambda}_{ROE}$	$\hat{\lambda}_{LF}$	$\hat{\lambda}_{PS_{inn}}$	$\hat{\lambda}_{PS_{trd}}$	$\hat{\lambda}_{SF}$
Panel A: OLS															
CAPM	0.02	−4.21													
	(5.15)	(−2.31)													
	[4.36]	[−2.19]													
LCAPM	0.01	5.95											12.96		
	(1.84)	(1.41)											(2.78)		
	[1.38]	[1.15]											[2.49]		
S2	0.01	−3.30													85.41
	(2.42)	(−1.34)													(1.68)
	[1.96]	[−1.12]													[1.64]
FF3	0.03	−11.47	5.28		−12.88										
	(5.06)	(−3.52)	(2.69)		(−2.79)										
	[4.44]	[−2.93]	[2.26]		[−2.33]										
PS4$_{inn}$	0.03	−18.60	4.16		−17.45								18.14		
	(3.66)	(−3.41)	(1.62)		(−2.59)								(3.42)		
	[2.55]	[−2.18]	[1.27]		[−1.70]								[1.41]		
PS4$_{trd}$	0.03	−11.09	5.36		−12.32									−7.04	
	(4.68)	(−3.29)	(2.70)		(−2.57)									(−1.02)	
	[3.76]	[−2.63]	[2.28]		[−2.00]									[−0.33]	
C4	0.01	4.79	0.99		10.98	5.94									

75

续表

Models	$\hat{\lambda}_0$	$\hat{\lambda}_{MKT}$	$\hat{\lambda}_{SMB}$	$\hat{\lambda}_{SMB^*}$	$\hat{\lambda}_{HML}$	$\hat{\lambda}_{UMD}$	$\hat{\lambda}_{RMW}$	$\hat{\lambda}_{CMA}$	$\hat{\lambda}_{ME}$	$\hat{\lambda}_{IA}$	$\hat{\lambda}_{ROE}$	$\hat{\lambda}_{LF}$	$\hat{\lambda}_{PS_{inn}}$	$\hat{\lambda}_{PS_{trd}}$	$\hat{\lambda}_{SF}$
C4	0.23 (0.15) [0.15]	(1.21) [0.81]	(0.49) [0.40]		(1.90) [1.22]	(3.53) [2.24]									
FF5	0.00 (0.15) [0.13]	9.30 (2.05) [1.60]	5.52 (1.64) [1.16]		−34.58 (−3.88) [−2.84]		16.03 (1.81) [1.12]	68.08 (3.95) [2.49]							
HXZ4	0.00 (0.11) [0.09]	4.15 (1.02) [0.77]							7.39 (3.66) [3.21]	9.88 (0.94) [0.71]	14.35 (4.36) [2.74]				
Panel B:GLS															
CAPM	0.01 (4.71) [4.13]	−1.85 (−1.37) [−1.27]													
LCAPM	0.01 (1.79) [1.32]	4.24 (1.45) [1.08]										7.42 (2.35) [1.87]			
S2	0.01 (3.70) [3.30]	−1.05 (−0.62) [−0.57]													−17.98 (−0.80) [−0.56]
FF3	0.02 (5.11) [3.00]	−6.75 (−3.00)	5.27 (3.11)		−6.01 (−1.82)										

第三章 基于 ICAPM 理论的模型评估

续表

Models	$\hat{\lambda}_0$	$\hat{\lambda}_{MKT}$	$\hat{\lambda}_{SMB}$	$\hat{\lambda}_{SMB^*}$	$\hat{\lambda}_{HML}$	$\hat{\lambda}_{UMD}$	$\hat{\lambda}_{RMW}$	$\hat{\lambda}_{CMA}$	$\hat{\lambda}_{ME}$	$\hat{\lambda}_{IA}$	$\hat{\lambda}_{ROE}$	$\hat{\lambda}_{LF}$	$\hat{\lambda}_{PS_{inn}}$	$\hat{\lambda}_{PS_{trd}}$	$\hat{\lambda}_{SF}$
FF3	0.02 [3.52]	−2.09 [−2.09]	5.23 [2.50]		−9.10 [−1.30]										
PS4$_{inn}$	0.02 (4.99) [3.49]	−10.76 (−3.56) [−2.22]	5.23 (2.84) [2.32]		−9.10 (−2.37) [−1.54]								7.35 (2.30) [1.22]		
PS4$_{trd}$	0.02 (4.86) [3.32]	−6.53 (−2.86) [−2.00]	5.27 (3.09) [2.51]		−5.65 (−1.69) [−1.19]									−3.90 (−0.76) [−0.43]	
C4	0.01 (2.52) [1.55]	−1.84 (−0.64) [−0.39]	3.93 (2.28) [1.79]		1.62 (0.37) [0.23]	3.53 (2.58) [1.70]									
FF5	0.01 (2.51) [1.89]	1.21 (0.37) [0.29]		7.52 (2.75) [2.33]	−27.73 (−4.27) [−3.16]		13.54 (2.09) [1.40]	43.71 (3.43) [2.53]							
HXZ4	0.01 (1.10) [0.80]	2.32 (0.83) [0.58]							7.90 (4.20) [3.88]	8.93 (1.24) [0.86]	14.08 (4.51) [3.10]				

77

表 3.9 基于 32 个规模－投资－利润组合的因子风险溢价估计

Panel A: OLS

Models	$\hat{\gamma}_0$	$\hat{\gamma}_{MKT}$	$\hat{\gamma}_{SMB}$	$\hat{\gamma}_{SMB}^*$	$\hat{\gamma}_{HML}$	$\hat{\gamma}_{UMD}$	$\hat{\gamma}_{RMW}$	$\hat{\gamma}_{CMA}$	$\hat{\gamma}_{ME}$	$\hat{\gamma}_{IA}$	$\hat{\gamma}_{ROE}$	$\hat{\gamma}_{LF}$	$\hat{\gamma}_{PS_{inn}}$	$\hat{\gamma}_{PS_{trd}}$	$\hat{\gamma}_{SF}$
CAPM	1.75	-0.66													
	(4.62)	(-1.85)													
	[3.93]	[-1.69]													
LCAPM	1.17	-0.19										1.77			
	(1.69)	(-0.38)										(4.42)			
	[1.67]	[-0.38]										[4.23]			
S2	2.08	-1.10													0.45
	(3.31)	(-1.93)													(1.75)
	[2.99]	[-1.80]													[1.55]
FF3	1.71	-0.78	0.03		0.62										
	(4.92)	(-2.43)	(0.27)		(4.02)										
	[3.44]	[-1.86]	[0.27]		[3.59]										
PS4$_{inn}$	1.56	-0.62	0.06		0.55								2.25		
	(4.19)	(-1.88)	(0.43)		(3.49)								(1.74)		
	[2.95]	[-1.44]	[0.43]		[3.16]								[1.14]		
PS4$_{trd}$	1.75	-0.81	0.03		0.60									-0.47	
	(4.83)	(-2.47)	(0.21)		(3.90)									(-0.76)	
	[3.41]	[-1.91]	[0.21]		[3.32]									[-0.27]	
C4	0.33	0.61	-0.02		0.77	3.08									

续表

Models	$\hat{\gamma}_0$	$\hat{\gamma}_{MKT}$	$\hat{\gamma}_{SMB}$	$\hat{\gamma}_{SMB^*}$	$\hat{\gamma}_{HML}$	$\hat{\gamma}_{UMD}$	$\hat{\gamma}_{RMW}$	$\hat{\gamma}_{CMA}$	$\hat{\gamma}_{ME}$	$\hat{\gamma}_{IA}$	$\hat{\gamma}_{ROE}$	$\hat{\gamma}_{LF}$	$\hat{\gamma}_{PS_{inn}}$	$\hat{\gamma}_{PS_{trd}}$	$\hat{\gamma}_{SF}$
C4	(-0.16)	(1.38)	(-0.18)		(4.41)	(4.55)									
	[-0.08]	[0.74]	[-0.18]		[3.85]	[2.08]									
FF5	0.85	0.06		0.15	0.40		0.34	0.35							
	(1.76)	(0.18)		(1.18)	(2.28)		(3.60)	(4.07)							
	[1.21]	[0.13]		[1.17]	[1.97]		[3.32]	[4.17]							
HXZ4	0.56	0.33							0.28	0.42	0.72				
	(0.59)	(0.98)							(2.09)	(4.67)	(3.89)				
	[0.42]	[0.74]							[2.09]	[4.53]	[3.32]				
Panel B:GLS															
CAPM	1.43	-0.51													
	(5.54)	(-1.94)													
	[4.80]	[-1.81]													
LCAPM	0.94	-0.00											0.94		
	(2.10)	(-0.01)											(3.55)		
	[1.47]	[-0.00]											[2.41]		
S2	1.63	-0.66													0.18
	(5.13)	(-1.96)													(1.67)
	[4.15]	[-1.76]													[0.91]
FF3	1.15	-0.23	0.05		0.62										
	(3.31)	(-0.79)	(0.42)		(4.17)										

续表

Models	$\hat{\gamma}0$	$\hat{\gamma}MKT$	$\hat{\gamma}SMB$	$\hat{\gamma}SMB^*$	$\hat{\gamma}HML$	$\hat{\gamma}UMD$	$\hat{\gamma}RMW$	$\hat{\gamma}CMA$	$\hat{\gamma}ME$	$\hat{\gamma}IA$	$\hat{\gamma}ROE$	$\hat{\gamma}LF$	$\hat{\gamma}PS_{inn}$	$\hat{\gamma}PS_{trd}$	$\hat{\gamma}SF$
FF3	[2.68]	[−0.69]	[0.41]		[3.85]										
	1.14	−0.22	0.06		0.62								0.15		
PS4$_{inn}$	(3.29)	(−0.77)	(0.43)		(4.15)								(0.18)		
	[2.67]	[−0.67]	[0.42]		[3.83]								[0.10]		
	1.12	−0.21	0.06		0.63									0.42	
PS4$_{trd}$	(3.15)	(−0.72)	(0.45)		(4.20)									(0.80)	
	[2.54]	[−0.63]	[0.44]		[3.87]									[0.48]	
C4	0.22	0.70	0.03		0.74	2.75									
	(−0.50)	(1.80)	(0.24)		(4.45)	(4.66)									
	[−0.44]	[1.60]	[0.24]		[4.10]	[3.73]									
FF5	0.80	0.12		0.15	0.44		0.34	0.38							
	(1.68)	(0.38)		(1.20)	(2.61)		(3.60)	(4.50)							
	[1.40]	[0.34]		[1.18]	[2.28]		[3.48]	[4.47]							
HXZ4	0.56	0.35							0.30	0.47	0.79				
	(0.61)	(1.08)							(2.29)	(5.40)	(4.50)				
	[0.52]	[0.96]							[2.22]	[5.53]	[4.42]				

第三章 基于 ICAPM 理论的模型评估

表 3.10 基于 32 个规模-投资-利润组合的因子协方差风险价格估计

Models	$\hat{\lambda}_0$	$\hat{\lambda}_{MKT}$	$\hat{\lambda}_{SMB}$	$\hat{\lambda}_{SMB^*}$	$\hat{\lambda}_{HML}$	$\hat{\lambda}_{UMD}$	$\hat{\lambda}_{RMW}$	$\hat{\lambda}_{CMA}$	$\hat{\lambda}_{ME}$	$\hat{\lambda}_{IA}$	$\hat{\lambda}_{ROE}$	$\hat{\lambda}_{LF}$	$\hat{\lambda}_{PS_{inn}}$	$\hat{\lambda}_{PS_{trd}}$	$\hat{\lambda}_{SF}$
Panel A: OLS															
CAPM	0.02	−3.28													
	(4.62)	(−1.84)													
	[3.93]	[−1.70]													
LCAPM	0.01	12.02										25.56			
	(1.69)	(1.93)										(3.07)			
	[1.67]	[1.87]										[3.04]			
S2	0.02	−7.72													119.46
	(3.31)	(−2.86)													(1.86)
	[2.99]	[−2.83]													[1.66]
FF3	0.02	−3.28	2.96		6.62										
	(4.92)	(−1.73)	(1.87)		(3.03)										
	[3.44]	[−1.25]	[1.69]		[2.54]										
PS4$_{inn}$	0.02	−6.04	2.22		6.12								8.91		
	(4.19)	(−2.19)	(1.27)		(2.57)								(1.92)		
	[2.95]	[−1.74]	[1.02]		[2.16]								[1.26]		
PS4$_{trd}$	0.02	−3.49	2.95		6.57									−4.49	
	(4.83)	(−1.78)	(1.85)		(2.98)									(−0.81)	
	[3.41]	[−1.33]	[1.68]		[2.53]									[−0.29]	
C4	0.00	9.03	0.16		18.72	20.30									

81

续表

Models	$\hat{\lambda}_0$	$\hat{\lambda}_{MKT}$	$\hat{\lambda}_{SMB}$	$\hat{\lambda}_{SMB^*}$	$\hat{\lambda}_{HML}$	$\hat{\lambda}_{UMD}$	$\hat{\lambda}_{RMW}$	$\hat{\lambda}_{CMA}$	$\hat{\lambda}_{ME}$	$\hat{\lambda}_{IA}$	$\hat{\lambda}_{ROE}$	$\hat{\lambda}_{LF}$	$\hat{\lambda}_{PS_{inn}}$	$\hat{\lambda}_{PS_{trd}}$	$\hat{\lambda}_{SF}$
C4	(−0.16)	(2.76)	(0.08)		(5.02)	(4.62)									
	[−0.08]	[1.39]	[0.06]		[2.86]	[2.00]									
FF5	0.01	2.87		3.85	−0.22		10.34	11.97							
	(1.76)	(1.41)		(2.37)	(−0.06)		(−4.21)	(2.36)							
	[1.21]	[1.02]		[2.11]	[−0.05]		[3.34]	[2.29]							
HXZ4	0.01	4.91							6.34	16.97	14.83				
	(0.59)	(2.15)							(3.37)	(4.45)	(4.07)				
	[0.42]	[1.55]							[3.18]	[3.38]	[3.25]				
Panel B:GLS															
CAPM	0.01	−2.50													
	(5.54)	(−1.92)													
	[4.80]	[−1.82]													
LCAPM	0.01	7.32										14.44			
	(2.10)	(2.04)										(2.95)			
	[1.47]	[1.31]										[1.84]			
S2	0.02	−4.23													49.66
	(5.13)	(−2.42)													(1.78)
	[4.15]	[−2.14]													[0.99]
FF3	0.01	−0.17	2.07		7.80										
	(3.31)	(−0.10)	(1.35)		(3.71)										

第三章 基于 ICAPM 理论的模型评估

续表

Models	$\hat{\lambda}_0$	$\hat{\lambda}_{MKT}$	$\hat{\lambda}_{SMB}$	$\hat{\lambda}_{SMB^*}$	$\hat{\lambda}_{HML}$	$\hat{\lambda}_{UMD}$	$\hat{\lambda}_{RMW}$	$\hat{\lambda}_{CMA}$	$\hat{\lambda}_{ME}$	$\hat{\lambda}_{IA}$	$\hat{\lambda}_{ROE}$	$\hat{\lambda}_{LF}$	$\hat{\lambda}_{PS_{inn}}$	$\hat{\lambda}_{PS_{trd}}$	$\hat{\lambda}_{SF}$
FF3	[2.68]	[−0.08]	[1.25]		[3.36]										
PS4$_{inn}$	0.01	−0.48	2.02		7.79								0.85		
	(3.29)	(−0.23)	(1.31)		(3.70)								(0.27)		
	[2.67]	[−0.16]	[1.16]		[3.33]								[0.15]		
PS4$_{trd}$	0.01	−0.04	2.05		7.77									3.40	
	(3.15)	(−0.02)	(1.33)		(3.67)									(0.73)	
	[2.54]	[−0.02]	[1.23]		[3.29]									[0.44]	
C4	0.00	8.99	0.53		17.86	18.40									
	(−0.50)	(3.10)	(0.27)		(5.20)	(4.79)									
	[−0.44]	[2.60]	[0.25]		[3.95]	[3.17]									
FF5	0.01	3.44		3.75	−0.17		10.49	13.27							
	(1.68)	(1.76)		(2.32)	(−0.04)		(4.36)	(2.71)							
	[1.40]	[1.52]		[2.12]	[−0.04]		[3.90]	[2.50]							
HXZ4	0.01	5.36							6.93	18.88	16.22				
	(0.61)	(2.46)							(3.68)	(5.10)	(4.68)				
	[0.52]	[2.17]							[3.29]	[4.52]	[4.32]				

83

表 3.11 基于 25 个规模 - 方差组合的因子风险溢价估计

Panel A: OLS

Models	$\hat{\gamma}_0$	$\hat{\gamma}_{MKT}$	$\hat{\gamma}_{SMB}$	$\hat{\gamma}_{SMB^*}$	$\hat{\gamma}_{HML}$	$\hat{\gamma}_{UMD}$	$\hat{\gamma}_{RMW}$	$\hat{\gamma}_{CMA}$	$\hat{\gamma}_{ME}$	$\hat{\gamma}_{IA}$	$\hat{\gamma}_{ROE}$	$\hat{\gamma}_{LF}$	$\hat{\gamma}_{PS_{inn}}$	$\hat{\gamma}_{PS_{trd}}$	$\hat{\gamma}_{SF}$
CAPM	1.65 (6.15) [6.01]	−0.54 (−1.95) [−1.92]													
LCAPM	1.32 (2.97) [2.61]	−0.26 (−0.69) [−0.65]										0.57 (2.86) [2.66]			
S2	1.04 (1.83) [1.23]	−0.10 (−0.22) [−0.17]													0.55 (2.44) [1.62]
FF3	0.51 (0.60) [0.40]	0.37 (1.39) [1.16]	−0.31 (−1.95) [−2.06]		1.22 (4.64) [3.71]										
PS4$_{inn}$	0.60 (0.85) [0.52]	0.32 (1.05) [0.79]	−0.13 (−0.76) [−0.39]		0.63 (1.87) [0.67]								5.41 (3.54) [0.86]		
PS4$_{trd}$	0.50 (0.54) [0.38]	0.39 (1.43) [1.22]	−0.33 (−1.98) [−2.06]		1.21 (4.41) [3.50]									−1.24 (−2.07) [−0.67]	
C4	0.16	0.73	0.39		0.96	3.22									

第三章 基于 ICAPM 理论的模型评估

续表

Models		$\hat{\gamma}_0$	$\hat{\gamma}_{MKT}$	$\hat{\gamma}_{SMB}$	$\hat{\gamma}_{SMB^*}$	$\hat{\gamma}_{HML}$	$\hat{\gamma}_{UMD}$	$\hat{\gamma}_{RMW}$	$\hat{\gamma}_{CMA}$	$\hat{\gamma}_{ME}$	$\hat{\gamma}_{IA}$	$\hat{\gamma}_{ROE}$	$\hat{\gamma}_{LF}$	$\hat{\gamma}_{PS_{inn}}$	$\hat{\gamma}_{PS_{trd}}$	$\hat{\gamma}_{SF}$
C4		(−0.84)	(2.19)	(2.28)		(3.16)	(4.01)									
		[−0.63]	[1.69]	[2.06]		[2.68]	[2.64]									
FF5		1.49	−0.59		0.25	−0.61		1.43	−1.41							
		(3.94)	(−1.79)		(1.67)	(−1.48)		(5.63)	(−3.80)							
		[3.20]	[−1.57]		[1.62]	[−1.23]		[4.72]	[−3.16]							
HXZ4		1.06	−0.17							0.53	−0.02	1.08				
		(3.39)	(−0.64)							(3.66)	(−0.09)	(−4.85)				
		[2.75]	[−0.57]							[3.60]	[−0.08]	[3.82]				
Panel B:GLS																
CAPM		0.88	−0.02													
		(4.19)	(−0.09)													
		[3.48]	[−0.09]													
LCAPM		0.53	0.36										0.47			
		(0.86)	(1.43)										(2.66)			
		[0.59]	[1.22]										[2.16]			
S2		0.89	0.07	0.07												0.42
		(2.87)	(0.22)	(0.50)												(3.57)
		[2.30]	[0.20]													[2.24]
FF3		0.76	0.09			0.48										
		(2.62)	(0.39)			(2.35)										

85

续表

Models	$\hat{\gamma}_0$	$\hat{\gamma}_{MKT}$	$\hat{\gamma}_{SMB}$	$\hat{\gamma}_{SMB^*}$	$\hat{\gamma}_{HML}$	$\hat{\gamma}_{UMD}$	$\hat{\gamma}_{RMW}$	$\hat{\gamma}_{CMA}$	$\hat{\gamma}_{ME}$	$\hat{\gamma}_{IA}$	$\hat{\gamma}_{ROE}$	$\hat{\gamma}_{LF}$	$\hat{\gamma}_{PS_{inn}}$	$\hat{\gamma}_{PS_{trd}}$	$\hat{\gamma}_{SF}$
FF3	0.75 [2.08]	0.11 [0.38]	0.12 [0.48]		0.31 [1.88]										
PS4$_{inn}$	1.83 (2.45)	(0.49) [0.45]	(0.84) [0.73]		(1.37) [0.86]								1.96 (2.23) [1.02]		
PS4$_{trd}$	(2.61) [2.07]	(0.40) [0.38]	0.07 (0.47) [0.45]		0.49 (2.36) [1.87]									−0.09 (−0.21) [−0.12]	
C4	0.56 (1.04) [0.79]	0.30 (1.23) [1.10]	0.21 (1.43) [1.25]		0.56 (2.61) [2.16]	1.31 (2.79) [1.58]									
FF5	1.07 (3.93) [3.15]	−0.21 (−0.82) [−0.76]		0.22 (1.65) [1.59]	−0.20 (−0.76) [−0.61]		0.97 (5.67) [4.25]	−0.70 (−2.86) [−1.94]							
HXZ4	0.85 (3.03) [2.37]	0.02 (0.07) [0.07]							0.40 (2.87) [2.81]	0.05 (0.27) [0.18]	0.86 (4.80) [3.40]				

表3.12 基于25个规模-方差组合的因子协方差风险价格估计

Models	$\hat{\lambda}_0$	$\hat{\lambda}_{MKT}$	$\hat{\lambda}_{SMB}$	$\hat{\lambda}_{SMB^*}$	$\hat{\lambda}_{HML}$	$\hat{\lambda}_{UMD}$	$\hat{\lambda}_{RMW}$	$\hat{\lambda}_{CMA}$	$\hat{\lambda}_{ME}$	$\hat{\lambda}_{IA}$	$\hat{\lambda}_{ROE}$	$\hat{\lambda}_{LF}$	$\hat{\lambda}_{PS_{inn}}$	$\hat{\lambda}_{PS_{trd}}$	$\hat{\lambda}_{SF}$
Panel A: OLS															
CAPM	0.02 (6.15) [6.01]	−2.65 (−1.94) [−1.94]													
LCAPM	0.01 (2.97) [2.61]	2.15 (0.59) [0.54]										6.72 (1.58) [1.45]			
S2	0.01 (1.83) [1.23]	−3.30 (−1.38) [−1.27]													141.21 (2.44) [1.60]
FF3	0.01 (0.60) [0.40]	5.18 (2.75) [2.02]	−2.46 (−1.29) [−1.08]		16.39 (4.47) [3.29]										
PS4$_{inn}$	0.01 (0.85) [0.52]	−4.09 (−1.29) [−0.34]	−2.39 (−0.97) [−0.72]		8.67 (1.81) [0.66]								18.96 (3.44) [0.84]		
PS4$_{trd}$	0.01 (0.54) [0.38]	5.27 (2.63) [2.08]	−2.58 (−1.27) [−1.05]		16.84 (4.27) [3.26]									−11.49 (−2.13) [−0.70]	
C4	0.00	9.50	5.01		22.54	21.64									

87

续表

Models	$\hat{\lambda}_0$	$\hat{\lambda}_{MKT}$	$\hat{\lambda}_{SMB}$	$\hat{\lambda}_{SMB^*}$	$\hat{\lambda}_{HML}$	$\hat{\lambda}_{UMD}$	$\hat{\lambda}_{RMW}$	$\hat{\lambda}_{CMA}$	$\hat{\lambda}_{ME}$	$\hat{\lambda}_{IA}$	$\hat{\lambda}_{ROE}$	$\hat{\lambda}_{LF}$	$\hat{\lambda}_{PS_{inn}}$	$\hat{\lambda}_{PS_{trd}}$	$\hat{\lambda}_{SF}$
C4	(−0.84) [−0.63]	(3.25) [2.20]	(2.14) [1.79]		(4.19) [2.82]	(4.23) [2.35]									
FF5	0.01 (3.94) [3.20]	−9.07 (−2.74) [−2.18]		12.06 (3.83) [3.24]	15.85 (1.46) [1.01]		28.38 (4.41) [3.14]	−56.85 (−2.98) [−2.13]							
HXZ4	0.01 (3.39) [2.75]	−0.41 (−0.19) [−0.17]							11.32 (4.90) [4.63]	0.27 (0.04) [0.03]	20.88 (5.16) [3.76]				
Panel B:GLS															
CAPM	0.01 (4.19) [3.48]	−0.10 (−0.09) [−0.09]													
LCAPM	0.01 (0.86) [0.59]	6.81 (2.86) [2.08]										9.97 (3.28) [2.32]			
S2	0.01 (2.87) [2.30]	−1.82 (−1.08) [−0.88]	1.19 (0.73)		4.46 (1.47)										107.45 (3.47) [2.17]
PS4$_{inn}$	0.01 (2.45) [2.45]	−1.65 (−0.81)											6.83 (2.17)		

续表

Models	$\hat{\lambda}_0$	$\hat{\lambda}_{MKT}$	$\hat{\lambda}_{SMB}$	$\hat{\lambda}_{SMB^*}$	$\hat{\lambda}_{HML}$	$\hat{\lambda}_{UMD}$	$\hat{\lambda}_{RMW}$	$\hat{\lambda}_{CMA}$	$\hat{\lambda}_{ME}$	$\hat{\lambda}_{IA}$	$\hat{\lambda}_{ROE}$	$\hat{\lambda}_{LF}$	$\hat{\lambda}_{PS_{inn}}$	$\hat{\lambda}_{PS_{trd}}$	$\hat{\lambda}_{SF}$
PS4$_{inn}$	[1.83]	[-0.43]	[0.67]		[0.90]								[0.98]		
PS4$_{trd}$	0.01	1.37	1.36		6.78									-1.05	
	(2.61)	(0.95)	(0.88)		(2.42)									(-0.27)	
	[2.07]	[0.82]	[0.84]		[1.88]									[-0.15]	
FF3	0.01	1.34	1.38		6.61										
	(2.62)	(0.93)	(0.89)		(2.43)										
	[2.08]	[0.82]	[0.85]		[1.95]										
C4	0.01	4.21	2.92		11.67	9.18									
	(1.04)	(2.35)	(1.68)		(3.48)	(3.19)									
	[0.79]	[1.80]	[1.36]		[2.60]	[1.68]									
FF5	0.01	-3.57		8.60	9.52		20.78	-28.68							
	(3.93)	(-1.63)		(3.81)	(1.40)		(5.02)	(-2.36)							
	[3.15]	[-1.25]		[3.33]	[0.92]		[3.46]	[-1.49]							
HXZ4	0.01	0.98							8.61	3.06	16.89				
	(3.03)	(0.55)							(4.22)	(0.51)	(5.13)				
	[2.37]	[0.43]							[3.79]	[0.34]	[3.42]				

表 3.13 基于 25 个规模-beta 组合的因子风险溢价估计

Panel A: OLS

Models	$\hat{\gamma}_0$	$\hat{\gamma}_{MKT}$	$\hat{\gamma}_{SMB}$	$\hat{\gamma}_{SMB^*}$	$\hat{\gamma}_{HML}$	$\hat{\gamma}_{UMD}$	$\hat{\gamma}_{RMW}$	$\hat{\gamma}_{CMA}$	$\hat{\gamma}_{ME}$	$\hat{\gamma}_{IA}$	$\hat{\gamma}_{ROE}$	$\hat{\gamma}_{LF}$	$\hat{\gamma}_{PS_{inn}}$	$\hat{\gamma}_{PS_{trd}}$	$\hat{\gamma}_{SF}$
CAPM	1.20 (4.60) [4.45]	−0.11 (−0.42) [−0.42]													
LCAPM	0.86 (1.63) [1.59]	0.18 (0.51) [0.51]										0.41 (1.79) [1.75]			
S2	0.94 (1.81) [1.62]	0.09 (0.22) [0.21]													0.17 (0.66) [0.58]
FF3	0.51 (0.43) [0.39]	0.34 (1.10) [1.05]	0.01 (0.07) [0.07]		0.94 (2.84) [2.67]										
PS4$_{inn}$	0.41 (0.05) [0.04]	0.41 (1.23) [1.11]	−0.04 (−0.23) [−0.23]		1.13 (2.59) [2.18]								−0.92 (−0.72) [−0.48]		
PS4$_{trd}$	0.40 (0.02) [0.02]	0.47 (1.45) [1.38]	−0.01 (−0.08) [−0.07]		0.95 (2.80) [2.53]									−0.78 (−1.33) [−1.08]	
C4	0.18	0.73	0.11		0.56	1.83									

90

续表

Models	$\hat{\gamma}_0$	$\hat{\gamma}_{MKT}$	$\hat{\gamma}_{SMB}$	$\hat{\gamma}_{SMB}*$	$\hat{\gamma}_{HML}$	$\hat{\gamma}_{UMD}$	$\hat{\gamma}_{RMW}$	$\hat{\gamma}_{CMA}$	$\hat{\gamma}_{ME}$	$\hat{\gamma}_{IA}$	$\hat{\gamma}_{ROE}$	$\hat{\gamma}_{LF}$	$\hat{\gamma}_{PS_{inn}}$	$\hat{\gamma}_{PS_{trd}}$	$\hat{\gamma}_{SF}$
C4	−0.65	(2.03)	(0.74)		(1.61)	(2.15)									
	[−0.57]	[1.83]	[0.66]		[1.36]	[1.76]									
FF5	0.60	0.26		0.20	0.56		0.14	0.43							
	(0.74)	(0.81)		(1.45)	(1.67)		(0.78)	(1.67)							
	[0.65]	[0.75]		[1.40]	[1.40]		[0.70]	[1.53]							
	0.56	0.31							0.28	0.47	0.20				
HXZ4	(0.69)	(1.03)							(1.98)	(1.96)	(0.79)				
	[0.59]	[0.93]							[1.90]	[1.53]	[0.69]				
Panel B:GLS
CAPM	0.90	0.02													
	(3.60)	(0.09)													
	[3.20]	[0.09]													
LCAPM	0.58	0.34											0.38		
	(1.02)	(1.31)											(2.12)		
	[0.86]	[1.22]											[2.02]		
S2	0.89	0.12													0.02
	(2.72)	(0.41)													(0.21)
	[2.41]	[0.40]													[0.13]
FF3	0.62	0.26	0.10		0.60										
	(1.12)	(0.97)	(0.70)		(2.47)										

系统流动性风险模型的多维评估

续表

Models	$\hat{\gamma}_0$	$\hat{\gamma}_{MKT}$	$\hat{\gamma}_{SMB}$	$\hat{\gamma}_{SMB^*}$	$\hat{\gamma}_{HML}$	$\hat{\gamma}_{UMD}$	$\hat{\gamma}_{RMW}$	$\hat{\gamma}_{CMA}$	$\hat{\gamma}_{ME}$	$\hat{\gamma}_{IA}$	$\hat{\gamma}_{ROE}$	$\hat{\gamma}_{LF}$	$\hat{\gamma}_{PS_{inn}}$	$\hat{\gamma}_{PS_{trd}}$	$\hat{\gamma}_{SF}$
FF3	0.55 [0.88]	0.31 [0.69]			0.74 [2.00]										
PS4$_{inn}$	0.55 (0.72) [0.52]	0.31 (1.11) [0.94]	0.06 (0.42) [0.39]		0.74 (2.49) [1.64]								−0.72 (−0.73) [−0.40]		
PS4$_{trd}$	0.59 (0.94) [0.76]	0.30 (1.10) [1.01]	0.09 (0.62) [0.60]		0.61 (2.48) [2.00]									−0.56 (−1.19) [−0.94]	
C4	0.37 (−0.09) [−0.07]	0.55 (1.85) [1.60]	0.16 (1.14) [1.07]		0.39 (1.44) [1.15]	1.68 (2.47) [1.78]									
FF5	0.71 (1.46) [1.15]	0.15 (0.54) [0.48]		0.25 (1.89) [1.82]	0.33 (1.18) [0.94]		0.27 (1.56) [1.31]	0.27 (1.28) [1.04]							
HXZ4	0.65 (1.27) [1.01]	0.22 (0.83) [0.75]							0.31 (2.26) [2.20]	0.30 (1.42) [1.07]	0.37 (1.59) [1.37]				

表 3.14 基于 25 个规模-beta 组合的因子协方差风险价格估计

Panel A: OLS

Models	$\hat{\lambda}_0$	$\hat{\lambda}_{MKT}$	$\hat{\lambda}_{SMB}$	$\hat{\lambda}_{SMB^*}$	$\hat{\lambda}_{HML}$	$\hat{\lambda}_{UMD}$	$\hat{\lambda}_{RMW}$	$\hat{\lambda}_{CMA}$	$\hat{\lambda}_{ME}$	$\hat{\lambda}_{IA}$	$\hat{\lambda}_{ROE}$	$\hat{\lambda}_{LF}$	$\hat{\lambda}_{PS_{inn}}$	$\hat{\lambda}_{PS_{trd}}$	$\hat{\lambda}_{SF}$
CAPM	0.01 (4.60) [4.45]	−0.53 (−0.42) [−0.42]													
LCAPM	0.01 (1.63) [1.59]	4.76 (1.24) [1.24]										7.64 (1.59) [1.61]			
S2	0.01 (1.81) [1.62]	−0.41 (−0.24) [−0.22]													41.50 (0.66) [0.59]
FF3	0.01 (0.43) [0.39]	3.81 (1.66) [1.58]	0.92 (0.53) [0.48]		13.08 (2.83) [2.66]										
PS4$_{inn}$	0.00 (0.05) [0.04]	6.23 (1.57) [1.17]	0.77 (0.42) [0.39]		15.75 (2.58) [2.20]								−3.87 (−0.82) [−0.54]		
PS4$_{trd}$	0.00 (0.02) [0.02]	4.58 (1.89) [1.81]	0.51 (0.28) [0.24]		13.95 (2.85) [2.54]									−7.35 (−1.40) [−1.14]	
C4	0.00	7.53		1.01	13.58	12.67									

93

续表

Models	$\hat{\lambda}_0$	$\hat{\lambda}_{MKT}$	$\hat{\lambda}_{SMB}$	$\hat{\lambda}_{SMB^*}$	$\hat{\lambda}_{HML}$	$\hat{\lambda}_{UMD}$	$\hat{\lambda}_{RMW}$	$\hat{\lambda}_{CMA}$	$\hat{\lambda}_{ME}$	$\hat{\lambda}_{IA}$	$\hat{\lambda}_{ROE}$	$\hat{\lambda}_{LF}$	$\hat{\lambda}_{PS_{inn}}$	$\hat{\lambda}_{PS_{trd}}$	$\hat{\lambda}_{SF}$
C4	-0.65 (2.50) [-0.57]			0.53 (0.53) [0.44]	2.65 (2.17)	2.54 [1.99]									
FF5	0.01 (0.74) [0.65]	4.06 (1.45) [1.33]		3.02 (1.24) [1.12]	2.22 (0.39) [0.36]		6.23 (1.43) [1.29]	12.39 (1.23) [1.20]							
HXZ4	0.01 (0.69) [0.59]	4.27 (1.68) [1.37]							4.28 (1.88) [1.71]	18.09 (2.07) [1.57]	5.71 (1.27) [1.12]				
Panel B:GLS															
CAPM	0.01 (3.60) [3.20]	0.10 (0.09) [0.09]													
LCAPM	0.01 (1.02) [0.86]	6.02 (2.50) [2.26]										8.53 (2.81) [2.60]			
S2	0.01 (2.72) [2.41]	0.49 (0.32) [0.31]													5.52 (0.19) [0.12]
FF3	0.01 (1.12)	2.49 (1.39)	1.55 (0.99)		8.63 (2.55)										

第三章 基于 ICAPM 理论的模型评估

续表

Models	$\hat{\lambda}_0$	$\hat{\lambda}_{MKT}$	$\hat{\lambda}_{SMB}$	$\hat{\lambda}_{SMB^*}$	$\hat{\lambda}_{HML}$	$\hat{\lambda}_{UMD}$	$\hat{\lambda}_{RMW}$	$\hat{\lambda}_{CMA}$	$\hat{\lambda}_{ME}$	$\hat{\lambda}_{IA}$	$\hat{\lambda}_{ROE}$	$\hat{\lambda}_{LF}$	$\hat{\lambda}_{PS_{inn}}$	$\hat{\lambda}_{PS_{trd}}$	$\hat{\lambda}_{SF}$
FF3	[0.88]	[1.19]	[0.93]		[2.09]										
PS4$_{inn}$	0.01	4.29	1.45		10.45								-3.02		
	(0.72)	(1.52)	(0.90)		(2.55)								(-0.84)		
	[0.52]	[0.92]	[0.86]		[1.71]								[-0.46]		
PS4$_{trd}$	0.01	2.73	1.43		9.13									-5.25	
	(0.94)	(1.49)	(0.89)		(2.63)									(-1.25)	
	[0.76]	[1.32]	[0.82]		[2.14]									[-0.99]	
C4	0.00	5.76	1.65		10.58	11.28									
	(-0.09)	(2.54)	(0.96)		(2.81)	(2.87)									
	[-0.07]	[2.00]	[0.80]		[2.12]	[1.95]									
FF5	0.01	2.68		4.63	0.42		9.16	9.17							
	(1.46)	(1.22)		(2.06)	(0.08)		(2.20)	(1.10)							
	[1.15]	[1.01]		[1.78]	[0.07]		[1.86]	[0.94]							
HXZ4	0.01	3.00							5.34	11.87	8.43				
	(1.27)	(1.38)							(2.50)	(1.60)	(2.08)				
	[1.01]	[1.11]							[2.28]	[1.18]	[1.82]				

95

表3.15 基于25个规模－账市比组合超额收益的因子风险溢价估计

Models	$\hat{\gamma}_{MKT}$	$\hat{\gamma}_{SMB}$	$\hat{\gamma}_{SMB^*}$	$\hat{\gamma}_{HML}$	$\hat{\gamma}_{UMD}$	$\hat{\gamma}_{RMW}$	$\hat{\gamma}_{CMA}$	$\hat{\gamma}_{ME}$	$\hat{\gamma}_{IA}$	$\hat{\gamma}_{ROE}$	$\hat{\gamma}_{LF}$	$\hat{\gamma}_{PS_{inn}}$	$\hat{\gamma}_{PS_{trd}}$	$\hat{\gamma}_{SF}$
Panel A: OLS														
CAPM	0.62 (3.16) [3.14]													
LCAPM	0.57 (2.92) [2.88]										0.65 (2.66) [2.44]			
S2	0.53 (2.08) [2.03]													0.47 (2.48) [1.48]
FF3	0.49 (2.65) [2.65]	0.12 (0.94) [0.95]		0.41 (3.35) [3.33]										
PS4$_{inn}$	0.48 (2.58) [2.58]	0.14 (1.09) [1.04]		0.36 (3.01) [2.94]								3.02 (2.37) [1.98]		
PS4$_{trd}$	0.46	0.16		0.40									2.20	

续表

Models	$\hat{\gamma}_{MKT}$	$\hat{\gamma}_{SMB}$	$\hat{\gamma}_{SMB}^*$	$\hat{\gamma}_{HML}$	$\hat{\gamma}_{UMD}$	$\hat{\gamma}_{RMW}$	$\hat{\gamma}_{CMA}$	$\hat{\gamma}_{ME}$	$\hat{\gamma}_{IA}$	$\hat{\gamma}_{ROE}$	$\hat{\gamma}_{LF}$	$\hat{\gamma}_{PS_{inn}}$	$\hat{\gamma}_{PS_{trd}}$	$\hat{\gamma}_{SF}$
PS4$_{trd}$	(2.45) [2.44]	(1.20) [1.18]		(3.24) [3.29]									(2.32) [1.71]	
C4	0.59 (3.16) [3.11]	0.12 (0.88) [0.86]		0.42 (3.39) [3.55]	3.13 (4.32) [2.68]									
FF5	0.45 (2.42) [2.41]		0.27 (2.09) [2.09]	0.33 (2.74) [2.67]		0.46 (2.54) [1.76]	0.06 (0.30) [0.22]							
HXZ4	0.46 (2.45) [2.45]							0.34 (2.48) [2.46]	0.43 (3.68) [3.73]	0.45 (2.05) [1.94]				
Panel B:GLS														
CAPM	0.54 (2.91) [2.91]													
LCAPM	0.54 (2.92)										0.56 (2.89)			

系统流动性风险模型的多维评估

续表

Models	$\hat{\gamma}_{MKT}$	$\hat{\gamma}_{SMB}$	$\hat{\gamma}_{SMB^*}$	$\hat{\gamma}_{HML}$	$\hat{\gamma}_{UMD}$	$\hat{\gamma}_{RMW}$	$\hat{\gamma}_{CMA}$	$\hat{\gamma}_{ME}$	$\hat{\gamma}_{IA}$	$\hat{\gamma}_{ROE}$	$\hat{\gamma}_{LF}$	$\hat{\gamma}_{PS_{inn}}$	$\hat{\gamma}_{PS_{trd}}$	$\hat{\gamma}_{SF}$
LCAPM	0.61 (2.54) [2.53]										[2.71]			0.23 (2.24) [1.07]
S2	0.54 (2.91) [2.91]	0.15 (1.21) [1.21]		0.35 (2.97) [2.95]										
FF3	0.54 (2.93) [2.93]	0.15 (1.19) [1.18]		0.35 (2.91) [2.87]										
PS4$_{inn}$	0.53 (2.85) [2.85]	0.15 (1.22) [1.22]		0.37 (3.06) [3.05]								2.06 (2.29) [1.37]		
PS4$_{trd}$	0.57 (3.08) [3.06]	0.15 (1.22) [1.21]		0.36 (3.02) [3.04]	2.55 (4.46) [2.89]								1.74 (2.85) [1.64]	
C4	0.52		0.21	0.35		0.35	0.21							
FF5														

98

续表

Models	$\hat{\gamma}_{MKT}$	$\hat{\gamma}_{SMB}$	$\hat{\gamma}_{SMB^*}$	$\hat{\gamma}_{HML}$	$\hat{\gamma}_{UMD}$	$\hat{\gamma}_{RMW}$	$\hat{\gamma}_{CMA}$	$\hat{\gamma}_{ME}$	$\hat{\gamma}_{IA}$	$\hat{\gamma}_{ROE}$	$\hat{\gamma}_{LF}$	$\hat{\gamma}_{PS_{inn}}$	$\hat{\gamma}_{PS_{trd}}$	$\hat{\gamma}_{SF}$
FF5	(2.79)	(1.67)		(2.93)		(2.27)	(1.16)							
	[2.77]	[1.66]		[2.87]		[1.45]	[0.75]							
HXZ4	0.50							0.31	0.36	0.47				
	(2.73)							(2.33)	(3.20)	(2.43)				
	[2.72]							[2.25]	[3.12]	[2.10]				

表 3.16 基于 25 个规模－账市比组合超额收益的因子协方差风险价格估计

Models	$\hat{\lambda}_{MKT}$	$\hat{\lambda}_{SMB}$	$\hat{\lambda}_{SMB^*}$	$\hat{\lambda}_{HML}$	$\hat{\lambda}_{UMD}$	$\hat{\lambda}_{RMW}$	$\hat{\lambda}_{CMA}$	$\hat{\lambda}_{ME}$	$\hat{\lambda}_{IA}$	$\hat{\lambda}_{ROE}$	$\hat{\lambda}_{LF}$	$\hat{\lambda}_{PS_{inn}}$	$\hat{\lambda}_{PS_{trd}}$	$\hat{\lambda}_{SF}$
Panel A: OLS														
CAPM	3.06													
	(3.11)													
	[2.86]													
LCAPM	10.11											14.38		
	(4.34)											(3.79)		
	[3.94]											[3.63]		
S2	0.23													117.48
	(0.13)													(2.39)
	[0.09]													[1.39]

续表

Models	$\hat{\lambda}_{MKT}$	$\hat{\lambda}_{SMB}$	$\hat{\lambda}_{SMB^*}$	$\hat{\lambda}_{HML}$	$\hat{\lambda}_{UMD}$	$\hat{\lambda}_{RMW}$	$\hat{\lambda}_{CMA}$	$\hat{\lambda}_{ME}$	$\hat{\lambda}_{IA}$	$\hat{\lambda}_{ROE}$	$\hat{\lambda}_{LF}$	$\hat{\lambda}_{PS_{inn}}$	$\hat{\lambda}_{PS_{trd}}$	$\hat{\lambda}_{SF}$
FF3	3.38	1.07		6.57										
	(3.28)	(0.73)		(4.14)										
	[3.03]	[0.72]		[4.09]										
PS4$_{inn}$	−0.77	0.59		5.97								10.09		
	(−0.37)	(0.35)		(3.39)								(2.20)		
	[−0.30]	[0.28]		[2.86]								[1.74]		
PS4$_{trd}$	3.14	1.32		5.35									19.22	
	(2.61)	(0.76)		(2.84)									(2.28)	
	[2.23]	[0.72]		[2.64]									[1.64]	
C4	7.84	1.25		14.05	19.84									
	(4.75)	(0.66)		(5.18)	(4.50)									
	[3.50]	[0.52]		[4.09]	[2.90]									
FF5	3.79		5.31	4.80		13.24	0.78							
	(2.55)		(2.83)	(0.98)		(3.27)	(0.08)							
	[2.27]		[2.73]	[0.67]		[2.27]	[0.05]							
HXZ4	5.35							5.74	17.81	10.72				
	(4.12)							(2.77)	(4.38)	(2.62)				

第三章 基于ICAPM理论的模型评估

续表

Models	$\hat\lambda_{MKT}$	$\hat\lambda_{SMB}$	$\hat\lambda_{SMB^*}$	$\hat\lambda_{HML}$	$\hat\lambda_{UMD}$	$\hat\lambda_{RMW}$	$\hat\lambda_{CMA}$	$\hat\lambda_{ME}$	$\hat\lambda_{IA}$	$\hat\lambda_{ROE}$	$\hat\lambda_{LF}$	$\hat\lambda_{PS_{inn}}$	$\hat\lambda_{PS_{trd}}$	$\hat\lambda_{SF}$
HXZ4	[3.65]							[2.72]	[3.96]	[2.35]				
Panel B:GLS														
CAPM	2.65 (2.87) [2.69]													
LCAPM	9.14 (5.37) [4.75]										12.76 (4.70) [4.57]			
S2	1.91 (1.41) [1.10]													54.26 (2.10) [0.97]
FF3	3.46 (3.43) [3.13]	1.26 (0.88) [0.88]		6.01 (3.87) [3.80]										
PS4$_{inn}$	0.89 (0.54) [0.36] 0.79 (0.52) [0.45]			5.89 (3.60) [3.17]								6.58 (2.04) [1.20]		

101

续表

Models	$\hat{\lambda}_{MKT}$	$\hat{\lambda}_{SMB}$	$\hat{\lambda}_{SMB^*}$	$\hat{\lambda}_{HML}$	$\hat{\lambda}_{UMD}$	$\hat{\lambda}_{RMW}$	$\hat{\lambda}_{CMA}$	$\hat{\lambda}_{ME}$	$\hat{\lambda}_{IA}$	$\hat{\lambda}_{ROE}$	$\hat{\lambda}_{LF}$	$\hat{\lambda}_{PS_{inn}}$	$\hat{\lambda}_{PS_{trd}}$	$\hat{\lambda}_{SF}$
PS4$_{trd}$	3.47	1.16		5.32									15.19	
	(3.08)	(0.73)		(3.04)									(2.78)	
	[2.66]	[0.71]		[2.90]									[1.59]	
C4	6.82	1.58		12.03	16.30									
	(4.81)	(0.92)		(5.27)	(4.69)									
	[3.51]	[0.80]		[3.97]	[3.20]									
FF5	4.93		3.89	1.93		11.23	8.12							
	(3.50)		(2.17)	(0.44)		(3.25)	(0.90)							
	[2.82]		[1.99]	[0.27]		[2.13]	[0.55]							
HXZ4	5.32							5.31	15.59	10.83				
	(4.31)							(2.73)	(4.07)	(3.04)				
	[3.86]							[2.45]	[3.79]	[2.54]				

表 3.17 基于 25 个规模 – 动量组合超额收益的因子风险溢价估计

Models	$\hat{\gamma}_{MKT}$	$\hat{\gamma}_{SMB}$	$\hat{\gamma}_{SMB^*}$	$\hat{\gamma}_{HML}$	$\hat{\gamma}_{UMD}$	$\hat{\gamma}_{RMW}$	$\hat{\gamma}_{CMA}$	$\hat{\gamma}_{ME}$	$\hat{\gamma}_{IA}$	$\hat{\gamma}_{ROE}$	$\hat{\gamma}_{LF}$	$\hat{\gamma}_{PS_{inn}}$	$\hat{\gamma}_{PS_{trd}}$	$\hat{\gamma}_{SF}$

Panel A:OLS

| CAPM | 0.55 | | | | | | | | | | | | | |
| | (2.82) | | | | | | | | | | | | | |

续表

Models	$\hat{\gamma}_{MKT}$	$\hat{\gamma}_{SMB}$	$\hat{\gamma}_{SMB^*}$	$\hat{\gamma}_{HML}$	$\hat{\gamma}_{UMD}$	$\hat{\gamma}_{RMW}$	$\hat{\gamma}_{CMA}$	$\hat{\gamma}_{ME}$	$\hat{\gamma}_{IA}$	$\hat{\gamma}_{ROE}$	$\hat{\gamma}_{LF}$	$\hat{\gamma}_{PS_{inn}}$	$\hat{\gamma}_{PS_{trd}}$	$\hat{\gamma}_{SF}$
CAPM	[2.84]													
LCAPM	0.56 (2.82) [2.72]										0.85 (3.36) [3.35]			
S2	0.54 (2.03) [1.94]													0.50 (2.38) [2.26]
FF3	0.57 (3.03) [2.86]	0.34 (2.41) [2.19]		−0.67 (−2.52) [−1.95]										
PS4$_{inn}$	0.59 (2.95) [2.52]	0.50 (2.32) [2.09]		−1.42 (−2.01) [−1.48]								10.29 (3.09) [0.75]		
PS4$_{trd}$	0.56 (2.87) [2.77]	0.43 (2.21) [2.38]		−0.69 (−1.42) [−1.20]									−5.87 (−2.95) [−1.03]	
C4	0.57	0.06		0.66	0.72									

系统流动性风险模型的多维评估

续表

Models	$\hat{\gamma}_{MKT}$	$\hat{\gamma}_{SMB}$	$\hat{\gamma}_{SMB^*}$	$\hat{\gamma}_{HML}$	$\hat{\gamma}_{UMD}$	$\hat{\gamma}_{RMW}$	$\hat{\gamma}_{CMA}$	$\hat{\gamma}_{ME}$	$\hat{\gamma}_{IA}$	$\hat{\gamma}_{ROE}$	$\hat{\gamma}_{LF}$	$\hat{\gamma}_{PS_{inn}}$	$\hat{\gamma}_{PS_{trd}}$	$\hat{\gamma}_{SF}$
C4	(3.06) [3.04]	(0.44) [0.41]		(2.99) [2.72]	(4.04) [4.03]									
FF5	0.56 (2.95) [2.91]		0.35 (2.36) [2.24]	−0.37 (−0.98) [−0.68]		0.23 (0.67) [0.40]	1.01 (2.50) [1.63]							
HXZ4	0.50 (2.66) [2.65]							0.42 (2.91) [2.75]	0.21 (1.12) [1.05]	0.67 (3.69) [2.96]				
Panel B:GLS														
CAPM	0.57 (3.08) [3.03]													
LCAPM	0.61 (3.28) [3.21]										0.43 (2.46) [2.38]			
S2	0.63 (2.59)													−0.04 (−0.48)

续表

Models	$\hat{\gamma}_{MKT}$	$\hat{\gamma}_{SMB}$	$\hat{\gamma}_{SMB^*}$	$\hat{\gamma}_{HML}$	$\hat{\gamma}_{UMD}$	$\hat{\gamma}_{RMW}$	$\hat{\gamma}_{CMA}$	$\hat{\gamma}_{ME}$	$\hat{\gamma}_{IA}$	$\hat{\gamma}_{ROE}$	$\hat{\gamma}_{LF}$	$\hat{\gamma}_{PS_{inn}}$	$\hat{\gamma}_{PS_{trd}}$	$\hat{\gamma}_{SF}$
S2	0.55 [2.57]													[−0.31]
FF3	0.55 (2.98) [2.92]	0.21 (1.59) [1.52]		0.28 (1.47) [1.18]										
PS4$_{inn}$	0.56 (3.00) [2.95]	0.24 (1.78) [1.63]		0.16 (0.76) [0.51]								1.64 (2.03) [1.07]		
PS4$_{trd}$	0.55 (2.94) [2.90]	0.23 (1.68) [1.61]		0.25 (1.27) [1.07]									−0.96 (−1.69) [−0.91]	
C4	0.55 (2.94) [2.88]	0.17 (1.23) [1.17]		0.54 (2.69) [2.30]	0.67 (3.80) [3.75]									
FF5	0.53 (2.80) [2.76]		0.39 (2.80) [2.81]	−0.30 (−1.04) [−0.79]		0.39 (1.45) [0.95]	0.68 (2.32) [1.62]							
HXZ4	0.49							0.42	0.32	0.70				

续表

Models	$\hat{\gamma}_{MKT}$	$\hat{\gamma}_{SMB}$	$\hat{\gamma}_{SMB^*}$	$\hat{\gamma}_{HML}$	$\hat{\gamma}_{UMD}$	$\hat{\gamma}_{RMW}$	$\hat{\gamma}_{CMA}$	$\hat{\gamma}_{ME}$	$\hat{\gamma}_{IA}$	$\hat{\gamma}_{ROE}$	$\hat{\gamma}_{LF}$	$\hat{\gamma}_{PS_{inn}}$	$\hat{\gamma}_{PS_{trd}}$	$\hat{\gamma}_{SF}$
HXZ4	(2.62) [2.60]							(3.11) [3.04]	(1.93) [1.60]	(4.14) [3.25]				

表 3.18 基于 25 个规模-动量组合超额收益的因子协方差风险价格估计

Models	$\hat{\lambda}_{MKT}$	$\hat{\lambda}_{SMB}$	$\hat{\lambda}_{SMB^*}$	$\hat{\lambda}_{HML}$	$\hat{\lambda}_{UMD}$	$\hat{\lambda}_{RMW}$	$\hat{\lambda}_{CMA}$	$\hat{\lambda}_{ME}$	$\hat{\lambda}_{IA}$	$\hat{\lambda}_{ROE}$	$\hat{\lambda}_{LF}$	$\hat{\lambda}_{PS_{inn}}$	$\hat{\lambda}_{PS_{trd}}$	$\hat{\lambda}_{SF}$
Panel A: OLS														
CAPM	2.72 (2.78) [2.63]													
LCAPM	11.54 (5.14) [4.14]										17.29 (4.60) [4.24]			
S2	0.18 (0.09) [0.07]													124.50 (2.28) [2.12]
FF3	1.19 (1.01) [0.98]	1.80 (1.15) [1.09]		-7.15 (-2.08) [-1.60]										

第三章 基于ICAPM理论的模型评估

续表

Models	$\hat{\lambda}_{MKT}$	$\hat{\lambda}_{SMB}$	$\hat{\lambda}_{SMB^*}$	$\hat{\lambda}_{HML}$	$\hat{\lambda}_{UMD}$	$\hat{\lambda}_{RMW}$	$\hat{\lambda}_{CMA}$	$\hat{\lambda}_{ME}$	$\hat{\lambda}_{IA}$	$\hat{\lambda}_{ROE}$	$\hat{\lambda}_{LF}$	$\hat{\lambda}_{PS_{inn}}$	$\hat{\lambda}_{PS_{trd}}$	$\hat{\lambda}_{SF}$
PS4$_{inn}$	-14.62 (-2.24) [-0.68]	0.06 (0.02) [0.01]		-16.96 (-1.77) [-1.20]								35.92 (2.98) [0.74]		
PS4$_{trd}$	0.80 (0.34) [0.30]	3.23 (1.03) [0.81]		-4.49 (-0.71) [-0.43]									-51.36 (-2.91) [-1.01]	
C4	5.68 (4.64) [3.72]	0.75 (0.46) [0.42]		12.21 (3.97) [3.52]	6.24 (5.26) [3.69]									
FF5	9.93 (4.15) [3.05]	5.51 (1.62) [1.15]		-35.12 (-3.54) [-2.83]		16.49 (2.03) [1.20]	69.95 (3.69) [2.67]							
HXZ4	4.67 (3.29) [2.87]							7.40 (3.58) [3.15]	11.10 (1.76) [1.60]	14.64 (4.45) [3.20]				
Panel B:GLS														
CAPM	2.82													

107

续表

Models	$\hat{\lambda}_{MKT}$	$\hat{\lambda}_{SMB}$	$\hat{\lambda}_{SMB^*}$	$\hat{\lambda}_{HML}$	$\hat{\lambda}_{UMD}$	$\hat{\lambda}_{RMW}$	$\hat{\lambda}_{CMA}$	$\hat{\lambda}_{ME}$	$\hat{\lambda}_{IA}$	$\hat{\lambda}_{ROE}$	$\hat{\lambda}_{LF}$	$\hat{\lambda}_{PS_{inn}}$	$\hat{\lambda}_{PS_{trd}}$	$\hat{\lambda}_{SF}$
CAPM	8.74 (3.03) [2.79]													
LCAPM	8.74 (5.43) [4.61]										11.29 (4.69) [4.43]			
S2	3.34 (2.59) [2.29]													−13.93 (−0.62) [−0.40]
FF3	3.28 (3.08) [2.82]	1.80 (1.20) [1.19]		5.11 (2.11) [1.72]										
PS4$_{inn}$	1.03 (0.61) [0.36]	1.60 (1.04) [0.99]		3.54 (1.34) [0.89]								5.03 (1.74) [0.89]		
PS4$_{trd}$	3.13 (2.83) [2.60]	2.00 (1.28) [1.24]		5.19 (2.06) [1.72]									−8.62 (−1.71) [−0.91]	

续表

Models		$\hat{\lambda}_{MKT}$	$\hat{\lambda}_{SMB}$	$\hat{\lambda}_{SMB^*}$	$\hat{\lambda}_{HML}$	$\hat{\lambda}_{UMD}$	$\hat{\lambda}_{RMW}$	$\hat{\lambda}_{CMA}$	$\hat{\lambda}_{ME}$	$\hat{\lambda}_{IA}$	$\hat{\lambda}_{ROE}$	$\hat{\lambda}_{LF}$	$\hat{\lambda}_{PS_{inn}}$	$\hat{\lambda}_{PS_{trd}}$	$\hat{\lambda}_{SF}$
C4		4.95	1.80		10.48	5.68									
		(4.26)	(1.15)		(3.80)	(5.00)									
		[3.48]	[1.13]		[3.19]	[3.55]									
FF5		7.99		6.83	−25.72		18.34	50.82							
		(4.22)		(2.42)	(−3.86)		(2.85)	(3.94)							
		[3.33]		[1.95]	[−2.97]		[1.85]	[2.81]							
HXZ4		5.20							7.68	14.61	15.24				
		(3.87)							(4.01)	(2.66)	(4.97)				
		[3.26]							[3.57]	[2.11]	[3.49]				

表 3.19 基于 32 个规模-利润-投资组合超额收益的因子风险溢价估计

Models	$\hat{\gamma}_{MKT}$	$\hat{\gamma}_{SMB}$	$\hat{\gamma}_{SMB^*}$	$\hat{\gamma}_{HML}$	$\hat{\gamma}_{UMD}$	$\hat{\gamma}_{RMW}$	$\hat{\gamma}_{CMA}$	$\hat{\gamma}_{ME}$	$\hat{\gamma}_{IA}$	$\hat{\gamma}_{ROE}$	$\hat{\gamma}_{LF}$	$\hat{\gamma}_{PS_{inn}}$	$\hat{\gamma}_{PS_{trd}}$	$\hat{\gamma}_{SF}$
Panel A: OLS														
CAPM	0.60													
	(3.13)													
	[3.12]													
LCAPM	0.50										1.85			
	(2.59)										(4.49)			

109

续表

Models	$\hat{\gamma}_{MKT}$	$\hat{\gamma}_{SMB}$	$\hat{\gamma}_{SMB^*}$	$\hat{\gamma}_{HML}$	$\hat{\gamma}_{UMD}$	$\hat{\gamma}_{RMW}$	$\hat{\gamma}_{CMA}$	$\hat{\gamma}_{ME}$	$\hat{\gamma}_{IA}$	$\hat{\gamma}_{ROE}$	$\hat{\gamma}_{LF}$	$\hat{\gamma}_{PS_{inn}}$	$\hat{\gamma}_{PS_{trd}}$	$\hat{\gamma}_{SF}$
LCAPM	[2.55]										[3.55]			
S2	0.48 (1.96) [1.94]													0.70 (2.62) [1.72]
FF3	0.50 (2.69) [2.70]	−0.05 (−0.37) [−0.37]		0.92 (5.96) [5.76]										
PS4$_{inn}$	0.51 (2.75) [2.76]	−0.01 (−0.04) [−0.04]		0.79 (5.00) [4.21]								3.51 (2.47) [1.53]		
PS4$_{trd}$	0.49 (2.68) [2.68]	−0.04 (−0.34) [−0.34]		0.92 (6.00) [5.65]									0.21 (0.35) [0.10]	
C4	0.57 (3.07) [3.05]	−0.02 (−0.16) [−0.16]		0.77 (4.53) [4.15]	3.04 (5.01) [3.00]									
FF5	0.50		0.14	0.44		0.36	0.36							

续表

Models	$\hat{\gamma}_{MKT}$	$\hat{\gamma}_{SMB}$	$\hat{\gamma}_{SMB^*}$	$\hat{\gamma}_{HML}$	$\hat{\gamma}_{UMD}$	$\hat{\gamma}_{RMW}$	$\hat{\gamma}_{CMA}$	$\hat{\gamma}_{ME}$	$\hat{\gamma}_{IA}$	$\hat{\gamma}_{ROE}$	$\hat{\gamma}_{LF}$	$\hat{\gamma}_{PS_{inn}}$	$\hat{\gamma}_{PS_{trd}}$	$\hat{\gamma}_{SF}$
FF5	0.49 (2.73) [2.72]		(1.15) [1.15]	(2.50) [2.21]		(3.75) [3.48]	(4.18) [4.29]							
HXZ4	0.49 (2.68) [2.67]							0.28 (2.14) [2.14]	0.43 (4.89) [5.01]	0.75 (4.25) [3.85]				

Panel B: GLS

CAPM	0.53 (2.88) [2.88]													
LCAPM	0.54 (2.93) [2.93]										1.10 (4.09) [3.06]			
S2	0.59 (2.48) [2.46]			0.75 (5.20)										0.29 (2.63) [1.35]
FF3	0.52 (2.84)	0.02 (0.19)												

续表

Models		$\hat{\gamma}_{MKT}$	$\hat{\gamma}_{SMB}$	$\hat{\gamma}_{SMB^*}$	$\hat{\gamma}_{HML}$	$\hat{\gamma}_{UMD}$	$\hat{\gamma}_{RMW}$	$\hat{\gamma}_{CMA}$	$\hat{\gamma}_{ME}$	$\hat{\gamma}_{IA}$	$\hat{\gamma}_{ROE}$	$\hat{\gamma}_{LF}$	$\hat{\gamma}_{PS_{inn}}$	$\hat{\gamma}_{PS_{trd}}$	$\hat{\gamma}_{SF}$
FF3		0.52 [2.84]	0.03 [0.19]		0.75 [4.86]										
PS4$_{inn}$		0.52 (2.85) [2.85]	(0.20) [0.20]		(5.17) [4.79]								0.62 (0.70) [0.36]		
PS4$_{trd}$		0.52 (2.81) [2.80]	0.03 (0.24) [0.24]		0.76 (5.22) [4.91]									0.65 (1.20) [0.69]	
C4		0.55 (2.98) [2.97]	0.04 (0.28) [0.28]		0.72 (4.61) [4.36]	2.64 (5.09) [4.07]									
FF5		0.53 (2.86) [2.86]		0.15 (1.18) [1.16]	0.47 (2.84) [2.50]		0.35 (3.72) [3.60]	0.39 (4.55) [4.51]							
HXZ4		0.52 (2.81) [2.81]							0.31 (2.37) [2.32]	0.48 (5.60) [5.69]	0.83 (4.94) [4.97]				

第三章 基于ICAPM理论的模型评估

表 3.20 基于 32 个规模－利润－投资组合超额收益的因子协方差风险价格估计

Models	$\hat{\lambda}_{MKT}$	$\hat{\lambda}_{SMB}$	$\hat{\lambda}_{SMB^*}$	$\hat{\lambda}_{HML}$	$\hat{\lambda}_{UMD}$	$\hat{\lambda}_{RMW}$	$\hat{\lambda}_{CMA}$	$\hat{\lambda}_{ME}$	$\hat{\lambda}_{IA}$	$\hat{\lambda}_{ROE}$	$\hat{\lambda}_{LF}$	$\hat{\lambda}_{PS_{inn}}$	$\hat{\lambda}_{PS_{trd}}$	$\hat{\lambda}_{SF}$
Panel A: OLS														
CAPM	2.96													
	(3.08)													
	[2.85]													
LCAPM	18.75											32.12		
	(5.05)											(4.85)		
	[3.64]											[3.75]		
S2	−1.15													176.36
	(−0.53)													(2.54)
	[−0.36]													[1.67]
FF3	4.77	−0.10		13.06										
	(4.37)	(−0.07)		(6.20)										
	[3.80]	[−0.06]		[5.81]										
PS4$_{inn}$	−0.16	−0.61		11.39								11.86		
	(−0.07)	(−0.34)		(4.92)								(2.31)		
	[−0.04]	[−0.27]		[3.88]								[1.40]		
PS4$_{trd}$	4.76	−0.07		13.02									1.45	

113

续表

Models	$\hat{\lambda}_{MKT}$	$\hat{\lambda}_{SMB}$	$\hat{\lambda}_{SMB^*}$	$\hat{\lambda}_{HML}$	$\hat{\lambda}_{UMD}$	$\hat{\lambda}_{RMW}$	$\hat{\lambda}_{CMA}$	$\hat{\lambda}_{ME}$	$\hat{\lambda}_{IA}$	$\hat{\lambda}_{ROE}$	$\hat{\lambda}_{LF}$	$\hat{\lambda}_{PS_{inn}}$	$\hat{\lambda}_{PS_{trd}}$	$\hat{\lambda}_{SF}$
PS4$_{trd}$	(4.36) [3.79]	(−0.05) [−0.04]		(6.12) [5.70]									(0.27) [0.08]	
C4	8.68 (5.51) [3.90]	0.27 (0.14) [0.12]		18.41 (6.23) [4.42]	19.98 (5.36) [2.80]									
FF5	5.86 (5.09) [4.63]		3.13 (1.95) [1.87]	0.27 (0.07) [0.06]		11.64 (4.87) [4.01]	14.31 (2.84) [2.48]							
HXZ4	6.15 (4.99) [4.29]							6.23 (3.25) [3.04]	18.43 (5.80) [4.85]	15.74 (4.73) [3.99]				
Panel B: GLS														
CAPM	2.62 (2.84) [2.66]													
LCAPM	13.31 (5.71)										20.98 (5.18)			

续表

Models	$\hat{\lambda}_{MKT}$	$\hat{\lambda}_{SMB}$	$\hat{\lambda}_{SMB^*}$	$\hat{\lambda}_{HML}$	$\hat{\lambda}_{UMD}$	$\hat{\lambda}_{RMW}$	$\hat{\lambda}_{CMA}$	$\hat{\lambda}_{ME}$	$\hat{\lambda}_{IA}$	$\hat{\lambda}_{ROE}$	$\hat{\lambda}_{LF}$	$\hat{\lambda}_{PS_{inn}}$	$\hat{\lambda}_{PS_{trd}}$	$\hat{\lambda}_{SF}$
LCAPM	[4.18]										[3.75]			
S2	1.48													71.48
	(1.05)													(2.48)
	[0.74]													[1.29]
FF3	4.43	0.42		11.01										
	(4.18)	(0.28)		(5.66)										
	[3.65]	[0.26]		[5.10]										
PS4$_{inn}$	3.86	0.34		10.97								1.47		
	(2.36)	(0.23)		(5.62)								(0.46)		
	[1.39]	[0.20]		[4.98]								[0.24]		
PS4$_{trd}$	4.42	0.47		10.82									5.34	
	(4.11)	(0.31)		(5.47)									(1.12)	
	[3.55]	[0.28]		[5.02]									[0.64]	
C4	7.89	0.84		16.91	17.49									
	(5.47)	(0.47)		(6.47)	(5.51)									
	[3.98]	[0.42]		[4.50]	[3.34]									
FF5	6.15		3.10	0.46		11.62	15.08							

115

续表

Models	$\hat{\lambda}_{MKT}$	$\hat{\lambda}_{SMB}$	$\hat{\lambda}_{SMB^*}$	$\hat{\lambda}_{HML}$	$\hat{\lambda}_{UMD}$	$\hat{\lambda}_{RMW}$	$\hat{\lambda}_{CMA}$	$\hat{\lambda}_{ME}$	$\hat{\lambda}_{IA}$	$\hat{\lambda}_{ROE}$	$\hat{\lambda}_{LF}$	$\hat{\lambda}_{PS_{inn}}$	$\hat{\lambda}_{PS_{trd}}$	$\hat{\lambda}_{SF}$
FF5	6.64	(1.94)		(0.12)		(4.92)	(3.09)							
	[4.80]	[1.81]		[0.10]		[4.32]	[2.67]							
HXZ4	5.35							6.91	20.31	17.35				
	(5.35)							(3.62)	(6.45)	(5.41)				
	[4.61]							[3.18]	[5.29]	[4.90]				

表 3.21 基于扩展投资组合超额收益的因子风险溢价估计

Models	$\hat{\gamma}_{MKT}$	$\hat{\gamma}_{SMB}$	$\hat{\gamma}_{SMB^*}$	$\hat{\gamma}_{HML}$	$\hat{\gamma}_{UMD}$	$\hat{\gamma}_{RMW}$	$\hat{\gamma}_{CMA}$	$\hat{\gamma}_{ME}$	$\hat{\gamma}_{IA}$	$\hat{\gamma}_{ROE}$	$\hat{\gamma}_{LF}$	$\hat{\gamma}_{PS_{inn}}$	$\hat{\gamma}_{PS_{trd}}$	$\hat{\gamma}_{SF}$
Panel A: OLS														
CAPM	0.61													
	(3.18)													
	[3.17]													
LCAPM	0.57											0.59		
	(2.98)											(2.44)		
	[2.95]											[2.32]		
S2	0.56													0.40
	(2.27)													(2.07)
	[2.25]													[1.35]

续表

Models	$\hat{\gamma}_{MKT}$	$\hat{\gamma}_{SMB}$	$\hat{\gamma}_{SMB^*}$	$\hat{\gamma}_{HML}$	$\hat{\gamma}_{UMD}$	$\hat{\gamma}_{RMW}$	$\hat{\gamma}_{CMA}$	$\hat{\gamma}_{ME}$	$\hat{\gamma}_{IA}$	$\hat{\gamma}_{ROE}$	$\hat{\gamma}_{LF}$	$\hat{\gamma}_{PS_{inn}}$	$\hat{\gamma}_{PS_{trd}}$	$\hat{\gamma}_{SF}$
FF3	0.54	0.09		0.33										
	(2.90)	(0.67)		(2.73)										
	[2.90]	[0.67]		[2.70]										
PS4$_{inn}$	0.54	0.09		0.33								0.34		
	(2.90)	(0.67)		(2.75)								(0.35)		
	[2.90]	[0.67]		[2.58]								[0.21]		
PS4$_{trd}$	0.54	0.09		0.33									0.40	
	(2.89)	(0.68)		(2.70)									(0.75)	
	[2.88]	[0.68]		[2.69]									[0.49]	
C4	0.60	0.10		0.35	2.33									
	(3.23)	(0.76)		(2.80)	(3.87)									
	[3.16]	[0.74]		[2.94]	[2.93]									
FF5	0.51		0.18	0.27		0.13	0.34							
	(2.78)		(1.41)	(2.26)		(0.87)	(2.02)							
	[2.77]		[1.41]	[2.25]		[0.64]	[1.47]							
HXZ4	0.51							0.23	0.33	0.18				
	(2.78)							(1.75)	(2.92)	(1.07)				

117

续表

Models	$\hat{\gamma}_{MKT}$	$\hat{\gamma}_{SMB}$	$\hat{\gamma}_{SMB^*}$	$\hat{\gamma}_{HML}$	$\hat{\gamma}_{UMD}$	$\hat{\gamma}_{RMW}$	$\hat{\gamma}_{CMA}$	$\hat{\gamma}_{ME}$	$\hat{\gamma}_{IA}$	$\hat{\gamma}_{ROE}$	$\hat{\gamma}_{LF}$	$\hat{\gamma}_{PS_{inn}}$	$\hat{\gamma}_{PS_{trd}}$	$\hat{\gamma}_{SF}$
HXZ4	[2.78]							[1.72]	[2.93]	[1.02]				
Panel B: GLS														
CAPM	0.54 (2.91) [2.90]													
LCAPM	0.54 (2.94) [2.93]										0.45 (2.40) [2.25]			
S2	0.63 (2.64) [2.62]													0.21 (2.20) [1.04]
FF3	0.54 (2.91) [2.90]	0.15 (1.22) [1.22]		0.36 (3.00) [2.98]										
PS4$_{inn}$	0.54 (2.91) [2.90]	0.15 (1.22) [1.22]		0.36 (3.00) [2.98]								0.22 (0.30) [0.17]		

第三章 基于 ICAPM 理论的模型评估

续表

表 3.22 基于扩展投资组合超额收益的因子协方差风险价格估计

Models	$\hat{\gamma}_{MKT}$	$\hat{\gamma}_{SMB}$	$\hat{\gamma}_{SMB^*}$	$\hat{\gamma}_{HML}$	$\hat{\gamma}_{UMD}$	$\hat{\gamma}_{RMW}$	$\hat{\gamma}_{CMA}$	$\hat{\gamma}_{ME}$	$\hat{\gamma}_{IA}$	$\hat{\gamma}_{ROE}$	$\hat{\gamma}_{LF}$	$\hat{\gamma}_{PS_{inn}}$	$\hat{\gamma}_{PS_{trd}}$	$\hat{\gamma}_{SF}$
PS4$_{trd}$	0.53	0.15		0.36									0.90	
	(2.88)	(1.21)		(3.06)									(2.11)	
	[2.87]	[1.21]		[3.05]									[1.24]	
C4	0.57	0.15		0.36	2.36									
	(3.10)	(1.22)		(3.03)	(4.96)									
	[3.09]	[1.22]		[3.06]	[3.96]									
FF5	0.54		0.18	0.34		−0.02	0.55							
	(2.92)		(1.40)	(2.87)		(−0.19)	(3.78)							
	[2.91]		[1.40]	[2.85]		[−0.15]	[2.89]							
HXZ4	0.53							0.26	0.36	0.15				
	(2.86)							(2.00)	(3.38)	(0.99)				
	[2.86]							[1.94]	[3.23]	[0.91]				

Models	$\hat{\lambda}_{MKT}$	$\hat{\lambda}_{SMB}$	$\hat{\lambda}_{SMB^*}$	$\hat{\lambda}_{HML}$	$\hat{\lambda}_{UMD}$	$\hat{\lambda}_{RMW}$	$\hat{\lambda}_{CMA}$	$\hat{\lambda}_{ME}$	$\hat{\lambda}_{IA}$	$\hat{\lambda}_{ROE}$	$\hat{\lambda}_{LF}$	$\hat{\lambda}_{PS_{inn}}$	$\hat{\lambda}_{PS_{trd}}$	$\hat{\lambda}_{SF}$
Panel A: OLS														
CAPM	3.03													
	(3.13)													

119

续表

Models	$\hat{\lambda}_{MKT}$	$\hat{\lambda}_{SMB}$	$\hat{\lambda}_{SMB^*}$	$\hat{\lambda}_{HML}$	$\hat{\lambda}_{UMD}$	$\hat{\lambda}_{RMW}$	$\hat{\lambda}_{CMA}$	$\hat{\lambda}_{ME}$	$\hat{\lambda}_{IA}$	$\hat{\lambda}_{ROE}$	$\hat{\lambda}_{LF}$	$\hat{\lambda}_{PS_{inn}}$	$\hat{\lambda}_{PS_{trd}}$	$\hat{\lambda}_{SF}$
CAPM	9.66 [2.88] (4.26)													
LCAPM	[3.89] (4.26)										13.47 (3.63) [3.57]			
S2	0.79 (0.48) [0.34]													98.07 (2.00) [1.27]
FF3	3.55 (3.48) [3.21]	0.44 (0.31) [0.30]		5.62 (3.54) [3.49]										
PS4$_{inn}$	3.38 (2.05) [1.24]	0.42 (0.28) [0.27]		5.57 (3.58) [3.28]								0.43 (0.13) [0.07]		
PS4$_{trd}$	3.54 (3.45) [3.16]	0.42 (0.28) [0.28]		5.36 (3.37) [3.30]									3.38 (0.71) [0.46]	
C4	6.84	0.81		11.35	15.02									

续表

Models	$\hat{\lambda}_{MKT}$	$\hat{\lambda}_{SMB}$	$\hat{\lambda}_{SMB^*}$	$\hat{\lambda}_{HML}$	$\hat{\lambda}_{UMD}$	$\hat{\lambda}_{RMW}$	$\hat{\lambda}_{CMA}$	$\hat{\lambda}_{ME}$	$\hat{\lambda}_{IA}$	$\hat{\lambda}_{ROE}$	$\hat{\lambda}_{LF}$	$\hat{\lambda}_{PS_{inn}}$	$\hat{\lambda}_{PS_{trd}}$	$\hat{\lambda}_{SF}$
C4	(4.64) [3.36]	(0.47) [0.40]		(4.75) [3.59]	(4.11) [2.87]									
FF5	5.33 (3.95) [3.29]		2.31 (1.33) [1.24]	−2.64 (−0.64) [−0.46]		6.84 (2.03) [1.57]	16.21 (1.92) [1.35]							
HXZ4	4.90 (4.06) [3.68]							3.11 (1.75) [1.68]	14.22 (3.77) [3.59]	5.44 (1.77) [1.63]				
Panel B:G1S														
CAPM	2.64 (2.87) [2.68]													
LCAPM	8.30 (5.06) [4.36]										11.07 (4.30) [4.04]			
S2	2.08 (1.55)													51.12 (2.05)

121

续表

Models	$\hat{\lambda}_{MKT}$	$\hat{\lambda}_{SMB}$	$\hat{\lambda}_{SMB^*}$	$\hat{\lambda}_{HML}$	$\hat{\lambda}_{UMD}$	$\hat{\lambda}_{RMW}$	$\hat{\lambda}_{CMA}$	$\hat{\lambda}_{ME}$	$\hat{\lambda}_{IA}$	$\hat{\lambda}_{ROE}$	$\hat{\lambda}_{LF}$	$\hat{\lambda}_{PS_{inn}}$	$\hat{\lambda}_{PS_{trd}}$	$\hat{\lambda}_{SF}$
S2	[1.22]													[0.94]
FF3	3.46 (3.43) [3.13]	1.28 (0.90) [0.89]		6.05 (3.90) [3.82]										
PS4$_{inn}$	3.46 (2.38) [1.51]	1.28 (0.89) [0.86]		6.05 (3.90) [3.81]								0.01 (0.00) [0.00]		
PS4$_{trd}$	3.47 (3.33) [2.98]	1.21 (0.82) [0.82]		5.71 (3.55) [3.51]									7.78 (2.04) [1.20]	
C4	6.62 (4.93) [3.70]	1.56 (0.93) [0.82]		11.65 (5.45) [4.16]	15.21 (5.22) [3.97]									
FF5	6.34 (4.80) [4.01]		1.39 (0.80) [0.74]	−5.61 (−1.54) [−1.14]		4.06 (1.34) [1.14]	25.06 (3.44) [2.50]							
HXZ4	5.05							3.37	15.30	5.13				

第三章 基于ICAPM理论的模型评估

续表

Models	$\hat{\lambda}_{MKT}$	$\hat{\lambda}_{SMB}$	$\hat{\lambda}_{SMB^*}$	$\hat{\lambda}_{HML}$	$\hat{\lambda}_{UMD}$	$\hat{\lambda}_{RMW}$	$\hat{\lambda}_{CMA}$	$\hat{\lambda}_{ME}$	$\hat{\lambda}_{IA}$	$\hat{\lambda}_{ROE}$	$\hat{\lambda}_{LF}$	$\hat{\lambda}_{PS_{inn}}$	$\hat{\lambda}_{PS_{trd}}$	$\hat{\lambda}_{SF}$
HXZ4	(4.28) [3.88]							(1.94) [1.77]	(4.28) [4.02]	(1.82) [1.60]				

表3.23 基于规模-方差组合超额收益的因子风险溢价估计

Models	$\hat{\gamma}_{MKT}$	$\hat{\gamma}_{SMB}$	$\hat{\gamma}_{SMB^*}$	$\hat{\gamma}_{HML}$	$\hat{\gamma}_{UMD}$	$\hat{\gamma}_{RMW}$	$\hat{\gamma}_{CMA}$	$\hat{\gamma}_{ME}$	$\hat{\gamma}_{IA}$	$\hat{\gamma}_{ROE}$	$\hat{\gamma}_{LF}$	$\hat{\gamma}_{PS_{inn}}$	$\hat{\gamma}_{PS_{trd}}$	$\hat{\gamma}_{SF}$
Panel A: OLS														
CAPM	0.53 (2.70) [2.71]													
LCAPM	0.52 (2.63) [2.54]											0.87 (4.18) [4.11]		
S2	0.42 (1.48) [1.44]													0.92 (2.87) [2.72]
FF3	0.47 (2.54) [2.52]	−0.34 (−2.22) [−2.32]		1.30 (5.66) [4.70]										

123

续表

Models	$\hat{\gamma}_{MKT}$	$\hat{\gamma}_{SMB}$	$\hat{\gamma}_{SMB^*}$	$\hat{\gamma}_{HML}$	$\hat{\gamma}_{UMD}$	$\hat{\gamma}_{RMW}$	$\hat{\gamma}_{CMA}$	$\hat{\gamma}_{ME}$	$\hat{\gamma}_{IA}$	$\hat{\gamma}_{ROE}$	$\hat{\gamma}_{LF}$	$\hat{\gamma}_{PS_{inn}}$	$\hat{\gamma}_{PS_{trd}}$	$\hat{\gamma}_{SF}$
PS4$_{inn}$	0.49	-0.18		0.77								5.28		
	(2.60)	(-1.11)		(2.58)								(3.40)		
	[2.61]	[-0.59]		[0.94]								[0.84]		
PS4$_{trd}$	0.49	-0.36		1.28									-1.25	
	(2.60)	(-2.23)		(5.41)									(-2.06)	
	[2.56]	[-2.27]		[4.23]									[-0.69]	
C4	0.54	0.41		0.84	3.18									
	(2.87)	(2.42)		(3.33)	(4.15)									
	[2.69]	[2.16]		[2.70]	[2.83]									
FF5	0.41		0.04	0.37		1.00	-0.57							
	(2.22)		(0.32)	(1.28)		(5.18)	(-2.01)							
	[2.20]		[0.28]	[0.95]		[3.92]	[-0.94]							
HXZ4	0.43							0.39	0.41	0.85				
	(2.31)							(2.75)	(2.23)	(4.01)				
	[2.31]							[2.70]	[1.96]	[3.12]				
Panel B:GLS														
CAPM	0.48													

第三章 基于 ICAPM 理论的模型评估

续表

Models	$\hat{\gamma}_{MKT}$	$\hat{\gamma}_{SMB}$	$\hat{\gamma}_{SMB^*}$	$\hat{\gamma}_{HML}$	$\hat{\gamma}_{UMD}$	$\hat{\gamma}_{RMW}$	$\hat{\gamma}_{CMA}$	$\hat{\gamma}_{ME}$	$\hat{\gamma}_{IA}$	$\hat{\gamma}_{ROE}$	$\hat{\gamma}_{LF}$	$\hat{\gamma}_{PS_{inn}}$	$\hat{\gamma}_{PS_{trd}}$	$\hat{\gamma}_{SF}$
CAPM	(2.62) [2.62]													
LCAPM	0.50 (2.69) [2.68]										0.51 (2.98) [2.62]			
S2	0.60 (2.51) [2.50]													0.52 (4.24) [2.64]
FF3	0.46 (2.47) [2.46]	0.01 (0.09) [0.08]		0.69 (3.61) [2.92]										
PS4$_{inn}$	0.47 (2.54) [2.54]	0.06 (0.46) [0.41]		0.50 (2.36) [1.46]								2.18 (2.44) [1.09]		
PS4$_{trd}$	0.46 (2.47) [2.46]	0.01 (0.06) [0.05]		0.70 (3.61) [2.92]									-0.12 (-0.26) [-0.14]	

125

续表

Models	$\hat{\gamma}_{MKT}$	$\hat{\gamma}_{SMB}$	$\hat{\gamma}_{SMB^*}$	$\hat{\gamma}_{HML}$	$\hat{\gamma}_{UMD}$	$\hat{\gamma}_{RMW}$	$\hat{\gamma}_{CMA}$	$\hat{\gamma}_{ME}$	$\hat{\gamma}_{IA}$	$\hat{\gamma}_{ROE}$	$\hat{\gamma}_{LF}$	$\hat{\gamma}_{PS_{inn}}$	$\hat{\gamma}_{PS_{trd}}$	$\hat{\gamma}_{SF}$
C4	0.48	0.20		0.66	1.44									
	(2.62)	(1.37)		(3.30)	(3.09)									
	[2.60]	[1.22]		[2.88]	[1.83]									
FF5	0.46		0.15	0.26		0.75	−0.38							
	(2.47)		(1.14)	(1.15)		(4.83)	(−1.75)							
	[2.45]		[1.10]	[0.89]		[3.53]	[−1.07]							
HXZ4	0.46							0.36	0.25	0.77				
	(2.51)							(2.60)	(1.58)	(4.32)				
	[2.51]							[2.57]	[1.18]	[3.36]				

表 3.24 基于规模 – 方差组合超额收益的因子协方差风险价格估计

Models	$\hat{\lambda}_{MKT}$	$\hat{\lambda}_{SMB}$	$\hat{\lambda}_{SMB^*}$	$\hat{\lambda}_{HML}$	$\hat{\lambda}_{UMD}$	$\hat{\lambda}_{RMW}$	$\hat{\lambda}_{CMA}$	$\hat{\lambda}_{ME}$	$\hat{\lambda}_{IA}$	$\hat{\lambda}_{ROE}$	$\hat{\lambda}_{LF}$	$\hat{\lambda}_{PS_{inn}}$	$\hat{\lambda}_{PS_{trd}}$	$\hat{\lambda}_{SF}$
Panel A: OLS														
CAPM	2.60													
	(2.66)													
	[2.52]													
LCAPM	11.37										17.37			
	(5.73)										(5.59)			

126

续表

Models	$\hat{\lambda}_{MKT}$	$\hat{\lambda}_{SMB}$	$\hat{\lambda}_{SMB^*}$	$\hat{\lambda}_{HML}$	$\hat{\lambda}_{UMD}$	$\hat{\lambda}_{RMW}$	$\hat{\lambda}_{CMA}$	$\hat{\lambda}_{ME}$	$\hat{\lambda}_{IA}$	$\hat{\lambda}_{ROE}$	$\hat{\lambda}_{LF}$	$\hat{\lambda}_{PS_{inn}}$	$\hat{\lambda}_{PS_{trd}}$	$\hat{\lambda}_{SF}$
LCAPM	[4.72]										[5.19]			
S2	−2.55													232.09
	(−0.89)													(2.77)
	[−0.88]													[2.42]
FF3	6.00	−2.89		17.57										
	(4.81)	(−1.61)		(5.69)										
	[4.00]	[−1.37]		[4.37]										
PS4$_{inn}$	−2.44	−3.07		10.85								18.25		
	(−0.88)	(−1.34)		(2.63)								(3.24)		
	[−0.22]	[−1.10]		[0.98]								[0.81]		
PS4$_{trd}$	6.01	−2.97		17.91									−11.61	
	(4.56)	(−1.56)		(5.41)									(−2.13)	
	[3.86]	[−1.30]		[4.21]									[−0.72]	
C4	8.01	5.49		20.39	20.97									
	(4.69)	(2.39)		(5.10)	(4.51)									
	[3.11]	[1.91]		[3.48]	[2.52]									
FF5	1.34		5.32	19.88		21.00	−32.01							

续表

Models	$\hat{\lambda}_{MKT}$	$\hat{\lambda}_{SMB}$	$\hat{\lambda}_{SMB^*}$	$\hat{\lambda}_{HML}$	$\hat{\lambda}_{UMD}$	$\hat{\lambda}_{RMW}$	$\hat{\lambda}_{CMA}$	$\hat{\lambda}_{ME}$	$\hat{\lambda}_{IA}$	$\hat{\lambda}_{ROE}$	$\hat{\lambda}_{LF}$	$\hat{\lambda}_{PS_{inn}}$	$\hat{\lambda}_{PS_{trd}}$	$\hat{\lambda}_{SF}$
FF5	(0.70)	(2.38)		(2.26)		(4.25)	(−2.07)							
	[0.40]	[2.23]		[0.94]		[3.09]	[−0.85]							
HXZ4	5.59							8.12	17.57	17.80				
	(4.01)							(3.74)	(2.88)	(4.54)				
	[3.53]							[3.36]	[2.60]	[3.17]				
Panel B:GLS														
CAPM	2.39													
	(2.59)													
	[2.44]													
LCAPM	8.37											11.67		
	(5.41)											(5.01)		
	[4.47]											[4.19]		
S2	0.40	0.31		10.01										128.56
	(0.24)	(0.20)		(4.03)										(3.96)
	[0.18]													[2.44]
FF3	3.95													
	(3.65)													

续表

Models	$\hat{\lambda}_{MKT}$	$\hat{\lambda}_{SMB}$	$\hat{\lambda}_{SMB^*}$	$\hat{\lambda}_{HML}$	$\hat{\lambda}_{UMD}$	$\hat{\lambda}_{RMW}$	$\hat{\lambda}_{CMA}$	$\hat{\lambda}_{ME}$	$\hat{\lambda}_{IA}$	$\hat{\lambda}_{ROE}$	$\hat{\lambda}_{LF}$	$\hat{\lambda}_{PS_{inn}}$	$\hat{\lambda}_{PS_{trd}}$	$\hat{\lambda}_{SF}$
FF3	0.76 [3.22]	0.15 [0.19]		7.66 [3.25]										
PS4$_{inn}$	(0.41) [0.20]	(0.09) [0.08]		(2.73) [1.65]								7.12 (2.22) [1.00]		
PS4$_{trd}$	3.98 (3.66) [3.20]	0.29 (0.19) [0.18]		10.22 (3.98) [3.14]									-1.38 (-0.34) [-0.19]	
C4	5.68 (4.49) [3.39]	2.67 (1.50) [1.22]		13.76 (4.76) [3.76]	10.36 (3.75) [1.99]									
FF5	2.05 (1.31) [0.94]		5.32 (2.71) [2.52]	13.29 (2.09) [1.17]		17.13 (4.52) [3.02]	-20.17 (-1.79) [-0.99]							
HXZ4	4.91 (3.73) [3.08]							7.21 (3.60) [3.33]	12.40 (2.31) [1.74]	16.14 (4.89) [3.51]				

129

表 3.25 基于规模-beta 组合超额收益的因子风险溢价估计

Models	$\hat{\gamma}_{MKT}$	$\hat{\gamma}_{SMB}$	$\hat{\gamma}_{SMB^*}$	$\hat{\gamma}_{HML}$	$\hat{\gamma}_{UMD}$	$\hat{\gamma}_{RMW}$	$\hat{\gamma}_{CMA}$	$\hat{\gamma}_{ME}$	$\hat{\gamma}_{IA}$	$\hat{\gamma}_{ROE}$	$\hat{\gamma}_{LF}$	$\hat{\gamma}_{PS_{inn}}$	$\hat{\gamma}_{PS_{trd}}$	$\hat{\gamma}_{SF}$
Panel A: OLS														
CAPM	0.60 (3.05) [3.05]													
LCAPM	0.58 (2.95) [2.93]										0.59 (2.77) [2.69]			
S2	0.54 (2.11) [2.11]													0.51 (2.21) [1.68]
FF3	0.44 (2.33) [2.36]	−0.01 (−0.07) [−0.06]		1.05 (4.34) [3.95]										
PS4$_{inn}$	0.43 (2.28) [2.32]	−0.04 (−0.30) [−0.30]		1.16 (4.07) [3.75]								−0.97 (−0.81) [−0.59]		
PS4$_{trd}$	0.47 (2.11)	−0.01		0.96									−0.79	

续表

Models	$\hat{\gamma}_{MKT}$	$\hat{\gamma}_{SMB}$	$\hat{\gamma}_{SMB^*}$	$\hat{\gamma}_{HML}$	$\hat{\gamma}_{UMD}$	$\hat{\gamma}_{RMW}$	$\hat{\gamma}_{CMA}$	$\hat{\gamma}_{ME}$	$\hat{\gamma}_{IA}$	$\hat{\gamma}_{ROE}$	$\hat{\gamma}_{LF}$	$\hat{\gamma}_{PS_{inn}}$	$\hat{\gamma}_{PS_{trd}}$	$\hat{\gamma}_{SF}$
PS4$_{trd}$	(2.51)	(−0.09)		(4.09)									(−1.32)	
	[2.55]	[−0.09]		[3.56]									[−1.10]	
C4	0.55	0.12		0.47	1.56									
	(2.92)	(0.83)		(1.69)	(1.93)									
	[2.92]	[0.76]		[1.31]	[1.54]									
FF5	0.44		0.17	0.80		0.06	0.58							
	(2.34)		(1.30)	(3.19)		(0.34)	(2.56)							
	[2.37]		[1.27]	[3.09]		[0.34]	[2.47]							
HXZ4	0.46							0.26	0.65	0.10				
	(2.43)							(1.84)	(3.02)	(0.36)				
	[2.43]							[1.82]	[2.85]	[0.34]				
Panel B:GLS														
CAPM	0.53													
	(2.83)													
	[2.84]													
LCAPM	0.52											0.41		
	(2.83)											(2.30)		

续表

Models	$\hat{\gamma}_{MKT}$	$\hat{\gamma}_{SMB}$	$\hat{\gamma}_{SMB^*}$	$\hat{\gamma}_{HML}$	$\hat{\gamma}_{UMD}$	$\hat{\gamma}_{RMW}$	$\hat{\gamma}_{CMA}$	$\hat{\gamma}_{ME}$	$\hat{\gamma}_{IA}$	$\hat{\gamma}_{ROE}$	$\hat{\gamma}_{LF}$	$\hat{\gamma}_{PS_{inn}}$	$\hat{\gamma}_{PS_{trd}}$	$\hat{\gamma}_{SF}$
LCAPM	[2.83]										[2.20]			0.10
S2	0.64 (2.67) [2.67]	0.06 (0.44) [0.45]												(0.87) [0.52]
FF3	0.48 (2.57) [2.58]	0.03 (0.19) [0.19]		0.77 (3.84) [3.44]										
PS4$_{inn}$	0.46 (2.47) [2.51]	0.05 (0.41) [0.40]		0.88 (3.87) [3.00]								−0.92 (−0.94) [−0.55]		
PS4$_{trd}$	0.48 (2.59) [2.61]	0.16 (1.17) [1.13]		0.75 (3.72) [3.25]									−0.62 (−1.28) [−1.01]	
C4	0.54 (2.88) [2.89]			0.39 (1.59) [1.28]	1.68 (2.52) [1.86]									
FF5	0.45		0.22	0.59		0.19	0.40							

续表

Models	$\hat{\gamma}_{MKT}$	$\hat{\gamma}_{SMB}$	$\hat{\gamma}_{SMB^*}$	$\hat{\gamma}_{HML}$	$\hat{\gamma}_{UMD}$	$\hat{\gamma}_{RMW}$	$\hat{\gamma}_{CMA}$	$\hat{\gamma}_{ME}$	$\hat{\gamma}_{IA}$	$\hat{\gamma}_{ROE}$	$\hat{\gamma}_{LF}$	$\hat{\gamma}_{PS_{inn}}$	$\hat{\gamma}_{PS_{trd}}$	$\hat{\gamma}_{SF}$
FF5			(1.65)	(2.70)		(1.11)	(2.13)							
	(2.44)		[1.62]	[2.46]		[0.98]	[1.83]							
	[2.46]													
HXZ4	0.47							0.30	0.45	0.30				
	(2.52)							(2.16)	(2.58)	(1.31)				
	[2.52]							[2.13]	[2.14]	[1.17]				

表 3.26 基于规模 – beta 组合超额收益的因子协方差风险价格估计

Models	$\hat{\lambda}_{MKT}$	$\hat{\lambda}_{SMB}$	$\hat{\lambda}_{SMB^*}$	$\hat{\lambda}_{HML}$	$\hat{\lambda}_{UMD}$	$\hat{\lambda}_{RMW}$	$\hat{\lambda}_{CMA}$	$\hat{\lambda}_{ME}$	$\hat{\lambda}_{IA}$	$\hat{\lambda}_{ROE}$	$\hat{\lambda}_{LF}$	$\hat{\lambda}_{PS_{inn}}$	$\hat{\lambda}_{PS_{trd}}$	$\hat{\lambda}_{SF}$
Panel A: OLS														
CAPM	3.06													
	(3.11)													
	[2.86]													
LCAPM	10.11										14.38			
	(4.34)										(3.79)			
	[3.94]										[3.63]			
S2	0.23													117.48
	(0.13)													(2.39)
	[0.09]													[1.39]

续表

Models	$\hat{\lambda}_{MKT}$	$\hat{\lambda}_{SMB}$	$\hat{\lambda}_{SMB^*}$	$\hat{\lambda}_{HML}$	$\hat{\lambda}_{UMD}$	$\hat{\lambda}_{RMW}$	$\hat{\lambda}_{CMA}$	$\hat{\lambda}_{ME}$	$\hat{\lambda}_{IA}$	$\hat{\lambda}_{ROE}$	$\hat{\lambda}_{LF}$	$\hat{\lambda}_{PS_{inn}}$	$\hat{\lambda}_{PS_{trd}}$	$\hat{\lambda}_{SF}$
FF3	3.38 (3.28) [3.03]	1.07 (0.73) [0.72]		6.57 (4.14) [4.09]										
PS4$_{inn}$	−0.77 (−0.37) [−0.30]	0.59 (0.35) [0.28]		5.97 (3.39) [2.86]								10.09 (2.20) [1.74]		
PS4$_{trd}$	3.14 (2.61) [2.23]	1.32 (0.76) [0.72]		5.35 (2.84) [2.64]									19.22 (2.28) [1.64]	
C4	7.84 (4.75) [3.50]	1.25 (0.66) [0.52]		14.05 (5.18) [4.09]	19.84 (4.50) [2.90]									
FF5	3.79 (2.55) [2.27]		5.31 (2.83) [2.73]	4.80 (0.98) [0.67]		13.24 (3.27) [2.27]	0.78 (0.08) [0.05]							
HXZ4	5.35 (4.12)							5.74 (2.77)	17.81 (4.38)	10.72 (2.62)				

134

续表

Models	$\hat{\lambda}_{MKT}$	$\hat{\lambda}_{SMB}$	$\hat{\lambda}_{SMB^*}$	$\hat{\lambda}_{HML}$	$\hat{\lambda}_{UMD}$	$\hat{\lambda}_{RMW}$	$\hat{\lambda}_{CMA}$	$\hat{\lambda}_{ME}$	$\hat{\lambda}_{IA}$	$\hat{\lambda}_{ROE}$	$\hat{\lambda}_{LF}$	$\hat{\lambda}_{PS_{inn}}$	$\hat{\lambda}_{PS_{trd}}$	$\hat{\lambda}_{SF}$
HXZ4	[3.65]							[2.72]	[3.96]	[2.35]				
Panel B:GLS														
CAPM	2.65													
	(2.87)													
	[2.69]													
LCAPM	9.14											12.76		
	(5.37)											(4.70)		
	[4.75]											[4.57]		
S2	1.91													
	(1.41)													
	[1.10]													
FF3	3.46	1.26		6.01										
	(3.43)	(0.88)		(3.87)										
	[3.13]	[0.88]		[3.80]										
PS4$_{inn}$	0.89	0.79		5.89								6.58		54.26
	(0.54)	(0.52)		(3.60)								(2.04)		(2.10)
	[0.36]	[0.45]		[3.17]								[1.20]		[0.97]

续表

Models	$\hat{\lambda}_{MKT}$	$\hat{\lambda}_{SMB}$	$\hat{\lambda}_{SMB^*}$	$\hat{\lambda}_{HML}$	$\hat{\lambda}_{UMD}$	$\hat{\lambda}_{RMW}$	$\hat{\lambda}_{CMA}$	$\hat{\lambda}_{ME}$	$\hat{\lambda}_{IA}$	$\hat{\lambda}_{ROE}$	$\hat{\lambda}_{LF}$	$\hat{\lambda}_{PS_{inn}}$	$\hat{\lambda}_{PS_{trd}}$	$\hat{\lambda}_{SF}$
PS4$_{trd}$	3.47 (3.08) [2.66]	1.16 (0.73) [0.71]		5.32 (3.04) [2.90]									15.19 (2.78) [1.59]	
C4	6.82 (4.81) [3.51]	1.58 (0.92) [0.80]		12.03 (5.27) [3.97]	16.30 (4.69) [3.20]									
FF5	4.93 (3.50) [2.82]		3.89 (2.17) [1.99]	1.93 (0.44) [0.27]		11.23 (3.25) [2.13]	8.12 (0.90) [0.55]							
HXZ4	5.32 (4.31) [3.86]							5.31 (2.73) [2.45]	15.59 (4.07) [3.79]	10.83 (3.04) [2.54]				

表 3.27 状态变量的描述性统计

Panel A: State variables description

	CMKT	CSMB	CHML	CUMD	CSMB*	CRMW	CCMA	CME	CIA	CROE	CLF	CPS$_{inn}$	CPS$_{trd}$	CSF
Mean	0.31	0.09	0.22	0.40	0.12	0.17	0.21	0.16	0.26	0.33	0.35	−0.09	0.25	0.00
Std	0.33	0.30	0.23	0.31	0.31	0.17	0.18	0.30	0.16	0.18	0.27	0.59	0.32	0.04

第三章 基于ICAPM理论的模型评估

续表

Panel A: State variables description

	CMKT	CSMB	CHML	CUMD	CSMB*	CRMW	CCMA	CME	CIA	CROE	CLF	CPS_{inn}	CPS_{trd}	CSF
t-value	21.99	7.34	22.25	30.30	8.58	23.94	27.52	12.74	36.47	41.91	29.63	-3.44	18.17	0.06

Panel B: Spearman rank correlation

	CMKT	CSMB	CHML	CUMD	CSMB*	CRMW	CCMA	CME	CIA	CROE	CLF	CPS_{inn}	CPS_{trd}	CSF
CMKT	1.00	-0.20	-0.36	-0.07	-0.28	-0.15	-0.45	-0.30	-0.48	0.20	-0.03	0.83	-0.40	-0.17
CSMB		1.00	0.12	0.04	0.99	-0.07	0.08	0.96	0.02	-0.16	0.00	-0.08	0.30	0.61
CHML			1.00	0.21	0.19	-0.04	0.75	0.24	0.76	0.16	0.55	-0.29	0.46	0.05
CUMD				1.00	0.05	-0.14	0.19	0.12	0.33	0.62	0.31	-0.10	0.06	-0.48
CSMB*					1.00	-0.11	0.13	0.98	0.07	-0.21	0.00	-0.17	0.31	0.60
CRMW						1.00	0.13	-0.14	0.06	0.30	0.10	0.00	0.34	-0.18
CCMA							1.00	0.19	0.94	0.02	0.36	-0.45	0.41	-0.23
CME								1.00	0.12	-0.20	0.04	-0.23	0.34	0.56
CIA									1.00	0.19	0.42	-0.43	0.34	-0.34
CROE										1.00	0.31	0.31	0.00	-0.61
CLF											1.00	0.19	0.28	0.07
CPS_{inn}												1.00	-0.37	-0.13
CPS_{trd}													1.00	0.39
CSF														1.00

表 3.28 风险因子对 CFNAI 的单变量预测回归

	$CMKT$	$CSMB$	$CHML$	$CUMD$	$CSMB^*$	$CRMW$	$CCMA$	CME	CIA	$CROE$	CLF	CPS_{inn}	CPS_{trd}	CSF
$p=1$														
b_k	0.44	0.14	0.75	-0.03	0.14	-0.64	0.99	0.14	1.44	-0.08	0.60	0.09	-0.11	0.56
	(2.81)	(0.83)	(4.81)	(-0.25)	(0.90)	(-2.35)	(3.57)	(0.87)	(4.11)	(-0.48)	(5.96)	(1.03)	(-1.00)	(0.53)
$R^2(\%)$	1.89	-0.00	2.89	-0.18	0.01	0.98	2.88	-0.01	5.30	-0.16	2.52	0.10	-0.06	-0.27
$p=3$														
b_k	1.16	0.36	2.24	-0.09	0.36	-1.73	3.20	0.35	4.56	-0.08	1.67	0.21	-0.38	-0.45
	(1.67)	(0.48)	(3.69)	(-0.21)	(0.53)	(-1.53)	(2.57)	(0.51)	(2.84)	(-0.11)	(4.54)	(0.54)	(-0.77)	(-0.10)
$R^2(\%)$	1.93	-0.01	3.78	-0.18	0.00	1.04	4.38	-0.03	7.74	-0.18	2.90	0.04	0.03	-0.33
$p=12$														
b_k	0.46	0.45	9.51	2.06	0.64	-2.14	15.76	0.71	21.86	4.57	5.94	-0.19	-2.28	-36.70
	(0.14)	(0.11)	(3.21)	(0.74)	(0.17)	(-0.33)	(2.58)	(0.19)	(2.74)	(0.90)	(2.88)	(-0.09)	(-0.64)	(-0.95)
$R^2(\%)$	-0.16	-0.16	6.68	0.38	-0.13	-0.01	10.22	-0.13	16.38	0.80	3.55	-0.17	0.53	3.16
$p=24$														
b_k	-5.45	-0.92	15.14	8.76	-0.47	3.02	27.11	0.13	39.48	17.58	8.66	-1.67	-3.95	-115.40
	(-1.00)	(-0.12)	(2.52)	(1.31)	(-0.07)	(0.20)	(2.74)	(0.02)	(3.07)	(1.44)	(1.93)	(-0.40)	(-0.48)	(-1.35)
$R^2(\%)$	1.55	-0.15	6.67	3.94	-0.18	-0.05	11.96	-0.19	20.85	5.62	2.98	0.30	0.62	12.21
$p=36$														
b_k	-9.40	-5.06	9.29	16.22	-4.79	1.01	25.39	-4.01	45.14	28.12	6.25	-3.08	-10.35	-200.01
	(-1.62)	(-0.51)	(1.04)	(1.80)	(-0.53)	(0.06)	(2.18)	(-0.45)	(3.35)	(1.62)	(0.86)	(-0.55)	(-0.87)	(-1.72)
$R^2(\%)$	3.08	0.66	1.43	9.14	0.64	-0.19	6.69	0.33	17.46	9.43	0.89	0.85	3.39	23.00

第三章 基于 ICAPM 理论的模型评估

表 3.29 因子模型对 CFNAI 的多变量预测回归

Models	α	CMKT	CSMB	CSMB*	CHML	CUMD	CRMW	CCMA	CME	CIA	CROE	CLF	CPS_{inn}	CPS_{trd}	CSF	R^2
p = 1																
CAPM	−0.18 (−2.29)	0.44 (2.81)														1.89
LCAPM	−0.41 (−4.24)	0.47 (3.01)														4.73
S2	−0.36 (−3.74)	0.64 (3.17)													1.56 (1.28)	4.44
FF3	−0.56 (−5.45)	0.77 (4.62)	0.16 (0.89)		1.15 (6.65)											8.05
$PS4_{inn}$	−0.70 (−5.32)	1.17 (4.34)	0.23 (1.26)		1.08 (6.90)								−0.27 (−2.14)			8.73
$PS4_{trd}$	−0.50 (−4.53)	0.71 (3.98)	0.24 (1.23)		1.30 (6.25)									−0.33 (−1.87)		8.65
C4	−0.49 (−5.04)	0.78 (4.69)	0.17 (0.93)		1.24 (6.79)	−0.23 (−2.09)										8.37
FF5	−0.65 (−4.65)	0.94 (4.86)		0.09 (0.49)	0.34 (1.45)		−0.63 (−2.02)	1.60 (3.34)								11.18
HXZ4	−0.81 (−6.29)	1.09 (5.98)							0.16 (0.85)	2.55 (6.61)	−0.78 (−3.33)					14.71

139

续表

Models	α	$CMKT$	$CSMB$	$CSMB^*$	$CHML$	$CUMD$	$CRMW$	$CCMA$	CME	CIA	$CROE$	CLF	CPS_{inn}	CPS_{trd}	CSF	R^2
$p=12$																
CAPM	−0.87	0.46														−0.16
	(−0.51)	(0.14)														
LCAPM	−3.07	0.85										6.02				3.48
	(−1.49)	(0.26)										(2.89)				
S2	−1.65	−1.04													−38.31	2.99
	(−0.97)	(−0.27)													(−0.97)	
FF3	−4.35	3.50	−0.11		11.38											7.92
	(−2.21)	(1.09)	(−0.03)		(3.42)											
PS4$_{inn}$	−4.50	3.91	−0.04		11.32								−0.29			7.75
	(−1.85)	(0.75)	(−0.01)		(3.57)								(−0.10)			
PS4$_{trd}$	−3.12	2.33	1.35		14.33									−6.49		11.94
	(−1.41)	(0.63)	(0.28)		(3.45)									(−1.34)		
C4	−4.34	3.51	−0.11		11.39	−0.03										7.74
	(−2.14)	(1.08)	(−0.03)		(3.00)	(−0.01)										
FF5	−6.37	5.66		−0.92	1.98		−3.56	19.78								14.26
	(−2.08)	(1.52)		(−0.23)	(0.35)		(−0.67)	(1.81)								
HXZ	−9.30	6.14							0.11	27.46	−1.48					20.28
	(−2.48)	(1.70)							(0.03)	(3.17)	(−0.32)					

续表

Models	α	CMKT	CSMB	CSMB*	CHML	CUMD	CRMW	CCMA	CME	CIA	CROE	CLF	CPS_{inn}	CPS_{trd}	CSF	R^2
p = 36																
CAPM	0.77	-9.40														3.08
	(0.20)	(-1.62)														
LCAPM	-1.14	-8.95														3.65
	(-0.28)	(-1.51)														
S2	-1.76	-12.30													-219.19	27.79
	(-0.53)	(-1.58)													(-1.99)	
FF3	-0.15	-8.83	-6.85		6.15											4.74
	(-0.04)	(-1.41)	(-0.69)		(0.71)											
PS4$_{inn}$	2.84	-16.47	-8.42		6.95								5.56			5.73
	(0.49)	(-1.41)	(-0.88)		(0.81)								(0.60)			
PS4$_{trd}$	3.30	-11.56	-3.15		13.44									-17.18		12.16
	(0.84)	(-1.76)	(-0.29)		(1.35)									(-1.23)		
C4	-5.15	-10.18	-7.15		0.06	16.37										13.48
	(-1.00)	(-1.48)	(-0.78)		(0.01)	(1.68)										
FF5	-3.14	-5.65		-8.97	-9.31		-6.45	33.35								9.99
	(-0.52)	(-0.92)		(-0.94)	(-0.64)		(-0.50)	(1.60)								
HXZ4	-17.31	-7.02							-5.29	36.59	24.54					25.22
	(-2.01)	(-1.03)							(-0.58)	(2.58)	(1.39)					

系统流动性风险模型的多维评估

表 3.30 风险因子对 IPG 的单变量预测回归

	CMKT	CSMB	CHML	CUMD	$CSMB^*$	CRMW	CCMA	CME	CIA	CROE	CLF	CPS_{inn}	CPS_{trd}	CSF
$p=1$														
b_k	0.00	0.00	0.00	-0.00	0.00	-0.00	0.00	0.00	0.00	-0.00	0.00	0.00	-0.00	-0.00
	(2.23)	(0.55)	(1.23)	(-1.54)	(0.47)	(-0.51)	(1.18)	(0.40)	(1.57)	(-0.18)	(0.79)	(0.83)	(-0.79)	(-0.05)
$R^2(\%)$	1.11	-0.11	0.05	0.09	-0.13	-0.14	0.17	-0.15	0.62	-0.18	-0.11	0.00	-0.08	-0.34
$p=3$														
b_k	0.01	0.00	0.00	-0.00	0.00	-0.00	0.01	0.00	0.01	0.00	0.00	0.00	-0.00	-0.02
	(1.37)	(0.18)	(1.25)	(-0.96)	(0.13)	(-0.23)	(1.16)	(0.08)	(1.36)	(0.51)	(0.72)	(0.43)	(-0.93)	(-0.59)
$R^2(\%)$	1.24	-0.16	0.30	0.04	-0.18	-0.16	0.64	-0.18	1.53	-0.13	-0.09	-0.04	0.17	-0.03
$p=12$														
b_k	-0.00	-0.00	0.03	0.01	-0.00	0.03	0.05	-0.00	0.07	0.04	0.01	-0.00	-0.01	-0.26
	(-0.19)	(-0.15)	(1.80)	(0.61)	(-0.15)	(0.80)	(1.60)	(-0.15)	(1.55)	(1.57)	(0.97)	(-0.07)	(-0.74)	(-1.10)
$R^2(\%)$	-0.13	-0.14	1.94	0.27	-0.15	0.66	3.15	-0.15	5.38	3.07	0.37	-0.18	0.71	5.63
$p=24$														
b_k	-0.03	-0.02	0.04	0.04	-0.02	0.07	0.06	-0.02	0.10	0.13	0.02	-0.00	-0.02	-0.63
	(-1.17)	(-0.54)	(1.41)	(1.34)	(-0.55)	(1.03)	(1.42)	(-0.50)	(1.60)	(2.30)	(0.72)	(-0.23)	(-0.55)	(-1.44)
$R^2(\%)$	2.35	0.54	1.91	4.16	0.52	2.64	2.38	0.33	5.47	12.64	0.51	-0.03	0.72	15.29
$p=36$														
b_k	-0.04	-0.05	-0.00	0.08	-0.05	0.05	0.02	-0.05	0.08	0.18	0.01	-0.00	-0.06	-1.03
	(-1.30)	(-1.13)	(-0.01)	(1.96)	(-1.20)	(0.74)	(0.34)	(-1.19)	(1.39)	(2.65)	(0.29)	(-0.10)	(-1.06)	(-1.94)
$R^2(\%)$	2.19	3.40	-0.20	9.47	3.81	1.10	-0.05	3.42	2.72	18.99	0.01	-0.16	4.91	26.46

第三章　基于 ICAPM 理论的模型评估

表 3.31　因子模型对 IPG 的多变量预测回归

Models	α	$CMKT$	$CSMB$	$CSMB^*$	$CHML$	$CUMD$	$CRMW$	$CCMA$	CME	CIA	$CROE$	CLF	CPS_{inn}	CPS_{trd}	CSF	R^2
$p=1$																
CAPM	0.00 (1.44)	0.00 (2.23)														1.11
LCAPM	0.00 (0.70)	0.00 (2.26)														1.04
S2	0.00 (1.40)	0.00 (1.73)													0.00 (0.30)	0.43
FF3	−0.00 (−0.51)	0.00 (2.96)	0.00 (0.74)		0.00 (2.62)											1.92
PS4$_{inn}$	−0.00 (−1.49)	0.01 (3.35)	0.00 (1.07)		0.00 (2.35)								−0.00 (−1.99)			2.45
PS4$_{trd}$	−0.00 (−0.22)	0.00 (2.62)	0.00 (0.88)		0.00 (2.51)									−0.00 (−0.74)		1.87
C4	0.00 (0.30)	0.00 (3.05)	0.00 (0.78)		0.00 (3.02)	−0.00 (−2.14)		0.01 (1.52)								2.32
FF5	−0.00 (−1.02)	0.00 (3.08)		0.00 (0.58)	0.00 (0.21)		−0.00 (−0.31)									2.37
HXZ4	−0.00 (−1.26)	0.00 (3.48)							0.00 (0.62)	0.01 (2.85)	−0.00 (−1.67)					3.65

续表

Models	α	CMKT	CSMB	CSMB*	CHML	CUMD	CRMW	CCMA	CME	CIA	CROE	CLF	CPS_{inn}	CPS_{trd}	CSF	R^2
$p=12$																
CAPM	0.02 (2.30)	−0.00 (−0.19)														−0.13
LCAPM	0.01 (1.48)	−0.00 (−0.15)										0.01 (0.95)				0.22
S2	0.03 (4.62)	−0.02 (−0.98)													−0.29 (−1.21)	7.24
FF3	0.01 (0.88)	0.00 (0.20)	−0.01 (−0.24)		0.03 (1.79)											1.81
$PS4_{inn}$	0.01 (1.09)	−0.00 (−0.17)	−0.01 (−0.31)		0.03 (1.83)								0.01 (0.42)			1.82
$PS4_{trd}$	0.02 (1.14)	−0.00 (−0.04)	0.00 (0.03)		0.04 (2.07)									−0.03 (−1.13)		4.52
C4	0.01 (0.72)	0.00 (0.18)	−0.01 (−0.25)		0.03 (1.47)	0.00 (0.25)										1.71
FF5	−0.00 (−0.04)	0.01 (0.47)		−0.01 (−0.29)	0.01 (0.45)		0.02 (0.72)	0.05 (0.83)								3.87
HXZ4	−0.01 (−0.49)	0.01 (0.30)							−0.00 (−0.13)	0.07 (1.36)	0.03 (1.10)					7.04

第三章 基于 ICAPM 理论的模型评估

续表

Models	α	CMKT	CSMB	$CSMB^*$	CHML	CUMD	CRMW	CCMA	CME	CIA	CROE	CLF	CPS_{inn}	CPS_{trd}	CSF	R^2
$p=36$																
CAPM	0.07 (4.44)	−0.04 (−1.30)														2.19
LCAPM	0.07 (3.93)	−0.04 (−1.22)														2.09
S2	0.07 (4.74)	−0.05 (−1.32)													−1.10 (−2.18)	29.60
FF3	0.08 (4.68)	−0.05 (−1.45)	−0.05 (−1.31)		−0.01 (−0.36)											6.54
$PS4_{inn}$	0.11 (4.13)	−0.12 (−2.33)	−0.07 (−1.72)		−0.01 (−0.19)								0.05 (1.25)			11.45
$PS4_{trd}$	0.10 (4.14)	−0.06 (−1.70)	−0.04 (−0.87)		0.01 (0.29)									−0.07 (−1.15)		12.19
C4	0.06 (2.52)	−0.05 (−1.52)	−0.05 (−1.47)		−0.05 (−1.00)	0.09 (2.26)										17.92
FF5	0.08 (2.97)	−0.05 (−1.66)		−0.06 (−1.39)	−0.00 (−0.06)		0.03 (0.61)	−0.00 (−0.03)								7.86
HXZ4	0.02 (0.57)	−0.07 (−2.45)							−0.04 (−1.18)	0.00 (0.08)	0.19 (2.93)	0.01 (0.18)				27.96

145

表 3.32 基于 GDP 的预测回归结果

Models	α	CMKT	CSMB	CSMB*	CHML	CUMD	CRMW	CCMA	CME	CIA	CROE	CLF	CPS_{inn}	CPS_{trd}	CSF	R^2
CAPM	0.02 (9.74)	0.04 (3.88)														12.69
LCAPM	0.02 (5.83)	0.06 (4.48)										0.05 (2.79)				18.82
S2	0.02 (7.75)	0.05 (3.19)													-0.18 (-2.44)	14.21
FF3	0.02 (7.96)	0.05 (3.95)	0.02 (0.76)		0.03 (1.70)											14.87
$PS4_{inn}$	0.02 (8.43)	0.05 (4.55)	0.02 (0.80)		0.03 (1.72)								-0.01 (-0.67)			14.79
$PS4_{trd}$	0.02 (9.19)	0.05 (3.97)	0.02 (0.91)		0.03 (1.78)									-0.02 (-1.39)		16.10
C4	0.02 (8.66)	0.05 (3.92)	0.02 (0.73)		0.03 (1.64)	-0.01 (-0.50)										14.59
FF5	0.02 (6.08)	0.06 (3.83)		0.01 (0.31)	0.00 (0.19)		0.02 (0.91)	0.05 (1.23)								15.68
HXZ4	0.02 (5.18)	0.06 (4.21)							0.00 (0.17)	0.09 (2.80)	0.01 (0.31)					19.77

第三章 基于 ICAPM 理论的模型评估

表 3.33 因子模型对股票市场收益的多变量预测回归

Models	α	CMKT	CSMB	$CSMB^*$	CHML	CUMD	CRMW	CCMA	CME	CIA	CROE	CLF	CPS_{inn}	CPS_{trd}	CSF	R^2
$p=1$																
CAPM	0.01 (3.00)	-0.00 (-0.48)														-0.13
LCAPM	0.01 (2.25)	-0.00 (-0.48)														-0.31
S2	0.01 (2.49)	-0.01 (-0.81)													-0.05 (-0.92)	-0.25
FF3	0.01 (1.70)	-0.00 (-0.26)	0.01 (0.75)		0.00 (0.17)											-0.37
$PS4_{inn}$	0.01 (2.29)	-0.02 (-1.33)	0.00 (0.37)		0.00 (0.42)								0.01 (1.81)			-0.01
$PS4_{trd}$	0.01 (2.17)	-0.00 (-0.59)	0.01 (1.13)		0.01 (0.79)									-0.01 (-1.86)		0.12
C4	0.01 (2.19)	-0.00 (-0.21)	0.01 (0.77)		0.00 (0.52)	-0.01 (-1.44)										-0.23
FF5	0.01 (1.13)	-0.00 (-0.11)	0.00 (0.45)		-0.00 (-0.26)		-0.00 (-0.19)	0.01 (0.44)								-0.76
HXZ4	0.00 (0.68)	-0.00 (-0.07)							0.00 (0.35)	0.01 (0.53)	0.00 (0.17)	-0.00 (-0.01)				-0.54

147

续表

Models	α	$CMKT$	$CSMB$	$CSMB^*$	$CHML$	$CUMD$	$CRMW$	$CCMA$	CME	CIA	$CROE$	CLF	CPS_{inn}	CPS_{trd}	CSF	R^2
$p=12$																
CAPM	0.13 (5.04)	−0.10 (−1.72)														3.38
LCAPM	0.12 (4.47)	−0.10 (−1.70)										0.01 (0.29)				3.26
S2	0.16 (7.30)	−0.19 (−2.43)													−1.32 (−1.71)	16.34
FF3	0.11 (3.01)	−0.08 (−1.26)	0.06 (0.80)		0.02 (0.36)											4.19
PS4$_{inn}$	0.19 (4.57)	−0.30 (−3.29)	0.02 (0.23)		0.06 (0.98)								0.15 (3.67)			13.07
PS4$_{trd}$	0.15 (3.21)	−0.11 (−1.52)	0.09 (1.21)		0.10 (1.30)									−0.17 (−2.00)		11.00
C4	0.12 (3.23)	−0.08 (−1.21)	0.06 (0.82)		0.04 (0.50)	−0.03 (−0.52)										4.38
FF5	0.08 (1.42)	−0.08 (−1.09)		0.05 (0.76)	0.08 (0.73)		0.19 (1.98)	−0.08 (−0.45)	0.04 (0.58)	0.05 (0.32)						6.48
HXZ4	0.04 (0.64)	−0.10 (−1.42)									0.20 (1.78)					8.29

续表

Models	α	CMKT	CSMB	CSMB*	CHML	CUMD	CRMW	CCMA	CME	CIA	CROE	CLF	CPS_{inn}	CPS_{trd}	CSF	R^2
$p=36$																
CAPM	0.38 (7.51)	−0.23 (−1.62)														8.68
LCAPM	0.42 (10.48)	−0.24 (−1.68)										−0.10 (−0.68)				9.62
S2	0.41 (6.71)	−0.42 (−2.15)													−3.36 (−2.71)	31.17
FF3	0.37 (8.62)	−0.22 (−1.83)	0.13 (1.05)		−0.02 (−0.17)											10.63
$PS4_{inn}$	0.50 (6.50)	−0.56 (−2.57)	0.06 (0.50)		0.01 (0.08)								0.25 (1.84)			20.53
$PS4_{trd}$	0.46 (6.97)	−0.29 (−2.35)	0.22 (1.88)		0.16 (1.06)									−0.43 (−2.78)		31.47
C4	0.34 (5.91)	−0.23 (−1.87)	0.12 (1.04)		−0.06 (−0.33)	0.09 (0.62)										11.74
FF5	0.35 (4.73)	−0.22 (−2.00)		0.11 (0.83)	0.03 (0.14)		0.13 (0.61)	−0.10 (−0.37)								10.22
HXZ4	0.21 (1.93)	−0.28 (−1.97)							0.12 (1.20)	−0.04 (−0.24)	0.51 (1.93)					21.43

表 3.34　因子模型对股票市场波动的多变量预测回归

Models	α	CMKT	CSMB	CSMB*	CHML	CUMD	CRMW	CCMA	CME	CIA	CROE	CLF	CPS_{inn}	CPS_{trd}	CSF	R^2
p = 1																
CAPM	−6.45 (−118.79)	−0.23 (−1.75)														0.54
LCAPM	−6.33 (−86.80)	−0.24 (−1.86)										−0.33 (−2.62)				1.43
S2	−6.40 (−69.96)	−0.05 (−0.25)													−0.25 (−0.19)	−0.65
FF3	−6.21 (−79.15)	−0.45 (−3.32)	−0.45 (−4.68)		−0.57 (−3.48)											4.76
PS4$_{inn}$	−6.35 (−55.93)	−0.05 (−0.21)	−0.38 (−3.73)		−0.63 (−3.86)								−0.28 (−2.45)			5.71
PS4$_{trd}$	−6.43 (−85.04)	−0.21 (−1.66)	−0.71 (−6.09)		−1.11 (−6.67)									1.17 (8.89)		17.58
C4	−6.37 (−76.49)	−0.47 (−3.60)	−0.46 (−5.02)		−0.77 (−4.62)	0.52 (4.50)										7.84
FF5	−6.26 (−61.30)	−0.51 (−3.55)	−0.41 (−4.28)		−0.08 (−0.34)		0.80 (3.45)	−0.81 (−2.02)								7.43
HXZ4	−6.20 (−51.78)	−0.68 (−4.70)							−0.38 (−3.99)	−1.37 (−4.44)	0.91 (4.40)					8.73

150

续表

Models	α	CMKT	CSMB	CSMB*	CHML	CUMD	CRMW	CCMA	CME	CIA	CROE	CLF	CPS_{inn}	CPS_{trd}	CSF	R^2
p=12																
CAPM	−78.86 (−57.06)	2.77 (0.91)														1.23
LCAPM	−78.26 (−48.23)	2.67 (0.87)														1.39
S2	−79.79 (−34.53)	8.31 (2.05)													53.62 (1.46)	11.68
FF3	−77.90 (−43.03)	1.86 (0.63)	−3.57 (−1.42)		−1.48 (−0.43)											3.08
$PS4_{inn}$	−79.77 (−29.65)	7.03 (1.38)	−2.62 (−1.05)		−2.28 (−0.66)								−3.65 (−1.21)			5.44
$PS4_{trd}$	−80.49 (−44.22)	4.33 (1.54)	−6.66 (−1.92)		−7.69 (−2.41)									13.63 (3.44)		25.87
C4	−78.73 (−39.92)	1.68 (0.58)	−3.63 (−1.50)		−2.53 (−0.70)	2.75 (0.86)										4.07
FF5	−76.56 (−29.74)	−0.00 (−0.00)		−3.20 (−1.36)	6.42 (1.24)		4.43 (0.82)	−15.54 (−1.63)								8.34
HXZ4	−75.04 (−25.09)	−1.15 (−0.39)							−2.53 (−1.01)	−14.37 (−2.00)	4.63 (0.87)					9.06

续表

Models	α	CMKT	CSMB	CSMB*	CHML	CUMD	CRMW	CCMA	CME	CIA	CROE	CLF	CPS_{inn}	CPS_{trd}	CSF	R^2
p=36																
CAPM	−238.90 (−67.41)	17.63 (1.95)														10.36
LCAPM	−244.13 (−42.57)	18.84 (2.09)										14.38 (1.58)				15.44
S2	−243.07 (−41.16)	34.97 (3.50)													247.98 (2.96)	38.79
FF3	−243.26 (−37.85)	21.02 (2.22)	−0.02 (−0.00)		14.23 (1.36)											13.12
$PS4_{inn}$	−243.72 (−25.85)	22.19 (1.30)	0.22 (0.03)		14.11 (1.42)								−0.85 (−0.10)			12.97
$PS4_{trd}$	−248.70 (−41.60)	25.32 (2.78)	−5.86 (−0.62)		2.74 (0.29)									27.07 (2.36)		30.24
C4	−242.31 (−34.49)	21.27 (2.23)	0.03 (0.00)		15.39 (1.37)	−3.11 (−0.29)										13.24
FF5	−234.67 (−38.60)	12.31 (1.59)		1.10 (0.16)	47.70 (4.01)		6.64 (0.57)	−69.98 (−3.37)								33.28
HXZ4	−229.36 (−24.61)	11.77 (1.23)							2.94 (0.37)	−34.01 (−2.03)	2.36 (0.11)					17.54

152

第四章　基于股票市场异象的模型评估

自 CAPM 提出之后，大量的实证证据发现 CAPM 无法解释由于股票的某些特征形成的超额收益，也被称为市场异象（Anomalies）。据 Harvey 等（2016）[137]统计，美国股票市场现有的市场异象多达 316 个，Hou 等（2019）[138]根据已有文献复制了 447 个股票市场异象。因此，对于提出的多因子模型，实证测试中常通过考察其对市场异象的解释能力来评估因子模型的表现。在与本研究相关的测试中，Fama 和 French（2015，2016）[13][15]以 Pástor 和 Stambaugh（2003）[9]提出的因子模型作为流动性模型的代表，发现 Pástor–Stambaugh 流动性因子对于异象投资组合的解释能力较弱，以此忽略流动性风险在解释资产收益中的重要角色。然而，由第二章的文献梳理以及第三章的实证证据，基于不同的流动性代理变量构建的因子模型具有不同的表现。为此，本章继续考察流动性因子模型与非流动性因子模型在解释投资组合收益时的能力，试图通过检验模型对流动性相关投资组合与其他股票市场异象的解释能力来确认流动性风险在捕获资产收益中的重要性。

4.1　数据选取

4.1.1　测试投资组合

本章的实证分析采用两种类型的测试资产。第一类是基于流动性特征构建的投资组合，用于比较因子模型在捕获流动性风险方面的表现。利用不同的流动性测量指标，LM12、TO12、DV12、RV12 和 BA12，将股票按照流动性从强到弱分为十分位投资组合。其中，LM12 是 Liu（2006）[12]提出的经换手率调整的过去 12 个月零交易量的天数；TO12 为过去 12 个月的平均日换手率（即日成交股数与日流通股数的比率）；DV12 为过去 12 个月的日均美元交易量；RV12 是 Amihud（2002）[7]衡量流动性的价格影响指标，即在过去 12 个月中，每日的绝对回报率与该日的美元成交量比值的平均值；BA12 是过去

12 个月的平均每日相对买卖价差。样本包含 1968 年 7 月至 2017 年 6 月期间 NYSE/AMEX/ARCA 的普通股。

第二类测试资产用于检验因子模型对异象投资组合的解释力。基于 Fama 和 French（2015，2016）[13][15]，实证测试考察了 25 组规模 – 账市比（Size – B/M）投资组合，25 组规模 – 动量（Size – Mom）投资组合，25 组规模 – 方差（Size – Var）投资组合，25 组规模 – 市场 β（Size – β）投资组合，32 组规模 – 利润 – 投资（Size – OP – Inv）组合，以及 17 和 30 组行业投资组合。其中 25 组 Size – B/M、Size – Mom、Size – Var，Size – β 的构建均是先按照股票的流通市值从小到大分为 5 组，然后在每个规模组中分别按照 B/M（由低账市比到高账市比）、Mom（由过去的低收益到高收益）、Var（收益的方差由低到高）、β（由低市场 β 到高市场 β）分为 5 组，最后形成 25 个投资组合。32 组规模 – 利润 – 投资组合是依据 NYSE 上市股票的流通市值中位数将股票分为小规模和大规模两组，然后对于每个规模组中的股票再根据利润（由低利润到高利润）和投资（由低投资到高投资）分别独立分为 4 组，最终形成了 32 个投资组合。17 和 30 组行业组合是每年 6 月末将 NYSE/AMEX/NAADAQ 上市的股票按照 SIC 代码分类得到的。以上投资组合收益数据均来自 Kenneth French 数据库，样本期为 1968 年 7 月至 2017 年 6 月。

4.1.2 资产定价模型

基于 Fama 和 French（2016）[15] 的测试方法以及测试投资组合，本章考察以下六个交易型资产定价模型：1. Sharpe – Lintner[2][3] CAPM 模型；2. Liu（2006）[12] 流动性扩展的两因子模型（LCAPM）；3. Fama – French（1993）[10] 三因子模型（FF3）；4. Pástor – Stambaugh（2003）[9] 流动性模型（PS4$_{trd}$）；5. Carhart（1997）[134] 动量扩展的四因子模型（C4）；6. Fama – French（2015）[13] 五因子模型（FF5）。在实证测试中，对每组测试资产分别执行以下时间序列回归：

$$R_{i,t} - R_{f,t} = \alpha_i + \beta_{i,MKT}MKT_t + \varepsilon_{i,t} \quad (4-1)$$

$$R_{i,t} - R_{f,t} = \alpha_i + \beta_{i,MKT}MKT_t + \beta_{i,LF}LF_t + \varepsilon_{i,t} \quad (4-2)$$

$$R_{i,t} - R_{f,t} = \alpha_i + \beta_{i,MKT}MKT_t + \beta_{i,SMB}SMB_t + \beta_{i,HML}HML_t + \varepsilon_{i,t} \quad (4-3)$$

$$R_{i,t} - R_{f,t} = \alpha_i + \beta_{i,MKT}MKT_t + \beta_{i,SMB}SMB_t + \beta_{i,HML}HML_t + \beta_{i,PS_{trd}}PS_{trd,t} + \varepsilon_{i,t}$$

$$(4-4)$$

$$R_{i,t} - R_{f,t} = \alpha_i + \beta_{i,MKT}MKT_t + \beta_{i,SMB}SMB_t + \beta_{i,HML}HML_t + \beta_{i,UMD}UMD_t + \varepsilon_{i,t} \quad (4-5)$$

$$R_{i,t} - R_{f,t} = \alpha_i + \beta_{i,MKT}MKT_t + \beta_{i,SMB^*}SMB_t^* + \beta_{i,HML}HML_t + \beta_{i,RMW}RMW_t + \beta_{i,CMA}CMA_t + \varepsilon_{i,t} \quad (4-6)$$

其中，$R_{i,t}$ 表示资产 i 在第 t 个月的收益率；$R_{f,t}$ 表示第 t 个月的无风险利率；LF_t 是 Liu（2006）[12]的基于交易的不连续性构建的因子；$PS_{trd,t}$ 是 Pástor 和 Stambaugh（2003）[9]的可交易型流动性因子；MKT_t、SMB_t 和 HML_t 分别是 Fama 和 French（1993）[10]三因子模型中的市场、规模以及账市比因子；UMD_t 是 Carhart（1997）[134]中的动量因子；SMB_t^*、RMW_t 和 CMA_t 分别是 Fama 和 French（2015）[13]五因子模型中的规模、利润和投资因子。

4.1.3 测量指标

根据现有文献（Fama 和 French，2015，2016，2018[13][15][151]；Hou 等，2015，2017[14][152]；Ahmed 等，2019[17]），实证测试对每组资产执行时间序列回归并基于以下指标评估模型表现：1. GRS - 统计量（Gibbons 等，1989[169]），用于评估测试组合对因子模型的时间序列回归截距是否联合为零；2. 平均绝对截距，$A|a_i|$，用于衡量一组测试资产与给定模型的平均偏离程度；3. 截距的平方样本标准误的平均值与截距平方的平均值的比率，$As^2(a_i)/Aa_i^2$，用于测量由于样本误差导致的未解释的 α 分散；4. 对于给定的测试投资组合，因子模型产生的非正常截距的数量 n；5. 时间序列 R^2 的平均值，$A(R^2)$；6. 模型的夏普比率度量，$Sh^2(f)$。

4.2 实证测试结果

4.2.1 基于流动性特征分组的实证测试

本章首先考察因子模型在捕获流动性风险方面的表现。根据 Liu（2006）[12]，基于 LM12 分组的投资组合产生显著的流动性溢价，并且经 CAPM 以及 FF3 调整后溢价依然统计显著。另外，第三章的证据证实了基于 LM12 构建的流动性因子具有稳健的定价能力。为此，本章首先考察竞争因子模型在捕获基于 LM12 分组的投资组合的表现。

表 4.1 给出了基于 LM12 测度分组的价值加权投资组合（Panel A）和等权投资组合（Panel B）时所有因子模型的表现度量。由 Panel A 所示，

LCAPM 和 C4 的 *GRS* 统计量分别为 0.67 （$p=0.75$）和 1.77（$p=0.06$），通过了 *GRS* 检验。相比较，与其他模型相关的 GRS 统计量的 p-值均统计显著，说明不能完全解释 LM12 分组的投资组合。另外，在竞争模型中，只有 LCAPM 捕获了所有基于 LM12 分组的价值加权投资组合，并且 LCAPM 在大多数测量指标上的表现优于其他因子模型。例如，LCAPM 的 $A\mid a_i\mid$ 点估计值为 0.06%，表明 LCAPM 与测试资产的偏离程度很小。从测量指标 $As^2(a_i)/Aa_i^2$ 来看，LCAPM 产生了最大估计值 1.48，表明由 LCAPM 产生的未解释的 α 分散主要来自样本误差。此外，LCAPM 还产生了最高的 $Sh^2(f)$，为 0.13。根据夏普比率的定义，$Sh^2(f)$ 的估计值越大，意味着模型产生的定价误差越小，即模型具有更好的表现。相对比，Pástor 和 Stambaugh 的交易型因子模型 PS4$_{trd}$ 未能很好地解释基于 LM12 分组的投资组合。事实上，基于大多数测试指标，PS4$_{trd}$ 比 FF3 的表现还要弱。例如，与 FF3 相比，PS4$_{trd}$ 模型的 *GRS* 统计量以及 $A\mid a_i\mid$ 估计值均高于 FF3 的估计值，而关于 $As^2(a_i)/Aa_i^2$，PS4$_{trd}$ 的估计值则低于 FF3 的估计值，说明对于解释 LM12 投资组合，PS4$_{trd}$ 比 FF3 产生更大的误差。此外，FF3、C4 和 PS4$_{trd}$ 的 R^2 估计值均为 0.84，说明增加 PS$_{trd}$ 或 *UMD* 因子对于提高 FF3 模型对 LM12 的解释力没有明显贡献。基于所有的测试指标，FF5 仅在 $A(R^2)$ 上具有明显的优势，即产生了最大的 $A(R^2)$ 估计值 85%。而对于其他的测试指标，FF5 产生了最大的 *GRS* 统计量 3.95，且在 10 个投资组合中留下了 7 个显著的截距，说明 FF5 不能很好地解释基于 LM12 分组产生的流动性溢价。

表 4.1 基于 LM12 测度分组的模型表现度量

Models	GRS	p(*GRS*)	$A\mid a_i\mid$(%)	$As^2(a_i)/Aa_i^2$	$A(R^2)$	$Sh^2(f)$	n
Panel A：LM12value-weighted portfolios							
CAPM	2.43	0.01	0.18	0.19	0.81	0.01	3
LCAPM	0.67	0.75	0.06	1.48	0.82	0.13	0
PS4$_{trd}$	2.75	0.00	0.16	0.16	0.84	0.05	6
FF3	2.29	0.01	0.15	0.18	0.84	0.04	5
C4	1.77	0.06	0.14	0.25	0.84	0.08	3
FF5	3.95	0.00	0.18	0.17	0.85	0.10	7

续表

Models	GRS	$p(GRS)$	$A\|a_i\|$ (%)	$As^2(a_i)/Aa_i^2$	$A(R^2)$	$Sh^2(f)$	n
Panel B: LM12 equally-weighted portfolios							
CAPM	6.08	0.00	0.19	0.21	0.77	0.01	4
LCAPM	2.20	0.02	0.11	0.58	0.79	0.13	1
PS4$_{trd}$	5.41	0.00	0.17	0.08	0.90	0.05	3
FF3	5.74	0.00	0.17	0.08	0.90	0.04	3
C4	4.34	0.00	0.13	0.12	0.90	0.08	2
FF5	6.39	0.00	0.24	0.05	0.92	0.10	8

Panel B 给出了基于 LM12 分组的等权投资组合的因子模型测量指标。与 Panel A 中的结果一致，LCAPM 在竞争模型中表现最好。具体来说，它产生了最小的 GRS 统计量 2.20，并在 1% 的显著性水平下通过了 GRS 检验。在其他表现度量上，LCAPM 也显示出优越的性能。例如，它产生了最小的 $A|a_i|$ 估计值 0.11%，以及最大的 $As^2(a_i)/Aa_i^2$ 估计值 0.58。此外，在十分位投资组合中，LCAPM 可以完全解释 9 个投资组合。对于其他因子模型，FF5 依然在所有的测量指标 [除了 $A(R^2)$] 上表现最弱，且在 10 个投资组合中留下了 8 个显著的截距。

为了考察每个模型在解释投资组合收益背后的驱动力，以下具体分析因子模型的回归截距和因子载荷。表 4.2 和表 4.3（见章末）分别给出了基于 LM12 分组的价值加权和等权投资组合的时间序列回归结果。对于每个列表，Panel A 给出了基于 LM12 分组的投资组合超额收益，Panel B 到 G 分别给出了每个因子模型的回归截距（α）和因子载荷（β），其中 S 定义了最低的 LM12 投资组合（即流动性最强的十分位组），B 定义了最高的 LM12 投资组合（即流动性最差的投资组合），B-S 定义了流动性溢价。

由表 4.2，Panel A 所示，基于 LM12 分组的价值加权投资组合的超额收益从流动性最强的投资组合 S 到流动性最弱的投资组合 B 几乎单调增加。其中，S 和 B 的超额收益分别为 0.30%（$t=1.02$）和 0.72%（$t=3.95$）。在 10 个投资组合中，除了流动性最强的 3 个组合，其他组合都获得了显著的超额收益。价差收益 B-S，即流动性溢价统计显著，为每月 0.43%（$t=2.07$），说明了流动性差的组合相比流动性强的组合将获得更高的期望收益。由 Panel

B 到 Panel G 所示，在研究的模型中，只有 LCAPM 能够解释流动性溢价。它产生了不显著的截距 0.03%（$t=0.19$），且价差组合 B−S 在 LF 因子上具有大的载荷，为 0.82（$t=14.85$）。由表 4.1（Panel A）已得到 LCAPM 捕获了所有的十分位投资组合。现由表 4.2Panel C 所示，对于 LM12 分组的价值加权投资组合，LCAPM 产生的截距为从 −0.15%（$t=-1.61$）到 0.06%（$t=0.71$），且这些投资组合在 LF 上产生了 9 个显著的载荷，暗示了 LF 是 LCAPM 具有良好表现的主要驱动力。$PS4_{trd}$ 模型则无法解释 LM12 产生的流动性溢价。事实上，Panel E 中显示在经过 $PS4_{trd}$ 模型调整后，价差组合的截距为 0.68%（$t=4.13$），超过了 B−S 组合收益率（0.43%）。此外，对于 10 个 LM12 分组的投资组合，$PS4_{trd}$ 模型留下了 6 个显著的截距，同时 PS_{trd} 的载荷仅在 4 个组合上统计显著，暗示了 $PS4_{trd}$ 无法捕捉基于 LM12 分类的投资组合。与 Liu（2006）[12]证据一致，CAPM 和 FF3 无法捕获 LM12 产生的流动性溢价。对于价差投资组合 B−S，它们分别产生显著的截距 0.75%（$t=4.47$）和 0.63%（$t=3.80$）。C4 和 FF5 同样无法捕获流动性溢价。对于价差投资组合，C4 产生了显著的截距，为 0.55%（$t=3.29$），并且 UMD 只有在 4 个投资组合上统计显著。对于 FF5，在 10 个十分位数的投资组合中，尽管 RMW 具有 9 个显著的载荷，CMA 具有 6 个显著的载荷，FF5 依然无法捕获流动性溢价。

表 4.3 给出了基于 LM12 分组的等权投资组合的回归结果。与表 4.2 类似，流动性最强的投资组合 S 的平均收益率为 0.15%（$t=0.48$），而流动性最差的投资组合 B 的平均收益率为 0.75%（$t=3.40$）。投资组合 B−S 的价差收益依然统计显著，为 0.6%（$t=3.74$）。CAPM 产生显著的回归截距，为 0.87%（$t=6.82$），无法捕获价差收益。然而，在 CAPM 中加入 LF 后，模型的解释力显著提高，即对于 B−S 投资组合，LCAPM 产生的截距为 0.08%（$t=0.92$），且 LF 具有显著的载荷 0.9（$t=27.53$）。此外，除了最流动的投资组合 S，LCAPM 捕获了其他所有的十分位投资组合，且 LF 在流动性差的投资组合上具有显著的载荷。基于以上证据，LF 是解释 LM12 分类投资组合的主要驱动力。相比而言，$PS4_{trd}$、FF3 和 C4 产生的截距估计值为从 0.7%（$t=5.45$）到 0.82%（$t=6.36$），且统计显著，无法解释流动性溢价。从因子的载荷估计值可以看出增加 PS_{trd} 对提高模型的解释力贡献很小，因为在十分位投资组合中只有一个组合在 PS_{trd} 因子上具有显著的载荷。此外，FF5 无法解

释流动性溢价。对于十分位组合，FF5 产生了 8 个显著的截距，证实了 FF5 无法解释由 LM12 衡量的流动性风险。

以上证据表明在所有多因子模型中，LCAPM 能更好的解释由 LM12 衡量的流动性风险。另外，由于流动性风险具有多维的特征，现有文献提出了不同的流动性测度用于捕获流动性的各个维度，以下进一步考察 LCAPM 在解释基于其他流动性测度分组的投资组合的表现。

表 4.4（见章末）给出了 LCAPM 在解释基于 TO12、DV12、RV12 和 BA12 分类的投资组合的表现。由于基于价值加权与等权投资组合具有一致的证据，为了节省篇幅本章只给出价值加权投资组合的结果。

对于按 TO12、DV12 和 RV12 排序的投资组合，流动性最强的十分位组合 S 的超额收益最低，而流动性最差的十分位组合 B 获得高的超额收益，与流动性风险与收益的正向关系一致。相比而言，对于由 BA12 分类的投资组合，超额收益并没有明显的规律。另外，在基于不同流动性测度分组的投资组合中，只有按 DV12 分组的投资组合产生显著的流动性溢价，为 0.32%（t = 2.18）。LCAPM 很好地捕获了由这些流动性指标衡量的流动性风险。例如，对于按照 TO12 分组的投资组合，LCAPM 不仅捕获了价差组合，而且对于所有的十分位投资组合，LCAPM 的截距均近似为零。对于其他的十分位投资组合，Panel B 到 Panel D 的结果显示 LCAPM 能很好地解释价差投资组合以及大多数十分位投资组合。相比而言，表外结果显示 PS_{trd} 对 $PS4_{trd}$ 模型的解释力贡献很小，因为对于每一组投资组合，PS_{trd} 的载荷大多不显著。

总之，以上结果表明 LCAPM 在描述流动性风险方面表现良好，支持第三章的证据。此外，所有的非流动性模型（例如 FF5）均无法解释基于 LM12 分组的流动性溢价也暗示了流动性风险是资产定价的重要来源。

4.2.2　基于其他市场异象投资组合的实证测试

Fama 和 French（2015，2016）[13][15]基于 Pástor – Stambaugh 流动性因子的表现提出流动性风险对解释股票收益的贡献很小。然而，根据本研究的实证结果，基于交易的不连续性构建的流动性因子 LF 及相应的 LCAPM 模型相比于 Pástor – Stambaugh 模型具有良好的定价及捕获流动性风险的能力。因此，本节主要考察 LCAPM 与其他模型相比在解释 25 组 Size – B/M 组合，25 组 Size – Mom组合，25 组 Size – Var 组合，25 组 Size –β 组合，32 组 Size – OP – Inv 组合，以及 17 和 30 组行业投资组合中的表现。

表 4.5 给出了在各组异象投资组合上因子模型的性能指标。其中，对每组投资组合，多数因子模型无法通过 GRS 测试，证实了因子模型存在误设定的可能性。与 Fama 和 French（2016）[15]的结论一致，包含动量因子的 C4 模型在 25 组 Size – Mom 投资组合中表现突出。类似的，旨在捕获投资和盈利特征的 FF5 模型在 32 个 Size – OP – Inv 组合上具有良好的表现。对于基于流动性特征构建的模型，LCAPM 和 PS4$_{trd}$ 在描述异象投资组合时显示出明显的差异。根据测量指标，LCAPM 很好地捕获了这些投资组合。例如，尽管 Size – Mom 组合更倾向于 C4 模型的表现，在 25 个动量排序的投资组合中，LCAPM 仅产生了 6 个非正常截距，为所有竞争模型中的最小值。LCAPM 也很好地解释了 Size – OP – Inv 组合，在 32 个组合中，LCAPM 只留下 11 个显著的截距。对于与因子模型相关性很弱的行业投资组合，LCAPM 完全捕获了 17 个行业投资组合，且在 34 个行业组合中只留下了 2 个未解释的截距。此外，对于每一组投资组合，LCAPM 具有大的 $As^2(a_i)/Aa_i^2$ 估计值，暗示了 LCAPM 产生的截距分散主要来自流动性风险的样本测量误差，而不是真实的分散。相对比，在每组测试组合中，PS4$_{trd}$ 的测量指标值均与 FF3 类似，证实了 Fama 和 French（2015，2016）[13][15]的论点，即 Pástor 和 Stambaugh（2003）[9]的流动性因子对提高 FF3 的解释力贡献不足。

表 4.5 因子模型在异象投资组合上的表现测度

Models	GRS	p(GRS)	$A\|a_i\|$(%)	$As^2(a_i)/Aa_i^2$	$A(R^2)$	$Sh^2(f)$	n
Panel A: 25 Size – B/M portfolios							
CAPM	4.40	0.00	0.23	0.20	0.74	0.01	11
LCAPM	3.16	0.00	0.16	0.38	0.75	0.13	5
PS4$_{trd}$	3.58	0.00	0.10	0.23	0.91	0.05	5
FF3	3.74	0.00	0.10	0.22	0.91	0.04	6
C4	3.13	0.00	0.09	0.28	0.91	0.08	6
FF5	3.14	0.00	0.09	0.29	0.92	0.10	7
Panel B: 25 Size – Mom portfolios							
CAPM	4.56	0.00	0.30	0.13	0.74	0.01	15
LCAPM	3.86	0.00	0.21	0.25	0.74	0.13	6
PS4$_{trd}$	4.41	0.00	0.31	0.07	0.84	0.05	15

续表

Models	GRS	p (GRS)	$A\|a_i\|$ (%)	$As^2(a_i)/Aa_i^2$	$A(R^2)$	$Sh^2(f)$	n
Panel B：25 Size – Mom portfolios							
FF3	4.34	0.00	0.31	0.07	0.84	0.04	15
C4	3.30	0.00	0.13	0.23	0.91	0.08	8
FF5	3.75	0.00	0.25	0.11	0.86	0.10	17
Panel C：25 Size – Var portfolios							
CAPM	6.03	0.00	0.35	0.08	0.75	0.01	18
LCAPM	4.47	0.00	0.20	0.17	0.76	0.13	10
$PS4_{trd}$	5.54	0.00	0.24	0.06	0.86	0.05	13
FF3	5.58	0.00	0.24	0.06	0.86	0.04	13
C4	4.76	0.00	0.21	0.09	0.87	0.08	14
FF5	4.89	0.00	0.15	0.12	0.89	0.10	6
Panel D：25 Size – β portfolios							
CAPM	2.45	0.00	0.23	0.22	0.75	0.01	13
LCAPM	1.67	0.02	0.13	0.62	0.76	0.13	5
$PS4_{trd}$	1.99	0.00	0.14	0.23	0.88	0.05	12
FF3	1.89	0.01	0.13	0.26	0.88	0.04	9
C4	1.38	0.10	0.09	0.57	0.88	0.08	3
FF5	1.78	0.01	0.09	0.61	0.89	0.10	2
Panel E：32 Size – OP – Inv portfolios							
CAPM	4.48	0.00	0.26	0.13	0.76	0.01	18
LCAPM	3.29	0.00	0.19	0.25	0.76	0.13	11
$PS4_{trd}$	4.06	0.00	0.18	0.12	0.86	0.05	20
FF3	4.17	0.00	0.18	0.12	0.86	0.04	19
C4	3.46	0.00	0.17	0.15	0.87	0.08	15
FF5	3.10	0.00	0.10	0.31	0.89	0.10	9
Panel F：Industry17 portfolios							
CAPM	1.48	0.10	0.13	0.76	0.63	0.01	2
LCAPM	1.72	0.04	0.11	1.28	0.63	0.13	0

续表

Models	GRS	p(GRS)	$A\|a_i\|$ (%)	$As^2(a_i)/Aa_i^2$	$A(R^2)$	$Sh^2(f)$	n
Panel F：Industry17 portfolios							
$PS4_{trd}$	2.91	0.00	0.19	0.35	0.67	0.05	5
FF3	2.83	0.00	0.18	0.41	0.67	0.04	4
C4	2.79	0.00	0.14	0.61	0.67	0.08	3
FF5	2.96	0.00	0.21	0.35	0.69	0.10	8
Panel G：Industry30 portfolios							
CAPM	1.32	0.12	0.15	0.67	0.59	0.01	4
LCAPM	1.75	0.01	0.15	0.78	0.59	0.13	2
$PS4_{trd}$	2.26	0.00	0.21	0.37	0.63	0.05	9
FF3	2.23	0.00	0.20	0.42	0.62	0.04	9
C4	2.26	0.00	0.17	0.54	0.63	0.08	7
FF5	2.49	0.00	0.24	0.35	0.65	0.10	11

接下来具体分析因子模型产生的回归截距和因子载荷。为了节省篇幅，对于每一组测试投资组合，将着重分析 LCAPM 在"问题组合"以及小规模投资组合上相比于竞争模型的表现。

1. 基于 25 个 Size – B/M 组合的实证结果

表 4.6 给出了因子模型在 25 个 Size – B/M 投资组合上的回归截距和斜率。纵观所有因子模型，LCAPM 和 $PS4_{trd}$ 模型产生了最少的显著性截距，均为 5 个。相比而言，FF3 产生 6 个显著的截距，以及 FF5 产生 7 个显著的截距。与 Fama 和 French（2015）[13] 的证据一致，FF3 模型的一个主要问题是解释极端成长股。从 Panel A 可以看出，在最低的账市比五分位投资组合中，FF3 产生了 4 个显著的截距，其中最小的极端成长组合产生的截距为 – 0.56%（t = – 5.6）。当对 FF3 扩展后，FF5（Panel B）减弱了 FF3 产生的问题，但对于最小的极端成长组合，FF5 的截距依然统计显著，为 – 0.33%（t = – 3.54），且在最低的账市比五分位投资组合中留下 3 个显著的截距。由 Panel C 所示，LCAPM 在解释这些"问题组合"上具有很好的表现。具体来说，在最低的账市比五分位组合中，除了最小的极端成长组合，LCAPM 捕获了其他四个极端成长组合，截距为从 – 0.01%（t = – 0.06）到 0.18%（t = 1.82）。另外，

LCAPM 很好地解释了小盘股。例如，对于规模最小的五分位投资组合，LCAPM 仅留下了一个投资组合无法解释，而其他模型至少留下了两个显著的截距。对于 Pástor–Stambaugh 模型，由 Panel D、PS4$_{trd}$ 与 FF3 产生的截距估计值相似，且 PS_{trd} 的载荷在大多数投资组合中不显著。此结果暗示了 PS_{trd} 对提高 FF3 的解释力贡献微弱，与 Fama 和 French（2015）[13]的证据一致。由于 PS4$_{trd}$ 模型在其他投资组合中具有类似的证据，为了节省篇幅，在以下的讨论中省略关于 PS4$_{trd}$ 模型的回归结果。

表4.6 基于 25 个 Size–B/M 组合的回归结果

B/M→	low	2	3	4	high	low	2	3	4	high
Panel A：FF3–adjusted performance										
	\multicolumn{5}{c|}{α}					\multicolumn{5}{c}{t(α)}				
small	-0.56	-0.01	-0.04	0.18	0.11	-5.60	-0.18	-0.63	3.14	1.87
2	-0.16	0.01	0.05	0.08	-0.04	-2.35	0.22	0.85	1.52	-0.67
3	-0.06	0.08	-0.02	0.05	0.07	-0.94	1.16	-0.23	0.81	0.88
4	0.13	-0.05	-0.03	0.07	-0.12	2.05	-0.71	-0.34	0.98	-1.33
big	0.15	0.07	0.00	-0.24	-0.16	3.10	1.11	0.06	-3.65	-1.56
Panel B：FF5–adjusted performance										
	\multicolumn{5}{c|}{α}					\multicolumn{5}{c}{t(α)}				
small	-0.33	0.14	-0.02	0.19	0.11	-3.54	1.99	-0.35	3.23	1.73
2	-0.06	-0.01	-0.03	0.03	-0.04	-0.88	-0.26	-0.56	0.55	-0.65
3	0.06	0.01	-0.10	-0.03	-0.01	0.99	0.23	-1.47	-0.52	-0.08
4	0.20	-0.19	-0.14	0.02	-0.13	3.12	-2.69	-1.90	0.32	-1.39
big	0.09	-0.06	-0.08	-0.27	0.01	1.97	-1.02	-1.12	-3.91	0.08
Panel C：LCAPM–adjusted performance										
	\multicolumn{5}{c|}{α}					\multicolumn{5}{c}{t(α)}				
small	-0.68	-0.11	-0.11	0.08	0.03	-3.22	-0.59	-0.75	0.55	0.20
2	-0.10	0.10	0.17	0.21	0.18	-0.63	0.80	1.42	1.77	1.17
3	-0.01	0.22	0.15	0.26	0.37	-0.06	2.19	1.47	2.38	2.64
4	0.18	0.08	0.14	0.24	0.19	1.82	0.95	1.43	2.48	1.44
big	0.00	0.09	0.08	-0.08	0.15	0.03	1.37	0.86	-0.67	1.00

续表

B/M→	low	2	3	4	high	low	2	3	4	high
Panel C：LCAPM - adjusted performance										
			β_{LF}					$t(\beta_{LF})$		
small	0.04	0.18	0.28	0.37	0.48	0.52	2.72	5.13	7.06	8.42
2	-0.23	-0.01	0.09	0.17	0.19	-3.93	-0.14	2.15	3.90	3.46
3	-0.24	-0.05	0.05	0.09	0.08	-5.10	-1.33	1.24	2.19	1.62
4	-0.24	-0.04	0.03	0.08	0.05	-6.69	-1.43	0.98	2.25	1.06
big	-0.04	0.01	0.06	0.12	0.05	-1.46	0.31	1.68	3.03	0.96
Panel D：$PS4_{trd}$ - adjusted performance										
			α					$t(\alpha)$		
small	-0.55	-0.02	-0.03	0.18	0.11	-5.46	-0.26	-0.58	3.29	1.92
2	-0.16	0.00	0.04	0.07	-0.03	-2.27	0.06	0.72	1.33	-0.52
3	-0.05	0.07	-0.03	0.04	0.06	-0.80	1.01	-0.48	0.58	0.80
4	0.12	-0.06	-0.05	0.04	-0.12	1.87	-0.82	-0.60	0.63	-1.39
big	0.14	0.06	-0.00	-0.24	-0.15	3.03	0.99	-0.01	-3.57	-1.41
			$\beta_{PS_{trd}}$					$t(\beta_{PS_{trd}})$		
small	-0.03	0.02	-0.01	-0.03	-0.01	-1.14	0.73	-0.49	-1.61	-0.66
2	-0.01	0.03	0.02	0.03	-0.02	-0.61	1.52	1.19	1.83	-1.39
3	-0.02	0.03	0.05	0.04	0.02	-1.31	1.36	2.40	2.25	0.71
4	0.03	0.02	0.06	0.07	0.02	1.71	1.06	2.60	3.53	0.65
big	0.01	0.02	0.01	-0.01	-0.04	0.46	1.13	0.63	-0.65	-1.38

2. 基于25个Size - Mom投资组合的实证结果

由于 UMD 是捕获动量排序投资组合收益的关键因素，在对25个 Size - Mom 投资组合进行测试时，增加了对 C4 模型的讨论。从表4.7 的回归结果可以看出，FF3 无法解释动量排序投资组合，它产生了15个显著的截距，且主要问题是对于最低的动量五分位组产生强负的截距，且对最高的动量五分位组产生强正的截距。增加 UMD 因子可以明显提高 FF3 的性能。由 Panel C 所示，在25个投资组合中，C4 产生了8个显著的截距。然而，对于两组极端的投资组合，尽管 C4 缩小了 FF3 产生的截距，但是仍在极端亏损组合留下两个显著的负截距，-0.39%（$t = -3.66$）和 -0.21%（$t = -2.62$），以及在极端盈利组合留下两个显著的正截距 0.29%（$t = 3.48$）和 0.15%（$t = 2.19$）。

FF5 也无法解释这些基于动量的投资组合。事实上，在因子模型中它产生了最多的显著性截距，为 17 个，且无法解释任何极端盈利和亏损的投资组合。另外，LCAPM 很好地解释了规模 – 动量投资组合。它产生了最少的显著性截距，为 6 个，并且在极端动量投资组合中也表现良好。例如，除了对于最小极端亏损组合留下一个显著的截距，-0.81% ($t = -3.48$)，LCAPM 捕获了剩余的五分位数投资组合。由 LF 的回归斜率所示，对极端亏损投资组合解释力的提升主要归因于显著的负 LF 斜率帮助 LCAPM 捕获低平均收益。类似的，由于强正的 LF 斜率 0.33 ($t = 5.21$) 吸收了最小盈利组合的异常收益，LCAPM 捕获了最小的极端盈利组合。此外，LCAPM 依然很好的解释了小规模股票投资组合。在按规模分组的最小的五分位组，LCAPM 只留下一个显著的截距，而其他模型至少留下 3 个组合无法解释。

表 4.7 基于 25 个 Size – Mom 投资组合的回归结果

Mom→	low	2	3	4	high	low	2	3	4	high
Panel A：FF3 – adjusted performance										
	\multicolumn{5}{c	}{α}	\multicolumn{5}{c}{$t(\alpha)$}
small	-1.00	-0.25	0.07	0.26	0.53	-6.15	-3.06	0.98	3.78	5.54
2	-0.84	-0.16	0.06	0.22	0.44	-5.57	-1.87	0.92	3.69	4.96
3	-0.63	-0.18	-0.01	0.06	0.47	-3.84	-2.03	-0.18	0.79	4.86
4	-0.67	-0.15	0.00	0.17	0.40	-3.83	-1.48	0.06	2.41	3.80
big	-0.57	-0.06	-0.08	0.08	0.30	-3.32	-0.54	-1.28	1.27	2.85
Panel B：FF5 – adjusted performance										
	\multicolumn{5}{c	}{α}	\multicolumn{5}{c}{$t(\alpha)$}
small	-0.69	-0.22	0.03	0.22	0.57	-4.34	-2.77	0.40	3.24	5.82
2	-0.58	-0.17	-0.01	0.16	0.47	-3.92	-2.03	-0.11	2.79	5.12
3	-0.37	-0.19	-0.09	-0.07	0.46	-2.28	-2.17	-1.38	-1.04	4.62
4	-0.43	-0.21	-0.09	0.02	0.36	-2.41	-2.07	-1.35	0.24	3.33
big	-0.41	-0.09	-0.16	-0.07	0.24	-2.34	-0.82	-2.49	-1.08	2.23
Panel C：C4 – adjusted performance										
	\multicolumn{5}{c	}{α}	\multicolumn{5}{c}{$t(\alpha)$}
small	-0.39	-0.03	0.13	0.19	0.29	-3.66	-0.47	1.95	2.85	3.48
2	-0.21	0.11	0.11	0.15	0.15	-2.62	1.55	1.63	2.50	2.19
3	0.03	0.10	0.10	-0.03	0.13	0.36	1.44	1.49	-0.40	1.86

续表

Mom→	low	2	3	4	high	low	2	3	4	high
Panel C：C4 - adjusted performance										
	\multicolumn{5}{c|}{α}	\multicolumn{5}{c|}{$t(\alpha)$}									
4	0.03	0.18	0.13	0.10	0.03	0.30	2.43	1.86	1.44	0.37
big	0.09	0.31	0.01	-0.06	-0.09	0.87	4.42	0.08	-0.92	-1.35
Panel D：LCAPM - adjusted performance										
	\multicolumn{5}{c|}{α}	\multicolumn{5}{c|}{$t(\alpha)$}									
small	-0.81	-0.26	-0.04	0.09	0.32	-3.48	-1.71	-0.30	0.71	1.90
2	-0.35	0.05	0.15	0.25	0.45	-1.78	0.33	1.36	2.15	2.93
3	-0.06	0.06	0.12	0.15	0.52	-0.32	0.54	1.16	1.57	3.84
4	-0.11	0.09	0.16	0.23	0.38	-0.58	0.80	1.81	2.88	3.02
big	-0.23	0.11	-0.02	0.02	0.17	-1.30	1.00	-0.24	0.31	1.55
	\multicolumn{5}{c|}{β_{LF}}	\multicolumn{5}{c|}{$t(\beta_{LF})$}									
small	0.05	0.31	0.39	0.40	0.33	0.54	5.59	8.20	8.49	5.21
2	-0.35	0.01	0.11	0.17	0.00	-4.84	0.17	2.61	3.91	0.05
3	-0.48	-0.06	0.07	0.07	-0.08	-7.18	-1.49	1.80	2.04	-1.64
4	-0.47	-0.09	0.00	0.04	-0.02	-6.98	-2.12	0.03	1.52	-0.50
big	-0.28	-0.08	-0.01	0.08	0.03	-4.26	-1.97	-0.29	2.97	0.68

3. 基于25个 Size - Var 组合的实证结果

表4.8给出了25个 Size - Var 投资组合的回归结果，依然使用 FF3 和 FF5 作为比较模型。从 Panel A 可以看出，FF3 产生了13个显著的截距，其主要问题是解释极端方差组合。除了最大的规模组合，FF3 在最低方差五分位组上产生显著的正向截距，且在最高方差五分位组上产生显著的负向截距。对于规模最小的五分位组，该模式尤其明显。FF5 提高了 FF3 的性能。在25个投资组合中，FF5 产生了6个显著的截距，但是 FF5 仍然在最低和最高的方差五分位组中分别保留了2个和3个显著的截距。LCAPM 很好地描述了极端方差五分位组中的"问题"投资组合。对于方差最低的五分位组，LCAPM 缩小了 FF3 和 FF5 产生的截距。对于方差最高的五分位组，除了最小规模组合留下显著的截距 -1.29% ($t = -4.81$)，LCAPM 捕获了所有投资组合。LCAPM 的良好解释能力来自 LF 的载荷：LF 上强正的载荷帮助捕获最低方差五分位组的高平均回报，而强负的载荷有助于捕获最高方差五分位组的低平

均回报。

表 4.8 基于 25 个 Size – Var 组合的回归结果

Var→	low	1	2	3	high	low	1	2	3	high
Panel A：FF3 – adjusted performance										
			α					$t(\alpha)$		
small	0.40	0.26	0.08	-0.29	-1.38	5.62	3.22	0.89	-2.72	-7.86
2	0.29	0.22	0.20	-0.04	-0.72	4.27	2.84	2.50	-0.46	-6.05
3	0.22	0.13	0.15	0.02	-0.47	3.14	1.83	1.86	0.27	-4.55
4	0.18	0.13	0.09	-0.01	-0.32	2.20	1.70	1.07	-0.12	-2.97
big	0.08	0.12	0.05	-0.05	-0.18	1.14	2.00	0.78	-0.84	-1.70
Panel B：FF5 – adjusted performance										
			α					$t(\alpha)$		
small	0.30	0.14	0.04	-0.18	-0.96	4.56	1.95	0.45	-1.73	-5.84
2	0.16	0.04	0.06	-0.16	-0.43	2.54	0.66	0.90	-2.05	-3.91
3	0.07	-0.01	-0.02	-0.14	-0.22	1.05	-0.13	-0.25	-1.76	-2.27
4	0.03	-0.04	-0.11	-0.13	-0.07	0.35	-0.58	-1.49	-1.59	-0.67
big	-0.05	-0.07	-0.08	-0.09	0.09	-0.63	-1.21	-1.34	-1.38	0.95
Panel C：LCAPM – adjusted performance										
			α					$t(\alpha)$		
small	0.24	0.17	0.06	-0.25	-1.29	2.28	1.25	0.38	-1.30	-4.81
2	0.24	0.23	0.31	0.16	-0.33	2.42	1.90	2.35	1.15	-1.65
3	0.16	0.19	0.26	0.27	-0.06	1.84	1.97	2.45	2.24	-0.38
4	0.09	0.18	0.21	0.20	0.04	0.95	1.98	2.28	2.13	0.32
big	-0.04	0.04	0.03	0.01	-0.02	-0.51	0.51	0.38	0.16	-0.16
			β_{LF}					$t(\beta_{LF})$		
small	0.45	0.41	0.31	0.20	0.10	11.74	8.15	5.43	2.83	0.99
2	0.30	0.27	0.13	-0.04	-0.43	8.42	6.12	2.62	-0.71	-5.90
3	0.29	0.16	0.08	-0.09	-0.52	9.15	4.51	2.11	-2.00	-9.20
4	0.30	0.12	0.02	-0.11	-0.49	8.75	3.66	0.65	-3.26	-10.15
big	0.22	0.12	0.04	-0.08	-0.31	7.10	4.28	1.65	-3.25	-7.60

4. 基于 25 个 Size-β 组合的实证结果

表 4.9 给出了 25 个 Size-β 投资组合的回归结果。与 Fama 和 French (2016)[15]一致，实证中选用了 CAPM 作为基准模型，并评估 LCAPM、FF3 和 FF5 对 CAPM 性能的提升。由 Panel A，CAPM 产生了 13 个显著的截距，其中 12 个为正值且位于 3 个最低的 β 五分位组。另外一个显著的负截距 -0.38% ($t = -2.76$) 位于最高 β 五分位组的大股票投资组合。增加 LF 可以提高 CAPM 的表现。在调整了 LCAPM 模型后，最低的 β 五分位组的强正截距消失。此外，CAPM 在最高的 β 五分位组对大股票组合产生的强负截距在 LCAPM 回归中也变得不显著。LCAPM 对这些投资组合解释能力的提升是由于 LF 的载荷吸收了平均回报率的模式。从 Panel B 可以看出，在最低的两个 β 五分位组，LF 产生强的正载荷增加了 LCAPM 在这些投资组合中的预期回报。类似的，在最高的 β 大规模投资组合，强负的 LF 载荷降低了预期回报。对于这组投资组合，FF3 的表现要比 LCAPM 差。它产生了 9 个显著的截距，且无法解释最高的 β 五分位组。FF5 明显的改善了 CAPM 对 Size-β 投资组合的解释力。它将大部分 CAPM 截距缩小为零，并且仅在最高的两个 β 五分位组中产生了 2 个显著的负截距，-0.18% ($t = -2.28$) 和 -0.25% ($t = -3.16$)。

表 4.9 基于 25 个 Size-β 组合的回归结果

$\beta\rightarrow$	low	1	2	3	high	low	1	2	3	high
Panel A: CAPM - adjusted performance										
			α					$t(\alpha)$		
small	0.27	0.35	0.27	0.26	-0.15	2.36	2.71	1.75	1.70	-0.71
2	0.25	0.35	0.35	0.19	-0.20	2.27	3.25	3.09	1.47	-1.26
3	0.31	0.36	0.28	0.12	-0.18	3.39	4.15	2.87	1.09	-1.24
4	0.31	0.30	0.18	-0.08	-0.11	3.32	3.93	2.30	-0.91	-0.83
big	0.19	0.11	-0.04	-0.14	-0.38	2.22	1.63	-0.55	-1.73	-2.76
Panel B: LCAPM - adjusted performance										
			α					$t(\alpha)$		
small	-0.04	0.00	-0.09	0.00	-0.27	-0.36	0.02	-0.61	0.01	-1.24
2	0.10	0.17	0.24	0.15	0.03	0.84	1.52	2.03	1.09	0.19

续表

$\beta\rightarrow$	low	1	2	3	high	low	1	2	3	high
Panel B: LCAPM - adjusted performance											
	\multicolumn{5}{c}{α}					\multicolumn{5}{c}{$t(\alpha)$}				
3	0.18	0.26	0.25	0.18	0.14	1.86	2.86	2.46	1.49	0.94
4	0.16	0.22	0.18	0.07	0.18	1.70	2.69	2.10	0.73	1.28
big	0.03	0.06	-0.08	-0.09	-0.14	0.36	0.89	-1.17	-1.04	-0.97
Panel C: FF3 - adjusted performance											
	\multicolumn{5}{c}{β_{LF}}					\multicolumn{5}{c}{$t(\beta_{LF})$}				
small	0.36	0.40	0.41	0.29	0.14	8.45	8.39	7.28	5.08	1.76
2	0.17	0.21	0.12	0.05	-0.27	4.15	5.04	2.81	0.92	-4.36
3	0.15	0.11	0.03	-0.06	-0.37	4.35	3.42	0.79	-1.43	-6.72
4	0.16	0.10	0.01	-0.17	-0.34	4.63	3.30	0.25	-5.02	-6.51
big	0.19	0.05	0.05	-0.06	-0.28	5.58	2.07	2.03	-1.85	-5.30
Panel D: FF5 - adjusted performance											
	\multicolumn{5}{c}{α}					\multicolumn{5}{c}{$t(\alpha)$}				
small	0.10	0.07	0.03	0.09	-0.07	1.43	1.07	0.43	1.41	-0.76
2	0.02	0.05	0.07	-0.06	-0.18	0.32	0.83	1.25	-0.94	-2.28
3	0.09	0.12	0.03	-0.10	-0.12	1.10	1.93	0.41	-1.44	-1.22
4	0.07	0.03	-0.07	-0.25	0.04	0.80	0.50	-0.98	-3.16	0.34
big	-0.06	-0.06	-0.11	-0.13	-0.13	-0.94	-1.03	-1.76	-1.50	-0.93

5. 基于32个 Size - OP - Inv 组合的实证结果

表4.10（见章末）给出了基于规模、投资和利润特征构建的32个投资组合的回归结果。由于此组合具有明显的投资和利润倾向，FF3无法解释此投资组合。例如，在32个投资利润组合中，FF3产生了19个显著的截距，且这些截距大多位于小规模组。为了提升FF3的表现，Fama和French（2015）[13]在FF3中加入了 *RMW* 和 *CMA* 因子扩展为FF5模型，用于解释投资和利润的特征。因此，对于此分组，FF5可以解释大部分组合，只留下9个显著的截距，其中未被解释的投资组合主要来自最低利润和最高投资的小股票组合。另外，LCAPM也可以很好地描述这组投资组合。它在32个投资组合中产生了11个显著的截距，而且对于和FF5相关的小规模组中的"问题组合"，LCAPM只在最低利润和最高投资的交叉组合中留下一个显著的截距，

−0.81% （t = −4.05）。此外，对于高投资和高利润的大规模投资组合，与 FF5 产生的截距 0.26%（t = 3.04）相比，LCAPM 的截距为 0.11%（t = 1.04）。

表外结果显示 LCAPM 在描述与因子模型相关性较低的行业组合中也具有良好的解释力。例如，它完全捕获了 17 个行业投资组合，并且在 30 个行业组合中，只留下 2 个显著的截距。总之，LCAPM 在解释流动性相关的投资组合以及其他异象收益中的良好表现证实了流动性风险在解释投资组合收益中的重要作用。

4.3 本章小结

现有研究发现 Pástor 和 Stambaugh（2003）[9] 提出的流动性因子对于投资组合的解释能力较弱，以此忽略流动性风险在解释资产收益中的重要角色。然而，Pástor – Stambaugh 流动性因子只是捕获了流动性的价格影响维度，且根据上一章的证据，Pástor – Stambaugh 因子的定价以及提高模型解释的能力并不显著。为此，本章的目的是考察其他的流动性因子模型（例如基于交易的不连续性构建的 LCAPM）与流行的定价模型相比在解释投资组合收益中的表现。

本章实证测试考察了因子模型对两类投资组合收益的解释能力。一类是基于不同的流动性测度分组的投资组合，另一类是实证文献中常考察的资产定价异象投资组合。结果表明，LCAPM 在解释流动性风险方面具有良好的表现，印证了第三章的结论。相对比而言，Pástor – Stambaugh 模型以及其他的非流动性因子模型均无法解释基于 LM12 分组的流动性溢价，暗示了流动性风险是资产定价的重要来源。此外，LCAPM 对一系列异象投资组合例如动量、投资、利润、方差、市场 β 以及行业投资组合也显示出很好的解释能力，特别对于小规模投资组合 LCAPM 具有突出的表现。本章的实证结果证实了流动性风险在解释异象投资组合收益中的重要性，同时也表明现有实证文献中常利用 Pástor 和 Stambaugh（2003）[9] 的因子模型作为流动性因子模型的代表对流动性风险在资产定价中的作用进行评价是一种过度概括。

表 4.2 基于 LM12 分组的价值加权投资组合的模型表现

	S	D2	D3	D4	D5	D6	D7	D8	D9	B	B−S
Panel A:The excess returns of value-weighted LM12-sorted portfolios											
mean(%)	0.30	0.37	0.43	0.45	0.46	0.57	0.55	0.57	0.52	0.72	0.43
	(1.02)	(1.49)	(1.89)	(2.18)	(2.38)	(3.04)	(3.19)	(3.25)	(2.85)	(3.95)	(2.07)
Panel B:CAPM-adjusted performance											
$\alpha(\%)$	−0.40	−0.26	−0.14	−0.08	−0.03	0.11	0.14	0.16	0.10	0.35	0.75
	(−3.10)	(−2.89)	(−1.82)	(−1.16)	(−0.56)	(1.44)	(1.72)	(1.84)	(1.05)	(2.92)	(4.47)
β_{MKT}	1.39	1.25	1.14	1.06	0.98	0.91	0.80	0.83	0.85	0.75	−0.65
	(48.77)	(64.31)	(65.55)	(73.00)	(74.63)	(55.44)	(43.54)	(44.80)	(40.35)	(28.71)	(−17.53)
Panel C:LCAPM-adjusted performance											
$\alpha(\%)$	−0.06	−0.12	−0.04	−0.01	−0.05	0.06	−0.03	−0.08	−0.15	−0.03	0.03
	(−0.46)	(−1.29)	(−0.48)	(−0.13)	(−0.86)	(0.71)	(−0.34)	(−0.92)	(−1.61)	(−0.27)	(0.19)
β_{MKT}	1.20	1.17	1.08	1.02	0.99	0.94	0.90	0.97	0.99	0.97	−0.23
	(32.85)	(45.64)	(46.81)	(52.73)	(56.29)	(42.75)	(37.66)	(41.13)	(37.27)	(29.97)	(−5.40)
β_{LF}	−0.39	−0.16	−0.12	−0.08	0.02	0.06	0.20	0.27	0.29	0.43	0.82
	(−8.19)	(−4.64)	(−3.93)	(−3.04)	(1.04)	(2.02)	(6.27)	(8.61)	(8.28)	(10.18)	(14.85)
Panel D:FF3-adjusted performance											
$\alpha(\%)$	−0.41	−0.31	−0.22	−0.13	−0.10	0.00	0.04	0.06	−0.01	0.22	0.63

续表

	S	D2	D3	D4	D5	D6	D7	D8	D9	B	B−S
$\alpha(\%)$	−3.40	−3.67	−2.78	−2.05	−1.85	0.04	0.59	0.74	−0.09	1.97	3.80
	(−3.40)	(−3.67)	(−2.78)	(−2.05)	(−1.85)	(0.04)	(0.59)	(0.74)	(−0.09)	(1.97)	(3.80)
β_{MKT}	1.30	1.23	1.15	1.10	1.02	1.00	0.89	0.90	0.86	0.74	−0.57
	(46.75)	(61.82)	(63.55)	(73.07)	(78.53)	(66.21)	(53.13)	(48.78)	(40.21)	(28.34)	(−14.76)
β_{SMB}	0.44	0.20	0.11	−0.07	−0.08	−0.19	−0.24	−0.13	0.15	0.29	−0.15
	(10.88)	(6.99)	(4.35)	(−3.04)	(−4.17)	(−8.63)	(−9.99)	(−4.74)	(4.73)	(7.76)	(−2.65)
β_{HML}	−0.03	0.12	0.15	0.13	0.17	0.25	0.25	0.23	0.23	0.26	0.29
	(−0.60)	(3.83)	(5.53)	(5.69)	(8.33)	(11.03)	(9.70)	(8.23)	(7.14)	(6.61)	(4.91)

Panel E: $PS4_{trd}$ − adjusted performance

	S	D2	D3	D4	D5	D6	D7	D8	D9	B	B−S
$\alpha(\%)$	−0.43	−0.33	−0.24	−0.14	−0.12	0.00	0.05	0.06	−0.00	0.25	0.68
	(−3.55)	(−3.91)	(−3.17)	(−2.18)	(−2.08)	(0.03)	(0.65)	(0.73)	(−0.02)	(2.27)	(4.13)
β_{MKT}	1.30	1.23	1.15	1.10	1.02	1.00	0.89	0.90	0.86	0.74	−0.57
	(46.82)	(62.09)	(64.24)	(73.13)	(78.82)	(66.15)	(53.10)	(48.74)	(40.18)	(28.51)	(−14.88)
β_{SMB}	0.44	0.20	0.11	−0.07	−0.08	−0.19	−0.24	−0.13	0.15	0.29	−0.14
	(10.87)	(6.99)	(4.34)	(−3.07)	(−4.21)	(−8.62)	(−9.98)	(−4.73)	(4.73)	(7.85)	(−2.63)
β_{HML}	−0.03	0.11	0.15	0.13	0.16	0.25	0.25	0.23	0.23	0.27	0.30
	(−0.68)	(3.73)	(5.41)	(5.62)	(8.25)	(11.00)	(9.72)	(8.21)	(7.16)	(6.78)	(5.09)
$\beta_{PS_{trd}}$	0.06	0.06	0.08	0.03	0.04	0.00	−0.01	0.00	−0.02	−0.09	−0.15

续表

	S	D2	D3	D4	D5	D6	D7	D8	D9	B	B−S
$\beta_{PS_{nd}}$	(1.62)	(2.40)	(3.67)	(1.39)	(2.28)	(0.19)	(−0.63)	(0.01)	(−0.62)	(−2.94)	(−3.18)

Panel F: C4 – adjusted performance

	S	D2	D3	D4	D5	D6	D7	D8	D9	B	B−S
$\alpha(\%)$	−0.35	−0.28	−0.16	−0.08	−0.10	0.04	0.06	0.07	0.02	0.21	0.55
	(−2.85)	(−3.22)	(−2.07)	(−1.21)	(−1.69)	(0.60)	(0.84)	(0.87)	(0.21)	(1.80)	(3.29)
β_{MKT}	1.29	1.22	1.14	1.08	1.02	0.99	0.89	0.90	0.85	0.74	−0.55
	(45.52)	(60.34)	(62.16)	(71.76)	(76.79)	(64.70)	(51.84)	(47.63)	(39.15)	(27.88)	(−14.06)
β_{SMB}	0.44	0.20	0.11	−0.07	−0.08	−0.19	−0.24	−0.13	0.14	0.29	−0.14
	(10.88)	(6.97)	(4.32)	(−3.16)	(−4.18)	(−8.73)	(−10.02)	(−4.75)	(4.70)	(7.76)	(−2.62)
β_{HML}	−0.05	0.10	0.13	0.11	0.16	0.24	0.24	0.23	0.22	0.27	0.32
	(−1.16)	(3.29)	(4.64)	(4.66)	(7.96)	(10.16)	(9.15)	(7.84)	(6.62)	(6.57)	(5.31)
β_{UMD}	−0.07	−0.04	−0.06	−0.06	−0.01	−0.04	−0.02	−0.01	−0.03	0.02	0.09
	(−2.49)	(−1.93)	(−3.42)	(−4.14)	(−0.63)	(−2.82)	(−1.29)	(−0.73)	(−1.46)	(0.64)	(2.24)

Panel G: FF5 – adjusted performance

	S	D2	D3	D4	D5	D6	D7	D8	D9	B	B−S
$\alpha(\%)$	−0.30	−0.35	−0.25	−0.18	−0.20	−0.13	−0.11	−0.09	−0.18	0.05	0.35
	(−2.47)	(−4.04)	(−3.20)	(−2.72)	(−3.67)	(−2.08)	(−1.63)	(−1.13)	(−2.16)	(0.44)	(2.12)
β_{MKT}	1.26	1.23	1.15	1.10	1.05	1.03	0.93	0.94	0.90	0.78	−0.48
	(43.06)	(59.01)	(60.39)	(69.77)	(78.75)	(67.71)	(55.36)	(50.10)	(43.48)	(29.60)	(−12.11)

续表

	S	D2	D3	D4	D5	D6	D7	D8	D9	B	B−S
β_{SMB}	0.45	0.25	0.15	−0.01	−0.02	−0.09	−0.15	−0.05	0.28	0.40	−0.04
	(10.67)	(8.55)	(5.66)	(−0.66)	(−1.27)	(−4.19)	(−6.14)	(−1.83)	(9.45)	(10.68)	(−0.77)
β_{HML}	0.08	0.11	0.14	0.15	0.11	0.22	0.20	0.16	0.16	0.14	0.06
	(1.41)	(2.84)	(3.77)	(4.88)	(4.31)	(7.54)	(6.07)	(4.34)	(3.99)	(2.69)	(0.74)
β_{RMW}	−0.05	0.15	0.12	0.14	0.19	0.29	0.32	0.29	0.44	0.39	0.44
	(−0.88)	(3.69)	(3.19)	(4.67)	(7.32)	(9.84)	(9.73)	(7.85)	(11.03)	(7.67)	(5.76)
β_{CMA}	−0.37	−0.06	−0.01	−0.03	0.14	0.12	0.18	0.19	0.11	0.18	0.55
	(−4.29)	(−1.03)	(−0.17)	(−0.59)	(3.55)	(2.68)	(3.57)	(3.52)	(1.72)	(2.29)	(4.69)

表 4.3 基于 LM12 分组的价值等权投资组合的模型表现

Panel A: The excess returns of equally-weighted LM12-sorted portfolios

	S	D2	D3	D4	D5	D6	D7	D8	D9	B	B−S
mean(%)	0.15	0.50	0.58	0.64	0.60	0.69	0.65	0.66	0.65	0.75	0.60
	(0.48)	(1.89)	(2.42)	(2.89)	(2.92)	(3.59)	(3.36)	(3.22)	(2.96)	(3.40)	(3.74)

Panel B: CAPM-adjusted performance

$\alpha(\%)$	−0.57	−0.14	0.00	0.09	0.09	0.22	0.19	0.18	0.15	0.29	0.87
	(−3.80)	(−1.17)	(0.01)	(1.06)	(1.14)	(2.83)	(2.09)	(1.78)	(1.28)	(2.07)	(6.82)

续表

	S	D2	D3	D4	D5	D6	D7	D8	D9	B	B−S
β_{MKT}	1.44 (43.36)	1.27 (48.96)	1.16 (50.01)	1.09 (56.17)	1.01 (55.53)	0.95 (56.47)	0.92 (45.92)	0.95 (41.74)	1.00 (37.61)	0.91 (29.04)	−0.53 (−19.05)

Panel C: LCAPM − adjusted performance

	S	D2	D3	D4	D5	D6	D7	D8	D9	B	B−S
$\alpha(\%)$	−0.32 (−2.03)	−0.08 (−0.66)	0.00 (0.04)	0.07 (0.76)	0.04 (0.50)	0.14 (1.70)	−0.01 (−0.08)	−0.07 (−0.67)	−0.16 (−1.36)	−0.24 (−1.76)	0.08 (0.92)
β_{MKT}	1.29 (29.58)	1.24 (35.58)	1.16 (37.15)	1.11 (42.33)	1.04 (42.64)	0.99 (44.44)	1.04 (39.87)	1.09 (37.59)	1.18 (35.03)	1.21 (32.45)	−0.08 (−3.11)
β_{LF}	−0.29 (−5.08)	−0.06 (−1.37)	−0.00 (−0.10)	0.03 (0.76)	0.06 (1.81)	0.09 (3.10)	0.23 (6.64)	0.29 (7.56)	0.36 (8.21)	0.60 (12.30)	0.90 (27.53)

Panel D: FF3 − adjusted performance

	S	D2	D3	D4	D5	D6	D7	D8	D9	B	B−S
$\alpha(\%)$	−0.74 (−6.77)	−0.32 (−3.88)	−0.18 (−2.40)	−0.08 (−1.22)	−0.09 (−1.62)	0.04 (0.67)	−0.04 (−0.58)	−0.04 (−0.58)	−0.07 (−0.97)	0.07 (0.84)	0.82 (6.36)
β_{MKT}	1.33 (52.06)	1.21 (62.52)	1.12 (64.29)	1.07 (73.55)	1.01 (75.54)	0.96 (70.86)	0.95 (61.83)	0.93 (57.15)	0.93 (57.01)	0.81 (40.36)	−0.52 (−17.49)
β_{SMB}	0.85 (22.99)	0.65 (23.38)	0.57 (22.63)	0.45 (21.53)	0.38 (19.93)	0.25 (12.66)	0.31 (14.08)	0.51 (21.70)	0.75 (31.90)	0.89 (30.98)	0.05 (1.10)

续表

	S	D2	D3	D4	D5	D6	D7	D8	D9	B	B − S
β_{HML}	0.31 (8.09)	0.36 (12.36)	0.36 (13.64)	0.35 (15.72)	0.39 (19.31)	0.38 (18.23)	0.49 (21.07)	0.47 (18.82)	0.44 (17.80)	0.43 (13.99)	0.11 (2.46)
Panel E: $PS4_{trd}$ – adjusted performance											
$\alpha(\%)$	−0.72 (−6.58)	−0.33 (−3.92)	−0.18 (−2.39)	−0.08 (−1.23)	−0.10 (−1.75)	0.03 (0.48)	−0.05 (−0.73)	−0.05 (−0.65)	−0.05 (−0.72)	0.08 (0.90)	0.80 (6.23)
β_{MKT}	1.33 (52.11)	1.21 (62.49)	1.12 (64.24)	1.07 (73.49)	1.01 (75.59)	0.96 (71.01)	0.95 (61.91)	0.93 (57.12)	0.93 (57.24)	0.81 (40.33)	−0.52 (−17.49)
β_{SMB}	0.85 (23.04)	0.65 (23.35)	0.57 (22.61)	0.45 (21.51)	0.38 (19.93)	0.25 (12.66)	0.31 (14.07)	0.51 (21.68)	0.75 (32.06)	0.89 (30.97)	0.05 (1.09)
β_{HML}	0.32 (8.16)	0.36 (12.32)	0.36 (13.61)	0.35 (15.68)	0.39 (19.24)	0.38 (18.16)	0.49 (21.00)	0.47 (18.76)	0.45 (17.97)	0.43 (13.99)	0.11 (2.41)
$\beta_{PS_{trd}}$	−0.05 (−1.58)	0.01 (0.58)	0.00 (0.08)	0.00 (0.23)	0.02 (1.33)	0.03 (1.81)	0.03 (1.56)	0.01 (0.66)	−0.05 (−2.43)	−0.02 (−0.61)	0.03 (0.94)
Panel F: C4 – adjusted performance											
$\alpha(\%)$	−0.61 (−5.64)	−0.25 (−2.95)	−0.12 (−1.64)	−0.03 (−0.49)	−0.08 (−1.31)	0.07 (1.17)	0.01 (0.18)	−0.01 (−0.12)	−0.04 (−0.49)	0.09 (1.01)	0.70 (5.45)

176

续表

	S	D2	D3	D4	D5	D6	D7	D8	D9	B	B−S
β_{MKT}	1.30	1.19	1.10	1.06	1.00	0.96	0.94	0.92	0.92	0.80	−0.49
	(51.33)	(61.41)	(62.95)	(72.09)	(73.81)	(69.26)	(60.52)	(55.75)	(55.62)	(39.36)	(−16.53)
β_{SMB}	0.84	0.65	0.57	0.45	0.38	0.25	0.31	0.51	0.75	0.89	0.05
	(23.57)	(23.70)	(22.81)	(21.68)	(19.92)	(12.67)	(14.17)	(21.73)	(31.97)	(30.96)	(1.20)
β_{HML}	0.26	0.33	0.34	0.33	0.39	0.37	0.47	0.45	0.43	0.42	0.16
	(6.72)	(11.18)	(12.56)	(14.63)	(18.49)	(17.24)	(19.88)	(17.86)	(16.85)	(13.40)	(3.46)
β_{UMD}	−0.15	−0.09	−0.06	−0.05	−0.02	−0.04	−0.06	−0.04	−0.04	−0.02	0.13
	(−6.03)	(−4.65)	(−3.72)	(−3.58)	(−1.41)	(−2.57)	(−3.78)	(−2.29)	(−2.33)	(−0.92)	(4.47)

Panel G:FF5 – adjusted performance

	S	D2	D3	D4	D5	D6	D7	D8	D9	B	B−S
$\alpha(\%)$	−0.73	−0.42	−0.30	−0.19	−0.20	−0.07	−0.13	−0.18	−0.21	0.01	0.73
	(−6.70)	(−5.46)	(−4.35)	(−3.43)	(−3.79)	(−1.34)	(−2.04)	(−2.92)	(−3.38)	(0.06)	(5.59)
β_{MKT}	1.31	1.22	1.15	1.09	1.03	0.99	0.96	0.96	0.96	0.83	−0.48
	(49.99)	(65.75)	(68.57)	(80.28)	(80.79)	(74.42)	(64.37)	(63.53)	(64.69)	(39.87)	(−15.30)
β_{SMB}	0.90	0.76	0.66	0.54	0.45	0.31	0.40	0.61	0.85	0.94	0.03
	(24.17)	(28.48)	(27.55)	(27.61)	(24.68)	(16.38)	(18.62)	(28.14)	(39.84)	(31.65)	(0.70)
β_{HML}	0.27	0.26	0.20	0.22	0.25	0.25	0.44	0.32	0.25	0.23	−0.04
	(5.27)	(7.22)	(6.19)	(8.25)	(10.21)	(9.58)	(15.37)	(11.02)	(8.65)	(5.79)	(−0.58)

表 4.4 基于 TO12、DV12、RV12 和 BA12 分组的 LCAPM 表现

	S	D2	D3	D4	D5	D6	D7	D8	D9	B	B−S
β_{RMW}	0.10	0.30	0.26	0.27	0.21	0.20	0.27	0.34	0.32	0.14	0.04
	(1.95)	(8.21)	(8.10)	(10.05)	(8.35)	(7.75)	(9.12)	(11.41)	(11.03)	(3.54)	(0.70)
β_{CMA}	−0.16	0.02	0.18	0.14	0.19	0.21	0.00	0.15	0.19	0.16	0.31
	(−2.02)	(0.44)	(3.63)	(3.60)	(4.98)	(5.32)	(0.08)	(3.44)	(4.36)	(2.57)	(3.36)

Panel A：TO12 – based portfolios

	S	D2	D3	D4	D5	D6	D7	D8	D9	B	B−S
mean%	0.28	0.37	0.43	0.44	0.48	0.58	0.56	0.43	0.54	0.56	0.28
	(0.96)	(1.48)	(1.87)	(2.07)	(2.42)	(2.98)	(3.07)	(2.46)	(3.32)	(3.61)	(1.26)

LCAPM – adjusted performance

	S	D2	D3	D4	D5	D6	D7	D8	D9	B	B−S
$\alpha(\%)$	−0.09	−0.12	−0.07	−0.03	−0.05	0.03	−0.03	−0.14	0.03	0.04	0.13
	(−0.68)	(−1.22)	(−0.77)	(−0.42)	(−0.75)	(0.35)	(−0.31)	(−1.66)	(0.32)	(0.44)	(0.75)
β_{LF}	−0.38	−0.16	−0.09	−0.08	0.03	0.08	0.17	0.18	0.15	0.21	0.59
	(−8.05)	(−4.61)	(−2.77)	(−2.94)	(1.20)	(2.72)	(5.46)	(5.81)	(5.04)	(5.94)	(9.30)

续表

	S	D2	D3	D4	D5	D6	D7	D8	D9	B	B−S
Panel B: DV12 – based portfolios											
mean%	0.40	0.59	0.59	0.70	0.63	0.67	0.69	0.69	0.68	0.72	0.32
	(2.30)	(3.24)	(3.14)	(3.59)	(3.19)	(3.37)	(3.50)	(3.38)	(3.22)	(3.57)	(2.18)
LCAPM – adjusted performance											
$\alpha(\%)$	−0.07	0.08	0.08	0.18	0.08	0.13	0.14	0.05	−0.05	−0.12	−0.04
	(−1.51)	(1.24)	(1.12)	(2.29)	(0.99)	(1.40)	(1.50)	(0.43)	(−0.45)	(−1.01)	(−0.30)
β_{LF}	0.03	0.06	0.04	0.04	0.07	0.07	0.09	0.19	0.29	0.46	0.44
	(1.46)	(2.40)	(1.70)	(1.28)	(2.20)	(1.97)	(2.48)	(4.89)	(6.76)	(10.68)	(8.05)
Panel C: RV12 – based performance											
mean%	0.42	0.57	0.64	0.62	0.62	0.68	0.67	0.69	0.63	0.63	0.21
	(2.44)	(3.08)	(3.16)	(3.07)	(3.07)	(3.27)	(3.05)	(3.06)	(2.74)	(2.73)	(1.25)
LCAPM – adjusted performance											
$\alpha(\%)$	−0.06	0.07	0.13	0.11	0.10	0.15	0.10	0.04	−0.08	−0.27	−0.20
	(−1.28)	(1.09)	(1.78)	(1.44)	(1.12)	(1.63)	(0.95)	(0.34)	(−0.63)	(−1.97)	(−1.21)
β_{LF}	0.05	0.03	−0.00	0.00	0.03	0.02	0.05	0.14	0.21	0.46	0.41
	(2.47)	(1.49)	(−0.02)	(0.06)	(0.92)	(0.69)	(1.31)	(3.24)	(4.55)	(9.16)	(6.68)

续表

Panel D: BA12 - based performance

	S	D2	D3	D4	D5	D6	D7	D8	D9	B	B−S
mean%	0.51	0.61	0.55	0.50	0.54	0.64	0.54	0.54	0.65	0.51	0.00
	(2.49)	(2.99)	(2.72)	(2.49)	(2.56)	(3.04)	(2.55)	(2.45)	(2.83)	(2.26)	(0.01)

LCAPM - adjusted performance

	S	D2	D3	D4	D5	D6	D7	D8	D9	B	B−S
$\alpha(\%)$	−0.04	0.04	−0.01	−0.07	−0.06	0.09	−0.06	−0.10	−0.00	−0.35	−0.30
	(−0.55)	(0.48)	(−0.20)	(−0.85)	(−0.62)	(0.97)	(−0.59)	(−0.90)	(−0.02)	(−2.50)	(−1.95)
β_{LF}	0.04	0.07	0.06	0.08	0.09	0.04	0.10	0.14	0.16	0.43	0.39
	(1.40)	(2.48)	(2.36)	(2.75)	(2.73)	(1.17)	(2.83)	(3.36)	(3.20)	(8.45)	(6.84)

表 4.10 基于 32 个 Size - OP - Inv 组合的回归结果

Panel A: FF3 - adjusted performance

| | Small | | | | Big | | | |
| | α | | | | α | | | |
OP→	low	2	3	high	low	2	3	high
Low Inv	−0.20	0.05	0.35	0.28	−0.01	0.15	0.20	0.22
2	0.10	0.11	0.18	0.17	−0.33	0.02	0.19	0.25
3	−0.30	0.21	0.14	0.27	−0.11	0.02	0.01	0.11
High Inv	−0.85	−0.26	−0.06	−0.05	−0.23	−0.24	−0.01	0.20

| | $t(\alpha)$ | | | | $t(\alpha)$ | | | |
OP→	low	2	3	high	low	2	3	high
Low Inv	−2.06	0.65	3.92	2.96	−0.10	1.75	2.26	2.35
2	1.22	1.78	2.98	2.20	−3.42	0.20	2.69	3.09
3	−3.55	3.55	2.42	3.75	−1.20	0.23	0.07	1.30
High Inv	−7.73	−3.28	−0.87	−0.69	−2.34	−2.63	−0.17	2.16

续表

		Small						Big			
$OP \rightarrow$		low	2	3	high		low	2	3	high	

Panel B: FF5 – adjusted performance

			α					α			
Low Inv		-0.04	-0.06	0.15	0.06		0.03	-0.04	-0.03	-0.05	
2		0.19	0.01	0.05	-0.01		-0.21	-0.01	0.08	0.04	
3		-0.19	0.19	0.05	0.11		0.04	0.03	-0.08	-0.04	
High Inv		-0.43	-0.24	-0.07	-0.12		0.12	-0.15	0.05	0.26	

			$t(\alpha)$					$t(\alpha)$			
Low Inv		-0.52	-0.80	1.83	0.72		0.36	-0.56	-0.38	-0.61	
2		2.69	0.12	0.94	-0.24		-2.23	-0.13	1.17	0.55	
3		-2.35	3.28	0.96	2.00		0.50	0.33	-1.07	-0.51	
High Inv		-5.18	-3.27	-1.17	-2.22		1.48	-1.66	0.55	3.04	

Panel C: LCAPM – adjusted performance

			α					α			
Low Inv		-0.16	0.14	0.46	0.39		0.17	0.23	0.23	0.17	
2		0.15	0.18	0.23	0.26		-0.22	0.06	0.17	0.21	
3		-0.28	0.24	0.20	0.32		0.01	0.12	0.03	-0.03	
High Inv		-0.81	-0.19	0.05	0.03		-0.15	-0.17	-0.06	0.11	

			$t(\alpha)$					$t(\alpha)$			
Low Inv		-0.80	0.98	3.11	2.61		1.75	2.33	2.23	1.69	
2		0.93	1.54	2.09	2.10		-2.05	0.71	2.19	2.34	
3		-1.79	1.93	1.75	2.68		0.06	1.29	0.38	-0.37	
High Inv		-4.05	-1.35	0.42	0.23		-1.40	-1.76	-0.61	1.04	

			β_{LF}					β_{LF}			
Low Inv		0.11	0.21	0.18	0.18		-0.09	0.05	0.12	0.15	
2		0.10	0.21	0.21	0.16		0.02	0.07	0.07	0.07	
3		0.10	0.16	0.18	0.14		0.03	-0.03	-0.01	0.10	
High Inv		-0.12	-0.00	-0.01	-0.01		-0.20	-0.13	-0.09	-0.12	

			$t(\beta_{LF})$					$t(\beta_{LF})$			
Low Inv		1.54	4.08	3.29	3.23		-2.54	1.54	3.27	4.22	
2		1.67	4.97	5.33	3.53		0.54	2.25	2.27	2.17	
3		1.70	3.41	4.28	3.26		0.93	-0.94	-0.35	2.84	
High Inv		-1.58	-0.02	-0.24	-0.24		-5.00	-3.79	-2.44	-2.98	

第五章 模型评估的进一步测试

第三、四章分别从模型构建的理论基础以及对市场异象的实证解释两个方面证实了源于不同流动性代理变量的因子模型具有不同的定价以及解释股票收益的能力。本章将进一步考察流动性因子模型相比于非流动性因子模型的表现。首先，利用 Barillas 和 Shanken（2017）[37]，以及 Barillas 等（2020）[38]提出的基于模型夏普比率度量的测试方法，比较因子模型的性能以及各因子在改善模型夏普比率方面的边际贡献。其次，考察流动性因子相对于竞争因子的额外解释力。通过在不同市场条件下考察加入控制变量后流动性因子的定价能力以及流动性因子所包含的信息是否能被竞争模型所解释，进一步确认流动性风险不同于现有的风险来源，为流动性在资产定价中的重要角色提供新的证据。

5.1 基于夏普比率度量的模型评估

5.1.1 测试方法

根据 Barillas 和 Shanken（2017）[37]，交易型因子模型可以根据夏普比率度量 $Sh^2(f)$ 进行比较。具有高 $Sh^2(f)$ 估计值的模型被认为具有更好的表现。Barillas 等（2020）[38]扩展了 Barillas 和 Shanken（2017）[37]的结论，提出基于因子模型 $Sh^2(f)$ 的成对模型比较方法和多模型比较方法。成对模型比较方法用于检验两个具有不同 $Sh^2(f)$ 估计值的模型是否具有统计上相等的结果，以下给予简单介绍。

假设有两个因子模型 f_A 和 f_B，定义其夏普比率分别为 $Sh_A^2(f) = u_A' V_A^{-1} u_A$ 和 $Sh_B^2(f) = u_B' V_B^{-1} u_B$，其中 u_A、u_B、V_A、V_B 分别为模型因子的均值和协方差矩阵。相应的样本估计值可表示为 $\hat{Sh}_A^2(f) = \hat{u}_A' \hat{V}_A^{-1} \hat{u}_A$ 和 $\hat{Sh}_B^2(f) = \hat{u}_B' \hat{V}_B^{-1} \hat{u}_B$。对于两个因子模型为内嵌情形和非内嵌情形，需采用不同的方法进行

比较。对于内嵌模型的情形（假设模型 f_A 内嵌模型 f_B），用额外的因子（属于模型 f_A 但不属于 f_B）对模型 f_B 中的因子进行回归，若回归截距为零的零假设被拒绝，则表明模型 f_A 比模型 f_B 产生了一个显著高的平方夏普比。如果比较模型为非内嵌情形，基于零假设 $Sh_A^2(f) = Sh_B^2(f)$，Barillas 等（2020）[38] 推导了两个模型夏普比率的差 $\hat{Sh}_A^2(f) - \hat{Sh}_B^2(f)$ 的渐进分布：

$$\sqrt{T}\{[\hat{Sh}_A^2(f) - \hat{Sh}_B^2(f)] - [Sh_A^2(f) - Sh_B^2(f)]\} \sim N(0, E[\delta_t^2]) \quad (5-1)$$

此处 $\delta_t = 2(m_{At} - m_{Bt}) - (m_{At}^2 - m_{Bt}^2) + Sh_A^2(f) - Sh_B^2(f)$，其中 $m_{At} = u_A' V_A^{-1}(f_{At} - u_A)$，$m_{Bt} = u_B' V_B^{-1}(f_{Bt} - u_B)$。

除了成对模型比较，Barillas 等（2020）[38] 还提出了一个多模型比较方法，用于测试是否一个给定的模型比一组竞争模型具有显著高的夏普比率。具体的，假设有 q 个模型，令 $d = (d_2, \cdots, d_q)$，其中 $d_i = Sh_1^2(f) - Sh_i^2(f)$，$i = 2, \cdots, q$。相应的样本估计可表示为 $\hat{d} = (\hat{d}_2, \cdots, \hat{d}_q)$，其中 $\hat{d}_i = \hat{Sh}_1^2(f) - \hat{Sh}_i^2(f)$。提出零假设：基准模型（假定模型 1 为基准模型）的表现优于竞争模型，即 $H_0: d \geq 0_{q-1}$。若基准模型 1 内嵌于一系列竞争模型中，则基于内嵌模型 1 的所有模型中包含的因子构建一个扩展模型，然后利用以上成对模型比较的方法对此扩展模型和模型 1 进行比较。若扩展模型显著优于模型 1，则暗示了一个（或多个）竞争模型支配此基准模型。

若多个比较模型为非内嵌情形，可以构建以下的似然比测试统计量：

$$LR = T(\hat{d} - \tilde{d})' \hat{\sum}_{\hat{d}}^{-1} (\hat{d} - \tilde{d}) \quad (5-2)$$

其中 $\hat{\sum}_{\hat{d}}$ 是 $\hat{d}$ 的协方差矩阵，$\tilde{d}$ 是如下二次问题的一个优化解：

$$min(\hat{d} - d)' \hat{\sum}_{\hat{d}}^{-1} (\hat{d} - d) \quad s.t. \, d \geq 0_{q-1} \quad (5-3)$$

在实证测试中，根据 Kan 等（2013）[36] 的方法，利用 LR 的渐进分布和相应的 p 值进行统计分析。

5.1.2 模型比较结果

表 5.1（见章末）给出基于夏普比率度量得到的模型比较结果。① Panel A 和 Panel B 分别为成对模型比较测试和多模型比较测试结果。由 Panel B 所示，HXZ4 产生了最高的 $Sh^2(f)$ 值，为 0.17，随后是 LCAPM，为 0.13。由 Panel A 的成对比较结果可以看出，HXZ4 和 LCAPM 的 $Sh^2(f)$ 值之间的差为 0.04（$p=0.36$）且不显著，暗示了 HXZ4 和 LCAPM 的表现没有明显的差异。类似的，LCAPM 和 FF5 的成对差异也不显著，为 0.04（$p=0.26$）。以上结果表明流动性模型 LCAPM 与流行的 FF5 以及 HXZ4 具有可比的表现。此外，由 Panel A，LCAPM 的 $Sh^2(f)$ 值在 10% 的水平上明显高于 FF3、C4 和 $PS4_{trd}$ 产生的 $Sh^2(f)$ 值，说明基于 $Sh^2(f)$ 度量，LCAPM 比以上模型具有更好的表现。Panel B 中的多模型比较结果证实了 Panel A 的结论。根据似然比统计量 LR 的 p 值，在所有竞争模型中只有对 LCAPM 和 HXZ4 的情形不能拒绝基准模型优于其他模型的原假设，暗示了 LCAPM 和 HXZ4 比其他模型表现更好。

5.1.3 蒙特卡洛模拟结果

为了避免样本选择对实验结果的影响，本节利用蒙特卡洛模拟方法测试结果的稳健性。在模拟设计中因子收益取自正态分布，其中模拟因子的均值和方差等于样本数据的均值和方差，时间序列观测值的数量为 600，即实际样本量。所有的结果基于 100000 次蒙特卡洛复制。表 5.2（见章末）给出了蒙特卡洛模拟结果，其中 Panel A 给出了成对模型 $Sh^2(f)$ 差的均值（Average）、中位数（Median），以及在 100000 次蒙特卡洛实验中列模型的 $Sh^2(f)$ 值超过行模型 $Sh^2(f)$ 值的百分比；Panel B 给出了 100000 次蒙特卡洛复制中模型的平均 $Sh^2(f)$ 值，以及行模型的 $Sh^2(f)$ 值超过其他模型 $Sh^2(f)$ 值的百分比。

由 Panel A，成对模型夏普比率差的均值和中位数与相应的实际成对样本的 $Sh^2(f)$ 差值相近。与表 5.1 的观测结果一致，最大的两个 $Sh^2(f)$ 值由 HXZ4 和 LCAPM 产生（表 5.2，Panel B）。根据模拟结果，LCAPM 的性能分别在 77.9% 和 94.6% 的模拟运行中优于 FF5 和 C4，并且在 99.8% 和 100% 的

---

① 本章继续对第三章的资产定价模型进行测试，由于基于夏普比率的方法只能用于比较交易型因子模型，本章的测试排除了 Sadka（2006）[11] 模型以及 Pástor 和 Stambaugh（2003）[9] 的可交易型模型形式。

模拟运行中优于 PS4$_{trd}$和 FF3。对于多模型比较试验，Panel B 的蒙特卡洛模拟结果表明 HXZ4 和 LCAPM 分别在竞争模型中以 99.97% 和 88.29% 的比例位居第一。相比而言，其余模型在模拟运行中排名第一的比率不超过 24.76%。总之，蒙特卡洛模拟结果证实了 5.1.2 节结论的稳健性，即基于 $Sh^2(f)$ 度量，HXZ4 和 LCAPM 的性能优于其他定价模型。

5.1.4 因子的边际贡献率

根据 Barillas 和 Shanken（2017）[37]，当在模型 f 中加入因子 i 时，模型 f 的 $Sh^2(f)$ 会增加，增量即因子 i 对 $Sh^2(f)$ 的边际贡献，可以由下式计算：

$$Sh^2(f,i) - Sh^2(f) = a_i^2/\sigma_i^2 \qquad (5-4)$$

其中 a_i 是因子 i 对模型 f 回归产生的截距，σ_i 是回归残差的标准误差。在实证测试中，为了评估因子 i 的边际贡献，可以通过式（5-4）估计 a_i 和 σ_i。另外，由于 FF5 模型与 HXZ4 模型中的因子之间具有较高的相关性，以下对 FF5 和 HXZ4 中的两组因子分别考察：1. FF5 中的因子加上非 HXZ4 中的因子；2. HXZ4 中的因子加上非 FF5 中的因子。

由表 5.3（见章末），Panel A 给出了 8 个因子（MKT、SMB*、HML、RMW、CMA、UMD、PS$_{trd}$、LF）中每个因子对其余 7 个因子进行回归的结果。由于所有考察的模型均是 CAPM 的扩展，市场因子产生了最大的边际贡献，为 0.11。其次是 LF，边际贡献为 0.06。当用 LF 对其他 7 个因子进行回归时，截距为 0.01（$t=5.65$）且统计显著，说明其他因子无法包含 LF 对模型的解释力。对于流动性因子 PS$_{trd}$，其相应的回归截距也统计显著而相关的边际贡献率较低，仅为 0.01。对于非流动性因子，RMW、CMA 和 UMD 产生了显著的截距估计，说明这三个因子对于提高模型的解释力具有额外的贡献。相对比，与规模和账市比因子相关的回归截距不显著，且对提高模型夏普比率产生的边际贡献几乎为零。此证据印证了规模效应消失的结论，且 HML 的较弱表现与 Fama 和 French（2018）[151]提出的 HML 因子在解释资产收益中的作用可以忽略的论断一致。

Panel B 给出了关于 7 个因子的回归结果，即 HXZ4 模型加上非 FF5 因子（MKT、ME、IA、ROE、UMD、PS$_{trd}$、LF）。与 Panel A 结果类似，LCAPM 中的流动性因子 LF 产生了显著的截距估计值，为 0.01（$t=5.7$），且在所有非市场因子中产生最大的边际贡献 0.06。另外，与 FF5 中 SMB* 的表现一致，

HXZ4 中的规模因子 ME 的边际贡献仅为 0.01，对提高模型的 $Sh^2(f)$ 贡献较弱。Panel B 和 Panel A 相比，最主要的区别是关于动量因子的表现。在 Panel A 中，与 UMD 相关的回归截距显著，且对应的边际贡献高于 SMB^* 和 HML。相对比，在 Panel B 中 UMD 的截距估计值不显著，且对提升模型夏普比率的贡献几乎为零。此结果符合 Hou 等（2019）[138]的观点，即盈利因素有助于解释动量溢价。

5.2 流动性风险的独特性

至此，证据表明基于交易的不连续性构建的流动性风险因子 LF 和相应的 LCAPM 与其他模型相比具有良好的表现，那么竞争模型能否解释 LF 因子所包含的信息？由于已有研究表明市场流动性的变化与经济状况密切相关（Levine 和 Zervos，1989[170]；Gibson 和 Mougeot，2004[171]；Evans 和 Lyons，2008[172]；Kamara 等，2008[173]；Hameed 等，2010[174]；Naes 等，2011[175]；Switzer 和 Picard，2016[176]），本节将在不同的经济条件和子时期中考察流动性风险的独特性。

5.2.1 基于横截面测试的实证结果

本小节考察在控制了 FF5 模型中的因子后各流动性因子基于 25 个规模-账市比投资组合的定价能力。表 5.4（见章末）给出了在不同的市场条件以及子时期中的因子风险溢价，其中市场条件由股票市场的超额收益率（$R_m - R_f$）和股票市场的波动率（Var_m）代理。

由 Panel A 所示，用 LCAPM 估计的流动性风险在下行市场中显著定价。此外，Panel B 显示基于 LCAPM 的流动性风险溢价在低波动性和高波动性市场上也分别在 10% 和 5% 的水平上统计显著。此结果符合经济直觉，即在市场下行和市场动荡时期，投资者需要更高的风险溢价。相比而言，其他流动性因子无论是根据股票市场收益还是根据市场波动来划分风险溢价均不显著。对于不同的子时期，由 Panel C 所示，与 Pástor 和 Stambaugh 相关的交易型因子 PS_{trd} 和 LCAPM 的基于交易的不连续性构建的 LF 因子在样本期的前半部分统计显著，而在样本期的后半部分所有定价因子（包括 FF5 因子）的风险溢价均不显著。

进一步，考察在控制了 FF5 因子后流动性因子的定价表现。与增加控制变量前的结果一致，与 LCAPM 相关的流动性风险因子在下行和高波动性市场中产生显著的风险溢价。相比较，FF5 中的因子在高波动期的风险溢价并不显著，表明 LCAPM 的流动性风险因子捕获了与 FF5 因子不同的信息。对于 Pástor–Stambaugh 流动性因子和 Sadka 因子，在控制了 FF5 因子后，它们的风险溢价依然不显著，暗示了 LCAPM 中基于交易的不连续性构建的流动性因子与 PS_{trd} 和 SF 存在差异（当控制 HXZ4 中的因子时，结论一致）。此外，表外还考察了 1 月效应对结果的影响。证据表明，剔除 1 月的收益数据不会改变以上结论，证实了 LF 具有稳健的定价能力。

5.2.2 基于跨越回归测试的实证结果

基于 Barillas 和 Shanken（2017）[37]，以及 Fama 和 French（2018）[151]，被测因子对于竞争因子的额外解释力可以通过构建跨越回归模型进行测试。本小节在不同的经济状态下以及两个子时期中构建 LF 对其他模型的跨越回归，如果回归截距为零则意味着 LF 所捕获的流动性风险具有额外的解释力。

由表 5.5（见章末）Panel A 所示，所有因子模型均不能解释流动性风险因子 LF。例如，在用 HXZ4 模型进行调整后，LF 依然在 1968 年至 1992 年产生显著的截距 0.01（$t=3.36$），在 1993 年至 2017 年产生显著的截距 0.01（$t=6.06$）。类似的，由 Panel B 和 Panel C 所示，所有竞争模型在上行或下行的市场，以及高波动或低波动的市场无法解释 LF 的收益。与经济直觉相符，在高风险时期流动性应该具有高的风险价格。例如，在上行市场中，经过 FF5 调整后 LF 产生的 α 为 0.01（$t=4.13$），而在下行市场中则为 0.02（$t=7.94$），说明在经济不景气时流动性风险对价格的影响更加明显。

总之，以上证据表明 LCAPM 的流动性风险因子对任何竞争模型都是稳健的，即 LF 相对于现有因子具有额外的描述股票横截面平均收益的能力，暗示了流动性风险的独特性。

5.3 本章小结

本章首先利用 Barillas 和 Shanken（2017）[37]，和 Barillas 等（2020）[38] 提出的基于夏普比率度量的测试方法比较基于流动性风险的因子模型与流行的资产定价模型的表现。与一般的模型比较方法不同，此方法的特点是模型的比较不依赖于投资组合的选取而只与模型的构建有关，避免了由于测试组合选取不同而产生的不同结论。实证结果表明 LCAPM 和 HXZ4 产生了高的夏普比率，并且 LCAPM 中的流动性风险因子在竞争因子中对提高模型的解释力具有最高的边际贡献。

其次，本章在不同市场条件以及子时期中考察了流动性风险相对于基本的风险因素是否具有额外的解释力。结果表明在控制了 FF5 中的因子后，LCAPM 中的流动性因子依然在市场低迷和市场动荡的时期产生显著的溢价，与流动性风险的特征一致。进一步，通过跨越回归方法验证了在各种情形中，竞争模型均不能解释 LCAPM 的流动性风险因子所包含的信息。

本章证据表明基于交易的不流动性构建的因子模型与其他流动性模型以及非流动性模型相比具有良好表现，支持了第三、四章的结论。此外，本章还证实了流动性风险不同于现有的风险来源，确认了流动性风险在资产定价中具有重要作用。

第五章 模型评估的进一步测试

表 5.1 基于 $Sh^2(f)$ 的模型比较测试结果

Panel A: 成对模型比较

Models	FF3 diff	FF3 p-value	PS4$_{trd}$ diff	PS4$_{trd}$ p-value	C4 diff	C4 p-value	FF5 diff	FF5 p-value	LCAPM diff	LCAPM p-value	HXZ4 diff	HXZ4 p-value
CAPM	0.02	(0.00)	0.03	(0.00)	0.06	(0.00)	0.08	(0.00)	0.12	(0.00)	0.16	(0.00)
FF3			0.01	(0.01)	0.04	(0.00)	0.06	(0.00)	0.10	(0.00)	0.13	(0.00)
PS4$_{trd}$					0.03	(0.14)	0.05	(0.03)	0.09	(0.07)	0.13	(0.00)
C4							0.02	(0.45)	0.06	(0.26)	0.09	(0.00)
FF5									0.04		0.07	(0.00)
LCAPM											0.04	(0.36)

Panel B: 多模型比较

Models	$Sh^2(f)$	n	LR	p-value
CAPM	0.01	0	28.62	0.00
FF3	0.04	3	21.70	0.00
PS4$_{trd}$	0.04	4	16.02	0.00
C4	0.08	4	12.35	0.02
FF5	0.10	4	9.32	0.01
LCAPM	0.13	4	0.83	0.37
HXZ4	0.17	4	0.00	0.74

表 5.2 蒙特卡洛模拟结果

Panel A: 成对模型比较

Models	FF3 Average	FF3 Median	FF3 %>0	PS4_trd Average	PS4_trd Median	PS4_trd %>0	C4 Average	C4 Median	C4 %>0	FF5 Average	FF5 Median	FF5 %>0	LCAPM Average	LCAPM Median	LCAPM %>0
CAPM	0.02	0.02	100.0	0.03	0.03	100.0	0.06	0.05	100.0	0.08	0.08	100.0	0.12	0.11	100.0
FF3				0.01	0.01	100.0	0.05	0.04	100.0	0.07	0.07	100.0	0.10	0.09	100.0
PS4_trd							0.03	0.03	96.0	0.06	0.06	99.5	0.08	0.08	99.8
C4										0.02	0.02	82.1	0.05	0.05	94.6
FF5													0.03	0.03	77.9

Models	HXZ4 Average	HXZ4 Median	HXZ4 %>0
CAPM	0.16	0.15	100.0
FF3	0.14	0.14	100.0
PS4_trd	0.13	0.13	100.0
C4	0.09	0.09	100.0
FF5	0.07	0.07	99.9
LCAPM	0.05	0.04	86.6

Panel B: 多模型比较

Models	$Sh^2(f)$	%>0
CAPM	0.01	0.00
FF3	0.04	0.01
PS4_trd	0.05	2.95

续表

Panel B：多模型比较

C4	0.08	12.37
FF5	0.11	24.76
LCAPM	0.14	88.29
HXZ4	0.18	99.97

表 5.3　因子对提高模型 $Sh^2(f)$ 的边际贡献

Panel A：由 MKT、SMB*、HML、RMW、CMA、UMD、LF 和 PS_{trd} 构成的回归模型

Factor	α	LF	PS_{trd}	MKT	SMB*	HML	RMW	CMA	UMD	$t(α)$	R^2	$s(e)$	$Sh^2(f)$	$α^2/s^2(e)$
LF	0.01		0.00	−0.42	0.10	0.18	0.13	0.22	0.12	5.65	0.51	0.02	0.21	0.06
PS_{trd}	0.00	0.01		−0.01	−0.00	0.07	−0.02	−0.05	−0.01	2.43	−0.01	0.03	0.21	0.01
MKT	0.01	−0.77	−0.01		0.25	0.14	−0.12	−0.42	0.01	7.84	0.49	0.03	0.21	0.11
SMB*	0.00	0.13	−0.00	0.18		0.00	−0.46	−0.06	−0.01	1.22	0.17	0.03	0.21	0.00
HML	−0.00	0.12	0.02	0.05	0.00		0.13	0.96	−0.14	−0.20	0.54	0.02	0.21	0.00
RMW	0.00	0.09	−0.01	−0.05	−0.24	0.14		−0.29	0.04	3.37	0.19	0.02	0.21	0.02
CMA	0.00	0.07	−0.01	−0.07	−0.01	0.45	−0.13		0.04	3.04	0.56	0.01	0.21	0.02
UMD	0.00	0.35	−0.01	0.02	−0.02	−0.60	0.18	0.36		2.51	0.13	0.04	0.21	0.01

Panel B：由 MKT、ME、IA、ROE、UMD、LF 和 PS_{trd} 构成的回归模型

Factor	α	LF	PS_{trd}	MKT	ME	IA	ROE	UMD	$t(α)$	R^2	$s(e)$	$Sh^2(f)$	$α^2/s^2(e)$
LF	0.01		0.01	−0.45	0.08	0.39	0.01	0.10	5.70	0.49	0.02	0.26	0.06
PS_{trd}	0.00	0.01		−0.01	−0.05	0.03	−0.18	0.03	2.85	0.00	0.03	0.26	0.02

系统流动性风险模型的多维评估

续表

Panel B: 由 MKT、ME、IA、ROE、UMD、LF 和 PS_{trd} 构成的回归模型

	(1)	(2)	(3)	(4)	(5)	(6)	(7)	(8)	(9)	(10)	(11)	(12)
MKT	0.01	−0.79	−0.01	0.24	−0.24	−0.10	0.02	7.75	0.48	0.03	0.26	0.11
ME	0.00	0.10	−0.04	0.17	−0.11	−0.46	0.13	2.59	0.17	0.03	0.26	0.01
IA	0.00	0.18	0.01	−0.07	−0.04	−0.03	−0.02	4.82	0.20	0.02	0.26	0.05
ROE	0.00	0.00	−0.06	−0.04	−0.24		0.29	5.26	0.35	0.02	0.26	0.06
UMD	−0.00	0.22	0.04	0.02	−0.10	0.90	−0.22	0.29	0.04		0.26	0.00

表 5.4 与 25 个规模−账市比组合相关的因子载荷溢价

Models	$\hat{\gamma}_0$	$\hat{\gamma}_{MKT}$	$\hat{\gamma}_{SMB}$	$\hat{\gamma}_{SMB^*}$	$\hat{\gamma}_{HML}$	$\hat{\gamma}_{RMW}$	$\hat{\gamma}_{CMA}$	$\hat{\gamma}_{LF}$	$\hat{\gamma}_{PS_{inn}}$	$\hat{\gamma}_{PS_{trd}}$	$\hat{\gamma}_{SF}$

Panel A: Up and down markets

Up market, i.e. $R_m - R_f > 0$

Models	$\hat{\gamma}_0$	$\hat{\gamma}_{MKT}$	$\hat{\gamma}_{SMB}$	$\hat{\gamma}_{HML}$	$\hat{\gamma}_{LF}$	$\hat{\gamma}_{PS_{inn}}$	$\hat{\gamma}_{PS_{trd}}$	$\hat{\gamma}_{SF}$
LCAPM	−0.02	4.07			−0.99			
	[−0.18]	[1.97]			[−1.59]			
PS4$_{inn}$	1.31	2.45	0.71	−0.17		−0.99		
	[1.73]	[4.65]	[4.27]	[−1.12]		[−0.51]		
PS4$_{trd}$	1.24	2.51	0.72	−0.18			−0.14	
	[1.68]	[4.93]	[4.35]	[−1.18]			[−0.09]	
S2	1.95	2.11						0.66
	[0.92]	[1.32]						[0.68]

续表

Models	$\hat{\gamma}_0$	$\hat{\gamma}_{MKT}$	$\hat{\gamma}_{SMB}$	$\hat{\gamma}_{SMB^*}$	$\hat{\gamma}_{HML}$	$\hat{\gamma}_{RMW}$	$\hat{\gamma}_{CMA}$	$\hat{\gamma}_{LF}$	$\hat{\gamma}_{PS_{inn}}$	$\hat{\gamma}_{PS_{trd}}$	$\hat{\gamma}_{SF}$
FF5 + LF	2.32 [2.45]	1.39 [1.78]		0.79 [4.80]	-0.18 [-1.18]	-0.19 [-0.71]	-0.48 [-1.14]	-1.52 [-5.44]			
FF5 + PS_{inn}	1.33 [1.44]	2.41 [3.69]		0.75 [4.40]	-0.20 [-1.30]	-0.12 [-0.35]	-0.38 [-0.54]		-1.56 [-0.70]		
FF5 + PS_{trd}	1.41 [1.49]	2.30 [3.39]		0.76 [4.59]	-0.20 [-1.32]	-0.04 [-0.13]	-0.63 [-0.88]			0.08 [0.04]	
FF5 + SF	1.85 [1.63]	1.90 [2.12]		0.58 [2.63]	-0.24 [-1.22]	0.10 [0.20]	-0.92 [-0.77]				0.42 [1.23]

Down market, i.e. $R_m - R_f < 0$

LCAPM	0.71 [0.42]	-4.01 [-5.28]						2.73 [5.94]			
$PS4_{inn}$	1.14 [1.08]	-4.63 [-6.30]	-0.76 [-3.84]		1.15 [5.75]				-2.01 [-0.85]		
$PS4_{trd}$	1.47 [1.43]	-4.95 [-6.24]	-0.79 [-3.93]		1.19 [5.57]					-1.14 [-0.58]	
S2	1.74 [1.12]	-4.88 [-3.73]									-0.23 [-0.30]

系统流动性风险模型的多维评估

续表

Models	$\hat{\gamma}_0$	$\hat{\gamma}_{MKT}$	$\hat{\gamma}_{SMB}$	$\hat{\gamma}_{SMB^*}$	$\hat{\gamma}_{HML}$	$\hat{\gamma}_{RMW}$	$\hat{\gamma}_{CMA}$	$\hat{\gamma}_{LF}$	$\hat{\gamma}_{PS_{inn}}$	$\hat{\gamma}_{PS_{trd}}$	$\hat{\gamma}_{SF}$
FF5 + LF	-0.62	-2.77		-0.57	1.19	1.53	0.48	2.44			
	[-1.50]	[-3.88]		[-2.68]	[5.64]	[3.03]	[1.25]	[6.66]			
FF5 + PS_{inn}	0.56	-4.09		-0.55	1.14	0.88	1.16		-3.19		
	[0.22]	[-5.08]		[-2.41]	[5.57]	[1.56]	[2.83]		[-1.02]		
FF5 + PS_{trd}	0.74	-4.22		-0.53	1.14	1.05	1.26			-2.14	
	[0.46]	[-5.38]		[-2.51]	[5.27]	[2.09]	[2.87]			[-1.28]	
FF5 + SF	-0.79	-0.37	-3.25		-0.37	1.02	1.70				
	[-0.73]	[-2.76]			[-1.43]	[3.52]	[3.61]	[3.12]			[-1.72]

Panel B: Low- and high-volatility markets

Low-volatility market

Models	$\hat{\gamma}_0$	$\hat{\gamma}_{MKT}$	$\hat{\gamma}_{SMB}$	$\hat{\gamma}_{SMB^*}$	$\hat{\gamma}_{HML}$	$\hat{\gamma}_{RMW}$	$\hat{\gamma}_{CMA}$	$\hat{\gamma}_{LF}$	$\hat{\gamma}_{PS_{inn}}$	$\hat{\gamma}_{PS_{trd}}$	$\hat{\gamma}_{SF}$
LCAPM	0.95	0.67						0.51			
	[0.83]	[0.96]						[1.75]			
$PS4_{inn}$	0.95	0.51	0.21		0.41				0.66		
	[1.61]	[1.31]	[1.44]		[2.98]				[0.17]		
$PS4_{trd}$	1.14	0.29	0.27		0.40					2.38	
	[1.92]	[0.67]	[1.87]		[2.97]					[1.91]	

续表

Models	$\hat{\gamma}0$	$\hat{\gamma}_{MKT}$	$\hat{\gamma}_{SMB}$	$\hat{\gamma}_{SMB^*}$	$\hat{\gamma}_{HML}$	$\hat{\gamma}_{RMW}$	$\hat{\gamma}_{CMA}$	$\hat{\gamma}_{LF}$	$\hat{\gamma}_{PS_{inn}}$	$\hat{\gamma}_{PS_{trd}}$	$\hat{\gamma}_{SF}$
S2	2.72 [3.36]	−0.75 [−1.02]									0.23 [0.47]
FF5 + LF	1.15 [0.76]	0.29 [0.28]		0.31 [2.15]	0.44 [3.18]	0.27 [1.00]	−0.45 [−1.39]	−0.35 [−1.29]			
FF5 + PS_{inn}	0.73 [0.61]	0.71 [1.24]		0.32 [2.08]	0.41 [2.86]	0.41 [1.35]	−0.38 [−1.08]		−2.25 [−0.41]		
FF5 + PS_{trd}	1.20 [1.55]	0.23 [0.42]		0.31 [2.08]	0.43 [3.18]	0.22 [0.98]	−0.49 [−1.48]			2.13 [1.86]	
FF5 + SF	1.93 [2.33]	−0.12 [−0.17]		0.21 [1.15]	0.52 [2.81]	0.54 [1.41]	−0.93 [−1.81]				0.06 [0.24]

High – volatility market

Models	$\hat{\gamma}0$	$\hat{\gamma}_{MKT}$	$\hat{\gamma}_{SMB}$	$\hat{\gamma}_{SMB^*}$	$\hat{\gamma}_{HML}$	$\hat{\gamma}_{RMW}$	$\hat{\gamma}_{CMA}$	$\hat{\gamma}_{LF}$	$\hat{\gamma}_{PS_{inn}}$	$\hat{\gamma}_{PS_{trd}}$	$\hat{\gamma}_{SF}$
LCAPM	1.41 [1.32]	−0.90 [−1.13]						1.00 [2.48]			
$PS4_{inn}$	2.00 [3.30]	−1.57 [−2.66]	−0.02 [−0.10]		0.27 [1.35]				2.12 [1.42]		
$PS4_{trd}$	2.17 [3.67]	−1.73 [−2.98]	−0.04 [−0.20]		0.34 [1.66]					0.51 [0.36]	

195

续表

Models	$\hat{\gamma}_0$	$\hat{\gamma}_{MKT}$	$\hat{\gamma}_{SMB}$	$\hat{\gamma}_{SMB^*}$	$\hat{\gamma}_{HML}$	$\hat{\gamma}_{RMW}$	$\hat{\gamma}_{CMA}$	$\hat{\gamma}_{LF}$	$\hat{\gamma}_{PS_{inn}}$	$\hat{\gamma}_{PS_{trd}}$	$\hat{\gamma}_{SF}$
S2	1.57	−1.23									0.22
	[1.09]	[−1.11]									[0.80]
FF5+LF	1.40	−0.99		0.07	0.25	0.64	0.27	0.85			
	[1.46]	[−1.28]		[0.35]	[1.22]	[1.60]	[0.69]	[2.55]			
FF5+PS_{inn}	1.81	−1.40		0.07	0.25	0.55	0.21		0.95		
	[2.48]	[−2.13]		[0.35]	[1.23]	[1.48]	[0.45]		[0.44]		
FF5+PS_{trd}	1.62	−1.21		0.07	0.25	0.55	0.44			−0.57	
	[2.52]	[−2.04]		[0.35]	[1.22]	[1.54]	[0.94]			[−0.38]	
FF5+SF	1.92	−1.60		0.02	0.15	0.67	0.14				0.10
	[2.44]	[−2.15]		[0.08]	[0.61]	[1.79]	[0.35]				[0.40]

Panel C: Subperiods

1/1968 − 12/1992

	$\hat{\gamma}_0$	$\hat{\gamma}_{MKT}$	$\hat{\gamma}_{SMB}$		$\hat{\gamma}_{HML}$			$\hat{\gamma}_{LF}$	$\hat{\gamma}_{PS_{inn}}$		
LCAPM	1.71	−0.64						0.80			
	[2.93]	[−1.23]						[3.09]			
$PS4_{inn}$	0.65	0.34	0.12		0.50				3.48		
	[0.47]	[0.54]	[0.66]		[3.13]				[1.83]		

续表

Models	$\hat{\gamma}_0$	$\hat{\gamma}_{MKT}$	$\hat{\gamma}_{SMB}$	$\hat{\gamma}_{SMB^*}$	$\hat{\gamma}_{HML}$	$\hat{\gamma}_{RMW}$	$\hat{\gamma}_{CMA}$	$\hat{\gamma}_{LF}$	$\hat{\gamma}_{PS_{inn}}$	$\hat{\gamma}_{PS_{trd}}$	$\hat{\gamma}_{SF}$
PS4$_{trd}$	0.70 [0.66]	0.27 [0.49]	0.09 [0.49]							2.00 [2.51]	
S2	2.61 [3.45]	-1.35 [-1.63]									-0.12 [-0.33]
FF5 + LF	0.19 [-0.24]	0.82 [0.90]		0.16 [0.86]	0.53 [3.24]	0.57 [2.31]	-0.14 [-0.34]	0.32 [1.12]			
FF5 + PS$_{inn}$	0.48 [0.17]	0.51 [0.83]		0.17 [0.92]	0.53 [3.22]	0.43 [1.56]	-0.20 [-0.53]		2.68 [1.47]		
FF5 + PS$_{trd}$	0.40 [0.03]	0.57 [1.03]		0.15 [0.79]	0.53 [3.29]	0.58 [2.42]	-0.01 [-0.04]			1.57 [1.94]	
FF5 + SF	1.86 [2.38]	-0.59 [-0.88]		-0.16 [-0.71]	0.42 [1.74]	0.86 [3.19]	-0.50 [-1.23]				0.15 [0.65]

1/1993 – 12/2017

Models	$\hat{\gamma}_0$	$\hat{\gamma}_{MKT}$	$\hat{\gamma}_{SMB}$	$\hat{\gamma}_{SMB^*}$	$\hat{\gamma}_{HML}$	$\hat{\gamma}_{RMW}$	$\hat{\gamma}_{CMA}$	$\hat{\gamma}_{LF}$	$\hat{\gamma}_{PS_{inn}}$	$\hat{\gamma}_{PS_{trd}}$	$\hat{\gamma}_{SF}$
LCAPM	1.89 [1.96]	-0.84 [-1.05]						0.23 [0.49]			
PS4$_{inn}$	1.81 [4.44]	-0.89 [-2.17]	0.09 [0.49]		0.23 [1.24]				-0.23 [-0.15]		

续表

Models	$\hat{\gamma}_0$	$\hat{\gamma}_{MKT}$	$\hat{\gamma}_{SMB}$	$\hat{\gamma}_{SMB^*}$	$\hat{\gamma}_{HML}$	$\hat{\gamma}_{RMW}$	$\hat{\gamma}_{CMA}$	$\hat{\gamma}_{LF}$	$\hat{\gamma}_{PS_{inn}}$	$\hat{\gamma}_{PS_{trd}}$	$\hat{\gamma}_{SF}$
PS4$_{trd}$	1.73 [4.08]	−0.84 [−2.00]	0.11 [0.59]							0.31 [0.38]	
S2	1.48 [1.23]	−0.54 [−0.59]			0.22 [1.20]						0.26 [1.35]
FF5 + LF	2.75 [3.00]	−1.87 [−2.33]		0.16 [0.90]	0.24 [1.31]	0.18 [0.55]	0.22 [0.68]	0.42 [1.28]			
FF5 + PS$_{inn}$	1.84 [2.76]	−0.94 [−1.59]		0.17 [0.95]	0.21 [1.14]	0.44 [1.52]	−0.05 [−0.15]		−0.02 [−0.01]		
FF5 + PS$_{trd}$	1.95 [2.55]	−1.09 [−1.60]		0.19 [1.06]	0.22 [1.06]	0.44 [1.19]	−0.17 [1.52]	−0.40		0.67 [0.54]	
FF5 + SF	2.08 [2.89]	−1.27 [−1.93]		0.22 [1.05]	0.29 [1.36]	0.54 [1.46]	−0.07 [−0.16]				0.10 [0.45]

第五章 模型评估的进一步测试

表 5.5 LF 对竞争模型因子的回归结果

Panel A: Subperiods

Models	α	MKT	SMB	SMB*	HML	UMD	RMW	CMA	ME	IA	ROE	PS_{trd}	R^2 (%)
\multicolumn{14}{l}{1/1968 – 12/1992}
CAPM	0.01	−0.39											36.2
	(5.25)	(−13.08)											
FF3	0.01	−0.36	0.27		0.40								52.4
	(4.05)	(−11.99)	(5.99)		(7.85)								
C4	0.00	−0.37	0.28		0.40	0.03							52.4
	(3.67)	(−11.99)	(6.04)		(7.88)	(0.89)							
FF5	0.00	−0.33		0.30	0.31		0.37	0.39					54.7
	(2.13)	(−10.73)		(6.77)	(4.26)		(3.83)	(3.66)					
HXZ4	0.01	−0.35							0.23	0.51	−0.16		49.3
	(3.36)	(−10.96)							(4.68)	(5.71)	(−2.54)		
$PS4_{trd}$	0.00	−0.35	0.28		0.37							0.14	54.2
	(3.87)	(−11.78)	(6.34)		(7.34)							(3.50)	
\multicolumn{14}{l}{1/1993 – 12/2017}
CAPM	0.01	−0.65											54.8
	(7.51)	(−19.06)											

199

续表

Models		α	MKT	SMB	SMB*	HML	UMD	RMW	CMA	ME	IA	ROE	PS_{trd}	R^2(%)
FF3		0.01 (7.39)	−0.62 (−18.03)	−0.11 (−2.37)		0.12 (2.44)								56.7
C4		0.01 (6.71)	−0.55 (−16.19)	−0.14 (−3.21)		0.18 (3.99)	0.20 (6.92)							62.7
FF5		0.01 (6.92)	−0.60 (−14.76)		−0.15 (−2.96)	0.05 (0.79)		−0.03 (−0.40)	0.21 (2.27)					57.6
HXZ4		0.01 (6.06)	−0.54 (−14.11)							−0.05 (−1.05)	0.29 (4.05)	0.18 (3.09)		58.8
$PS4_{trd}$		0.01 (7.47)	−0.62 (−17.64)	−0.11 (−2.31)		0.12 (2.38)							−0.04 (−1.09)	56.8

Panel B: Up and down markets

Up market, i.e. $R_m - R_f > 0$

CAPM		0.01 (4.95)	−0.61 (−11.73)											27.7
FF3		0.01 (4.31)	−0.56 (−10.96)	0.05 (1.21)		0.26 (5.13)								32.3
C4		0.01	−0.48	0.07		0.34	0.17							37.9

第五章 模型评估的进一步测试

续表

Models	α	MKT	SMB	SMB*	HML	UMD	RMW	CMA	ME	IA	ROE	PS_{trd}	R^2 (%)
C4	0.01 (2.86)	−0.54 (−9.49)	(1.68)	0.06 (1.25)	(6.82) 0.13 (1.91)	(5.74)							33.1
FF5	0.01 (4.13)	−0.55 (−10.46)					0.09 (1.24)	0.28 (2.68)					32.9
HXZ4	0.01 (3.55)	−0.56 (−10.55)							0.09 (1.87)	0.42 (5.38)	0.10 (1.84)		32.2
$PS4_{trd}$	0.01 (4.32)	−0.56 (−10.94)	0.05 (1.23)		0.26 (5.15)							−0.03 (−0.64)	

Down market, i.e. $R_m - R_f < 0$

CAPM	0.02 (8.75)	−0.26 (−5.38)											10.4
FF3	0.02 (8.24)	−0.26 (−5.33)	0.11 (1.93)		0.19 (3.80)								16.0
C4	0.02 (7.80)	−0.26 (−5.30)	0.10 (1.91)		0.21 (3.99)	0.06 (1.45)							16.4
FF5	0.02 (7.94)	−0.20 (−3.94)			0.04 (0.61)		0.22 (3.53)	0.30 (2.91)					21.8
HXZ4	0.02	−0.19		0.11 (2.08)					0.09	0.38	0.10		18.6

续表

Models		α	MKT	SMB	SMB*	HML	UMD	RMW	CMA	ME	IA	ROE	PS_{trd}	R^2 (%)
HXZ4										(1.67)	(4.41)	(1.46)		
$PS4_{trd}$		0.02	-0.26	0.11		0.19							0.02	15.7
		(8.11)	(-5.33)	(1.93)		(3.78)							(0.38)	

Panel C: Low- and high-volatility markets

Low-volatility market

Models		α	MKT	SMB	SMB*	HML	UMD	RMW	CMA	ME	IA	ROE	PS_{trd}	R^2 (%)
CAPM		0.01	-0.60											42.0
		(9.25)	(-14.75)											
FF3		0.01	-0.55	-0.00		0.31								47.6
		(7.92)	(-13.59)	(-0.03)		(5.80)								
C4		0.01	-0.55	0.00		0.33	0.07							47.9
		(7.15)	(-13.55)	(0.06)		(6.03)	(1.59)							
FF5		0.01	-0.52		0.04	0.19		0.21	0.33					49.0
		(7.32)	(-12.25)		(0.73)	(2.40)		(2.28)	(2.88)					
HXZ4		0.01	-0.55							-0.02	0.44	-0.04		47.2
		(7.66)	(-13.44)							(-0.31)	(5.39)	(-0.61)		
$PS4_{trd}$		0.01	-0.57	-0.02		0.31							-0.12	48.8
		(8.24)	(-14.00)	(-0.40)		(5.87)							(-2.86)	

续表

High – volatility market

Models	α	MKT	SMB	SMB*	HML	UMD	RMW	CMA	ME	IA	ROE	PS_{trd}	R^2 (%)
CAPM	0.01 (4.09)	−0.49 (−16.17)											46.6
FF3	0.01 (3.85)	−0.47 (−14.85)	0.11 (2.38)		0.21 (4.08)								49.6
C4	0.01 (3.30)	−0.43 (−13.78)	0.11 (2.50)		0.27 (5.40)	0.16 (5.33)							53.8
FF5	0.00 (2.57)	−0.43 (−12.60)		0.14 (2.75)	0.04 (0.67)		0.19 (3.00)	0.29 (2.79)					51.5
HXZ4	0.00 (2.28)	−0.43 (−13.06)							0.15 (3.04)	0.36 (4.33)	0.15 (2.81)		51.3
$PS4_{trd}$	0.01 (3.63)	−0.47 (−14.90)	0.11 (2.28)		0.20 (3.97)							0.05 (1.20)	49.6

第六章 结论与展望

随着金融理论的深入和实证研究的发展,一方面越来越多的证据证实流动性风险是一种系统性风险并影响资产价格,而另一方面由于定价测试中发现基于价格影响维度构建的流动性因子对于提高模型解释力没有显著贡献,近期的资产定价研究忽略了流动性风险。由于流动性具有多维度特征,基于不同维度构建的流动性因子或因子模型可能具有不同的表现,为此本研究从模型评估的角度考察流动性风险在资产定价中的重要角色。遵循"因子模型的构建是否符合理论基础""因子模型对资产定价异象的解释能力""基于流动性风险与非流动性风险模型的比较""流动性因子是否具有额外的解释力"的研究思路,通过理论分析和实证检验,本研究得到了一些具有学术和实践意义的新结论。本章归纳了本书的主要研究结论并提出对未来的展望。

6.1 研究结论

本书以资产定价模型为研究对象,利用最新的模型评估方法,考察现有文献中基于不同的流动性代理变量构建的风险因子或因子模型是否具有不同的表现,以及与非流动性风险模型相比,基于流动性风险的模型是否能很好地解释股票的横截面收益,目的在于确认流动性风险在资产定价中的重要作用。本书的研究结论如下:

1. 根据 ICAPM 理论,基于不同构建的流动性因子模型具有不同的表现。ICAPM 理论要求提出的因子能够定价资产的横截面收益,同时与因子相关的状态变量对未来投资机会的预测方向需与因子的风险溢价方向一致。对于本书考察的流动性因子模型,基于交易的不连续性构建的流动性因子符合 ICAPM 理论。例如,在模型误设定的假设下,基于交易的不连续性构建的因子产生了稳健的风险溢价以及协方差风险价格,证实了流动性是定价的系统性风险。相比而言,与早期的研究一致,基于价格影响维度构建的流动性因子产生不显著的风险溢价,其原因可能是价格影响仅捕获了流动性的一个维度，不能准确地代理流动性风险，因而不符合 ICAPM 提出的一致性标准。

2. 不同的流动性因子模型在捕获流动性风险以及其他异象投资组合中的表现不同。通过考察模型对根据不同维度的流动性代理变量分组的投资组合以及其他异象组合的解释能力，发现基于价格影响维度构建的 Pástor – Stambaugh（2003）[9]流动性因子在解释投资组合收益时其资产载荷几乎为零，对提高模型的解释力贡献有限。另外，基于交易的不连续性构建的流动性因子模型可以捕获不同分组产生的流动性溢价，同时还对与动量、投资、利润、市场 β、方差以及行业相关的异象投资组合表现出良好的解释力。此证据证实了流动性风险在解释投资组合收益中的重要性，同时也暗示了最近的资产定价文献利用 Pástor – Stambaugh（2003）[9]的因子模型表现对流动性风险在资产定价中的角色进行评价是一种过度概括。

3. 流动性因子模型与流行的资产定价模型具有可比的表现。基于夏普比率度量的模型比较方法，本研究发现基于交易的不连续性构建的流动性因子模型与最新流行的 Fama – French 五因子模型以及 Hou – Xue – Zhang 四因子模型具有可比的表现，而且基于交易的不连续性构建的流动性因子在所有竞争因子中对提高模型夏普比率具有最大的边际贡献，证实了流动性风险是资产定价的重要来源。

4. 流动性风险相对于基本的风险因素具有额外的解释力。流动性风险定价的一个重要特征是以市场状况为条件。基于已有证据，在市场压力和动荡的时期，流动性风险将达到更高水平。与已有证据相符，基于交易的不连续性构建的流动性因子在控制了其他风险因子后依然在市场低迷和市场动荡时期产生显著的溢价。同时，在各种市场状态以及不同的子时期中流动性因子所包含的信息均不能被竞争模型解释。以上结果表明流动性风险不同于现有的风险来源，证实了流动性风险在资产定价中的独特性。

6.2 未来展望

股票市场的流动性对资产价格的影响一直是资产定价研究的重要问题。现有的研究通常采取不同的指标考察流动性的溢价问题，或者考察流动性的系统性风险问题。本书从模型评估的角度探讨流动性在资产定价中的重要角色，研究具有一定的创新性，然而也存在一些不足并有待进一步完善。

1. 由于流动性的模糊性以及多维度特征，实证研究中基于不同维度的代理变量提出了流动性因子以及相应的因子模型。然而，即使对于给定的模型形式以及确定的因子构建方法，由于数据的来源及处理方式不同也会造成对模型评价的偏差。为此，基于因子数据的可获得性，本研究只考察了 Pástor-Stambaugh（2003）[9]、Sadka（2006）[11]和 Liu（2006）[12]构建的流动性因子模型。尽管这三个代表模型的不同表现已经表明在资产定价中对流动性的评价不能单一由某个流动性模型的表现决定，达到了本研究的目的，但是对于流动性因子模型的多样性，评估其他的流动性风险模型以及选取恰当的流动性因子模型是进一步研究的目标。

2. 为了准确评估模型，本研究尽可能通过不同的方法从多个角度对模型的构建及表现进行评价。基于对资产定价模型提出的要求，本研究首先考察了模型的构建是否符合理论标准以及模型的提出是否能很好地解释资产的超额收益这两个基本问题。其次，由于通常的模型测试方法会依赖测试资产的选择，本研究使用夏普比率方法以及跨越回归方法对模型表现做进一步测试，避免模型评估对资产的依赖。然而，模型的相对表现仍然会因为数据以及评价方法的选择而产生不同的结果。为此，在不断提出的新的模型测试方法中选取恰当的评价方法对定价模型评估也是进一步研究的方向。

3. 随着中国股票市场与国际金融市场的逐步接轨、融合，中国股票市场中流动性风险的管理也越来越受到重视。然而，与美国股票市场相比，由于资本市场体制的差异，市场的资产价格形成也存在较大的差异。因此，适用于美国的流动性风险模型未必适合中国股票市场，故对中国股票市场的定价模型进行评估，以及建立适合中国股票市场的资产定价模型也是未来研究的方向。

参考文献

[1] Markowitz H M. Portfolio selection [J]. Journal of Finance, 1952, 7 (1): 77-91.

[2] Sharpe W F. Capital asset prices: A theory of market equilibrium under conditions of risk [J]. Journal of Finance, 1964, 19 (3): 425-442.

[3] Lintner J. Security Prices, Risk, and Maximal Gains From Diversification [J]. Journal of Finance, 1965, 20 (4): 587-615.

[4] Amihud Y, Mendelson H. Asset pricing and the bid-ask spread [J]. Journal of Financial Economics, 1986, 17 (2): 223-249.

[5] Brennan M J, Subrahmanyam A. Market microstructure and asset pricing: On the compensation for illiquidity in stock returns [J]. Journal of Financial Economics, 1996, 41 (3): 441-464.

[6] Silber W L. Discounts on Restricted Stock: The Impact of Illiquidity on Stock Prices [J]. Financial Analysts Journal, 1991, 47 (4): 60-64.

[7] Amihud Y. Illiquidity and stock returns: cross-section and time-series effects [J]. Journal of Financial Markets, 2002, 5 (1): 31-56.

[8] Amihud Y, Mendelson H, Lauterbach B. Market microstructure and securities values: evidence from the Tel Aviv exchange [J]. Journal of Financial Economics, 1997, 45 (3): 365-390.

[9] Pástor L, Stambaugh R F. Liquidity risk and expected stock returns [J]. Journal of Political Economy, 2003, 111 (3): 642-685.

[10] Fama E F, French K R. Common risk factors in the returns on stocks and bonds [J]. Journal of Financial Economics, 1993, 33 (1): 3-56.

[11] Sadka R. Momentum and post-earnings-announcement drift anomalies: The role of liquidity risk [J]. Journal of Financial Economics, 2006, 80 (2): 309-349.

[12] Liu W. A liquidity-augmented capital asset pricing model [J]. Journal of Financial Economics, 2006, 82 (3): 631-671.

[13] Fama E F, French K R. A five-factor asset pricing model [J]. Journal of Financial Economics, 2015, 116 (1): 1-22.

[14] Hou K, Xue C, Zhang L. Digesting anomalies: An investment approach [J]. Review of Financial Studies, 2015, 28 (3): 650 – 705.

[15] Fama E F, French K R. Dissecting anomalies with a five – factor model [J]. Review of Financial Studies, 2016, 29 (1): 69 – 103.

[16] Momani M. Revisiting Pastor – Stambaugh liquidity factor [J]. Economics Letters, 2018, 163: 190 – 192.

[17] Ahmed S, Bu Z, Tsvetanov D. Best of the Best: A Comparison of Factor Models [J]. Journal of Financial and Quantitative Analysis, 2019, 54 (4): 1713 – 1758.

[18] Ben – Rephael A, Kadan O, Wohl A. The diminishing liquidity premium [J]. Journal of Financial and Quantitative Analysis, 2015, 50: 197 – 229.

[19] Garleanu N, Pedersen L H. Dynamic trading with predictable returns and transaction costs [J]. Journal of Finance, 2013, 68 (6): 2309 – 2340.

[20] Dong X, Feng S, Sadka R. Liquidity risk and mutual fund performance [J]. Management Science, 2019, 65 (3): 1020 – 1041.

[21] Corwin S A. The Determinants of Underpricing For Seasoned Equity Offers [J]. Journal of Finance, 2003, 58 (5): 2249 – 2279.

[22] Butler A W, Grullon G, Weston J P. Stock market liquidity and the cost of issuing equity [J]. Journal of Financial and Quantitative Analysis, 2005, 40 (2): 331 – 348.

[23] Ellul A, Pagano M. IPO Underpricing and After – Market Liquidity [J]. Review of Financial Studies, 2006, 19 (2): 381 – 421.

[24] Goldstein M A, Hotchkiss E S, Pedersen D J. Secondary Market Liquidity and Primary Market Pricing of Corporate Bonds [J]. Journal of Risk and Financial Management, 2019, 12 (2): 86.

[25] Lipson M L, Mortal S. Liquidity and capital structure [J]. Journal of Financial Markets, 2009, 12 (4): 611 – 644.

[26] 谢黎旭, 张信东, 张燕, 等. 融资融券扩容和流动性 [J]. 管理科学, 2018, 31 (6): 46 – 57.

[27] 张信东, 薛海燕. 新三板与创业板企业创新投资比较研究 [J]. 科研管理, 2012, 42 (2): 161 – 170.

[28] Diamond D W, Rajan R G. Bank Bailouts and Aggregate Liquidity [J]. American Economic Review, 2002, 92 (2): 38 – 41.

[29] Diamond D W, Rajan R G. Liquidity Shortages and Banking Crises [J]. Journal of Finance, 2005, 60 (2): 615 – 647.

[30] Diamond D W, Rajan R G. Fear of Fire Sales, Illiquidity Seeking, and Credit Freezes

[J]. Quarterly Journal of Economics, 2011, 126 (2): 557 - 591.

[31] Lewellen J, Nagel S. The conditional CAPM does not explain asset pricing anomalies [J]. Journal of Financial Economics, 2006, 82 (2): 289 - 314.

[32] Lewellen J, Nagel S, Shanken J. A skeptical appraisal of asset pricing tests [J]. Journal of Financial Economics, 2010, 96 (2): 175 - 194.

[33] Merton R C. An intertemporal capital asset pricing model [J]. Econometrica, 1973, 41: 867 - 887.

[34] Maio P, Santa - Clara P. Multifactor models and their consistency with the ICAPM [J]. Journal of Financial Economics, 2012, 106 (3): 586 - 613.

[35] Fama E F, Macbeth J D. Risk, Return, and Equilibrium: Empirical Tests [J]. Journal of Political Economy, 1973, 81 (3): 607 - 636.

[36] Kan R, Robotti C, Shanken J A. Pricing Model Performance and the Two - Pass Cross - Sectional Regression Methodology [J]. Journal of Finance, 2013, 68 (6): 2617 - 2649.

[37] Barillas F, Shanken J. Which Alpha? [J]. Review of Financial Studies, 2017, 30 (4): 1316 - 1338.

[38] Barillas F, Kan R, Robotti C, et al. Model Comparison with Sharpe Ratios [J]. Journal of Financial and Quantitative Analysis, 2020, 55 (6): 1840 - 1874.

[39] Keynes J M. The general theory of employment, interest and money [M]. New York: Harcourt, Brace and Company, 1936.

[40] Hicks J R. Value and Capital [M]. London: Oxford University Press, 1946.

[41] Demsetz H. The Cost of Transacting [J]. Quarterly Journal of Economics, 1968, 82 (1): 33 - 53.

[42] Black F. Toward a fully automated exchange [J]. Financial Analysts Journal, 1971, 27 (4): 29 - 35.

[43] Kyle A S. Continuous auctions and insider trading [J]. Econometrica, 1985, 53: 1315 - 1335.

[44] Lippman S A, Mccall J J. An Operational Measure of Liquidity [J]. American Economic Review, 1986, 76: 43 - 55.

[45] Schwartz R. A. Equity markets: Structure, trading, and performance [M]. New York: Harper&Row, inc, 1988.

[46] Amihud Y, Mendelson H. The effects of beta, bid - ask spread, residual risk and size on stock returns [J]. Journal of Finance, 1989, 44 (2): 479 - 486.

[47] Harris L E. Liquidity, trading rules and electronic trading systems, monograph series in finance and economics [M]. New York University, 1990.

[48] Roll R. A simple implicit measure of the effective bid – ask spread in an efficient market [J]. Journal of Finance, 1984, 39 (4): 1127 – 1139.

[49] Silber W L. Thinness in capital markets: the case of the Tel Aviv Stock Exchange [J]. Journal of Financial and Quantitative Analysis, 1975, 10: 129 – 142.

[50] Glosten L R, Harris L E. Estimating the components of the bid/ask spread [J]. Journal of Financial Economics, 1988, 21 (1): 123 – 142.

[51] Fang V W, Noe T H, Tice S. Stock market liquidity and firm value [J]. Journal of Financial Economics, 2009, 94 (1): 150 – 169.

[52] Eleswarapu V R. The seasonal behavior of the liquidity premium in asset pricing [J]. Journal of Financial Economics, 1993, 34 (3): 373 – 386.

[53] Eleswarapu V R. Cost of Transacting and Expected Returns in the Nasdaq Market [J]. Journal of Finance, 2012, 52 (5): 2113 – 2127.

[54] Chalmers J, Kadlec G B. An empirical examination of the amortized spread [J]. Journal of Financial Economics, 1998, 48 (2): 159 – 188.

[55] Lee C. Market integration and price execution for NYSE – Listed securities [J]. The Journal of Finance, 1993, 48 (3): 159 – 188.

[56] Petersen M A, Fialkowski D. Posted versus Effective Spreads: Good Prices or Bad Quotes? [J]. Journal of Financial Economics, 1994, 35 (3): 269 – 292.

[57] Datar V T, Naik N Y, Radcliffe R. Liquidity and stock returns: An alternative test [J]. Journal of Financial Markets, 1998, 1 (2): 203 – 219.

[58] Lee C, Swaminathan B. Price Momentum and Trading Volume [J]. Journal of Finance, 2000, 55 (5): 2017 – 2069.

[59] Bagehot W. The Only Game in the Town [J]. Financial Analysts Journal, 1971, 27 (2): 12 – 14.

[60] O'Hara M. Presidential Address: Liquidity and Price Discovery [J]. Journal of Finance, 2003, 58 (4): 1335 – 1354.

[61] Grleanu N, Pedersen L H. Adverse selection and the required return. [J]. Review of Financial Studies, 2004, 17 (3): 643 – 665.

[62] David M, Easley D. Price, trade size, and information in securities markets [J]. Journal of Financial Economics, 1987, 19 (1): 69 – 90.

[63] Easley D, Hvidkjaer S, O'Hara M. Is information risk a determinant of asset returns? [J]. Journal of Finance, 2002, 57 (5): 2185 – 2221.

[64] Duarte J, Young L A. Why is PIN priced? [J]. Journal of Financial Economics, 2009, 91 (2): 119 – 138.

[65] Amihud Y, Mendelson H, Goyenko R. The excess return on illiquid stocks [OL]. Working paper, New York University, Stanford University, McGill University, 2010.

[66] Bowen D, Mark C H, O'Sulliva N. High frequency equity pairs trading: Transaction costs, speed of execution and patterns of returns [OL]. Working paper, 2010.

[67] Ziemba R, Ziemba W T. Scenarios for risk management and global investment strategies [M]. John Wiley & Sons, Inc. 2008.

[68] Loderer B, Claudio J, Lukas R. The pricing discount for limited liquidity: Evidence from SWX Swiss Exchange and the Nasdaq [J]. Journal of Empirical Finance, 2005, 12 (2): 239–268.

[69] Bekaert G, Harvey C R, Lundblad C. Liquidity and Expected Returns: Lessons from Emerging Markets [J]. Review of Financial Studies, 2007, 20 (6): 1783–1831.

[70] Faff R W, Chan H W. Asset pricing and the illiquidity premium [J]. Financial Review, 2005, 40 (4): 429–458.

[71] Limkriangkrai M, Durand R B, Watson I. Is liquidity the missing link [J]. Accounting and Finance, 2008, 48 (5): 311–331.

[72] Amihud Y, Mendelson H. The Pricing of Illiquidity as a Characteristic and as Risk [J]. Multinational Finance Journal, 2015, 19: 79–91.

[73] Mendelson A H. Liquidity, Maturity, and the Yields on U. S. Treasury Securities [J]. Journal of Finance, 1991, 46 (4): 1411–1425.

[74] Chen L, David L, Jason Z. Corporate yield spreads and bond liquidity [J]. Journal of Finance, 2007, 62: 119–149.

[75] Bao J, Pan J, Wang J. The Illiquidity of Corporate Bonds [J]. Journal of Finance, 2011, 66 (3): 77–93.

[76] 王春峰, 韩冬, 蒋祥林. 流动性与股票回报: 基于上海股市的实证研究 [J]. 经济管理, 2002, 24: 58–67.

[77] 吴文锋, 芮萌, 陈工孟. 中国股票收益的非流动性补偿 [J]. 世界经济, 2003, 7: 54–60.

[78] 李一红, 吴世农. 中国股市流动性溢价的实证研究 [J]. 管理评论, 2003, 15: 34–42.

[79] 蔡楠. 流动性对股票收益率影响的实证研究——来自沪市A股市场的结果 [J]. 内蒙古财经学院学报, 2003, 3: 50–53.

[80] 何荣天. 风险收益对应论与中国证券市场非流动溢价的实证分析 [J]. 南开经济研究, 2003, 4: 75–80.

[81] 苏冬蔚, 麦元勋. 流动性与资产定价: 基于我国股市资产换手率与预期收益的实证

研究 [J]. 经济研究, 2004, 2: 95 - 105.

[82] 陆静, 唐小我. 股票流动性与期望收益的关系研究 [J]. 管理工程学报, 2004, 18 (2): 109 - 111.

[83] 张维, 梁朝晖. 中国股票市场流动性与收益动态关系研究 [J]. 系统工程理论与实践, 2004, 10: 22 - 26.

[84] 苏冬蔚. 执行成本与资产定价: 基于我国股市交易数据的理论与实证研究 [J]. 数量经济技术经济研究, 2005, 3: 107 - 118.

[85] 席红辉. 流动性风险与预期股票收益 [J]. 统计与决策, 2006, 1: 94 - 97.

[86] 谢赤, 张太原, 曾志坚. 中国股票市场存在流动性溢价吗? ——股票市场流动性对预期收益率影响的实证研究 [J]. 管理世界, 2007, 11: 36 - 47.

[87] 许敏, 刘善存. 上海证券市场股票收益和流动性研究 [J]. 北京航空航天大学学报 (社会科学版), 2008, 21 (4): 1 - 3.

[88] 梁丽珍, 孔东民. 中国股市的流动性指标定价研究 [J]. 管理科学, 2008, 3: 85 - 93.

[89] 佟孟华, 刘丽巍, 蔡玲玲. 流动性对股票价格波动影响的实证分析 [J]. 当代经济研究, 2009, 12: 60 - 64.

[90] 杨朝军, 王灵芝. 流动性水平、流动性风险对资产收益的影响——来自沪深股市的经验证据 [J]. 系统管理学报, 2011, 20 (4): 456 - 461.

[91] 胡啸兵, 何旭静, 张成虎. 中国股票市场流动性与收益率相关分析——基于Copula - GARCH模型的实证研究 [J]. 大连理工大学学报 (社会科学版), 2012, 33 (2): 49 - 53.

[92] 张峥, 李怡宗, 张玉龙, 等. 中国股市流动性间接指标的检验——基于买卖价差的实证分析 [J]. 经济学, 2013, 13 (1): 233 - 262.

[93] 韩金晓, 吴卫星. 流动性与资产定价——基于一个新的价差类流动性度量指标的实证研究 [J]. 上海金融, 2017, 12: 7 - 13.

[94] Corwin S A, Schultz P. A Simple Way to Estimate Bid - Ask Spreads from Daily High and Low Prices [J]. Journal of Finance, 2012, 67 (2): 719 - 759.

[95] 邢红卫, 刘维奇. 换手率: 流动性还是不确定性 [J]. 上海财经大学学报, 2018, 20 (5): 58 - 71.

[96] Chordia T, Roll R, Subrahmanyam A. Commonality in liquidity [J]. Journal of Financial Economics, 2000, 56 (1): 3 - 28.

[97] Hasbrouck J, Seppi D J. Common factors in prices, order flows, and liquidity [J]. Journal of Financial Economics, 2001, 59 (3): 383 - 411.

[98] Huberman G, Halka D. Systematic Liquidity [OL]. Columbia Business School, 1999.

参考文献

[99] Acharya V V, Pedersen L H. Asset pricing with liquidity risk [J]. Journal of Financial Economics, 2005, 77 (2): 375-410.

[100] Lin H, Wang J, Wu C. Liquidity risk and expected corporate bond returns [J]. Journal of Financial Economics, 2011, 99: 628-50.

[101] Jong F D, Driessen J. Liquidity Risk Premia in Corporate Bond Markets [J]. Quarterly Journal of Finance, 2012, 2 (2): 79-91.

[102] Amihud Y. The Pricing of the Illiquidity Factor's Systematic Risk [OL]. Ssrn Electronic Journal, 2014.

[103] 孔东民. 流动性风险与资产定价: 来自中国股市的证据 [J]. 南方经济, 2006, 3: 91-107.

[104] 黄峰, 邹小芃. 我国股票市场的流动性风险溢价研究 [J]. 浙江大学学报 (人文社会科学版), 2007, 37 (4): 191-200.

[105] 王金安, 陈浪南. 考虑流动性的三阶矩资本资产定价的理论模型与实证研究 [J]. 会计研究, 2008, 8: 50-58.

[106] 陈青, 李子白. 我国流动性调整下的 CAPM 研究 [J]. 数量经济技术经济研究, 2008, 6: 66-78.

[107] 周芳, 张维. 中国股票市场流动性风险溢价研究 [J]. 金融研究, 2011, 5: 194-206.

[108] 刘锋, 霍德明. 基于截面和时序 GRS 检验的流动性定价研究 [J]. 山西财经大学学报, 2012, 34 (3): 353-369.

[109] 周芳, 张维, 周兵. 基于流动性风险的资本资产定价模型 [J]. 中国管理科学, 2013, 21 (5): 1-7.

[110] 田利辉, 王冠英. 我国股票定价五因素模型: 交易量如何影响股票收益率? [J]. 南开经济研究, 2014, 2: 54-75.

[111] 李延军, 王丽颖. 股市流动性与资产定价——基于我国 A 股市场的实证研究 [J]. 金融发展研究, 2015, 7: 9-15.

[112] Campbell J Y, Grossman S J, Wang J. Trading Volume and Serial Correlation in Stock Returns [J]. Quarterly Journal of Economics, 1993, 4: 905-939.

[113] Roll R. A critique of the asset pricing theory's tests: Part I: On past and potential testability of the theory [J]. Journal of Financial Economics, 1977, 4 (2): 129-176.

[114] Basu S. The relationship between earnings yield, market value, and return for NYSE common stocks: Further evidence [J]. Journal of Financial Economics, 1983, 12, 129-156.

[115] Banz R W. The relationship between return and market value of common stocks [J]. Journal of Financial Economics, 1981, 9 (1): 3-18.

[116] Rosenberg B, Reid K, Lanstein R. Persuasive evidence of market inefficiency [J]. Jour-

nal of Portfolio Management, 1985, 11 (3): 9 – 16.

[117] Ross S A. The arbitrage theory of capital asset pricing [J]. Journal of Economic Theory, 1976, 13 (3): 341 – 360.

[118] Shanken J. The Arbitrage Pricing Theory: Is it Testable? [J]. Journal of Finance, 1982, 37 (5): 1129 – 1140.

[119] Lehmann B N, Modest D M. The empirical foundations of the arbitrage pricing theory [J]. Journal of Financial Economics, 1988, 21 (2): 213 – 254.

[120] Fama E F. Efficient Capital Markets [J]. Journal of Finance, 1991, 46 (5): 1575 – 1617.

[121] Chen N F, Roll R R, Ross S A. Economic Forces and the Stock Market [J]. The Journal of Business, 1986, 59 (3): 383 – 403.

[122] Shanken J, Mark I. Weistein. Macroeconomic variables and asset pricing: Estimation and tests [OL]. Working paper, University of Rochester, 1990.

[123] Bhandari L C. Debt/Equity Ratio and Expected Common Stock Returns: Empirical Evidence [J]. Journal of Finance, 1988, 43 (2): 507 – 528.

[124] Fama E F, French K R. The Cross – Section of Expected Stock Returns [J]. Journal of Finance, 2012, 47 (2): 427 – 465.

[125] Jegadeesh N, Titman S. Returns to Buying Winners and Selling Losers: Implications for Stock Market Efficiency [J]. Journal of Finance, 1993, 48 (1): 65 – 91.

[126] Ikenberry D, Lakonishok J, Vermaelen T. Market underreaction to open market share repurchases [J]. Journal of Financial Economics, 1995, 39 (2 – 3): 181 – 208.

[127] Ritter J R, Loughran T. The New Issues Puzzle [J]. Journal of Finance, 1995, 50 (1): 23 – 51.

[128] Sloan R. Do Stock Prices Fully Impound Information in Accruals About Future Earnings? [J]. Accounting Review, 1996, 71: 289 – 315.

[129] Chan, L K C, Jason K, et al. The level and persistence of growth rates [J]. Journal of Finance, 2003, 58 (2): 643 – 684.

[130] Ang A, Hodrick R, Xing Y, et al. The cross – section of volatility and expected returns [J]. Journal of Finance, 2006, 61 (1): 259 – 299.

[131] Daniel K, Titman S. Market Reactions to Tangible and Intangible Information [J]. Journal of Finance, 2006, 61 (4): 1605 – 1643.

[132] Campbell J Y, Hilscher J, Szilagyi J. In Search of Distress Risk [J]. Journal of Finance, 2008, 63 (6): 2899 – 2939.

[133] Hafzalla N, Lundholm R, Winkle E. Percent Accruals [J]. Accounting Review, 2011, 86 (1): 209 – 236.

[134] Carhart M M. On Persistence in Mutual Fund Performance [J]. Journal of Finance, 1997, 52 (1): 57-82.

[135] Daniel K D, Titman S. Evidence on the Characteristics of Cross Sectional Variation in Stock Returns [J]. Journal of Finance, 1997, 52 (1): 1-33.

[136] Fama E F, French K R. Multifactor Explanations of Asset Pricing Anomalies [J]. Journal of Finance, 1996, 51 (1): 55-84.

[137] Harvey C R, Liu Y, Zhu H, et al. and the Cross-Section of Expected Returns [J]. Review of Financial Studies, 2016, 29 (1): 5-68.

[138] Hou K, Mo H, Chen X, et al. Which Factors? [J]. Review of Finance, 2019, 23 (1): 1-35.

[139] Haugen R A, Baker N L. Commonality in the determinants of expected stock returns [J]. Journal of Financial Economics, 2004, 41 (3): 401-439.

[140] Randolph B C, Gompers P A, Vuolteenaho T. Who under reacts to cash flow news? Evidence from trading between individuals and institutions [J]. Journal of Financial Economics, 2002, 66 (2-3): 409-462.

[141] Novy-Marx R. The other side of value: The gross profitability premium [J]. Journal of Financial Economics, 2013, 108 (1): 1-28.

[142] Fairfield P M, Yohn W. Accrued Earnings and Growth: Implications for Future Profitability and Market Mispricing [J]. Accounting Review, 2003, 78 (1): 353-371.

[143] Richardson S A, Sloan R G, Soliman M T, et al. Accrual reliability, earnings persistence and stock prices [J]. Journal of Accounting and Economics, 2005, 39 (3): 437-485.

[144] Liu X, Toni M W, Zhang L. Investment-based expected stock returns [J]. Journal of Political Economy, 2009, 117 (6): 1105-1139.

[145] McLean R D, Pontiff J. Does Academic Research Destroy Stock Return Predictability? [J]. Journal of Finance, 2016, 71 (1): 5-32.

[146] Feng G, Giglio S, Xiu D. Taming the Factor Zoo: A Test of New Factors [J]. Journal of Finance, 2020, 75 (3): 1327-1370.

[147] Jagannathan R, Wang Y. Lazy Investors, Discretionary Consumption, and the Cross-Section of Stock Returns [J]. Journal of Finance, 2007, 62 (4): 1623-1661.

[148] Kan R, Robotti C. Model Comparison Using the Hansen-Jagannathan Distance [J]. The review of financial studies, 2009, 22 (9): 3449-3490.

[149] Gospodinov N, Kan R, Robotti C. Chi-squared tests for evaluation and comparison of asset pricing models [J]. Journal of Econometrics, 2013, 173 (1): 108-125.

[150] Barillas F, Shanken J. Comparing Asset Pricing Models [J]. Journal of Finance, 2018,

73 (2): 715-754.

[151] Fama E F, French K R. Choosing factors [J]. Journal of Financial Economics, 2018, 128 (2): 234-252.

[152] Hou K, Xue C, Zhang L. A Comparison of New Factor Models [OL]. Working Paper Series, 2017.

[153] Cochrane J. Asset pricing (revised edition) [M]. Princeton University Press, 2005.

[154] Asness C, Frazzini A. The devil in HML's details [J]. Journal of Portfolio Management, 2013, 39: 49-68.

[155] Liew J, Vassalou M. Can book-to-market, size and momentum be risk factors that predict economic growth? [J]. Journal of Financial Economics, 2000, 57 (2): 221-245.

[156] Boons M. State variables, macroeconomic activity, and the cross section of individual stocks [J]. Journal of Financial Economics, 2016, 119 (3): 489-511.

[157] Hou K, Kimmel R L. On the estimation of risk premia in linear factor models [J]. Working paper, Ohio State University, 2006.

[158] Shanken J, Zhou G. Estimating and testing beta pricing models: Alternative methods and their performance in simulations [J]. Journal of Financial Economics, 2007, 84 (1): 40-86.

[159] Shanken J. On the estimation of beta-pricing models [J]. Review of Financial Studies, 1992, 5 (1): 1-33.

[160] Jagannathan R, Wang Z. The Conditional CAPM and the Cross-Section of Expected Returns [J]. Journal of Finance, 1996, 51 (1): 3-53.

[161] Petkova R. Do the Fama-French Factors Proxy for Innovations in Predictive Variables? [J]. Journal of Finance, 2006, 61 (2): 581-612.

[162] Keim D B, Stambaugh R F. Predicting returns in the stock and bond markets [J]. Journal of Financial Economics, 1986, 17: 357-390.

[163] Campbell J Y. Stock Returns and the Term Structure [J]. Journal of Financial Economics, 1987, 18 (2): 373-399.

[164] Fama E F, French K. Dividend yields and expected stock returns [J]. Journal of Financial Economics, 1988, 22 (1): 3-25.

[165] Fama E F, French K. Business conditions and expected returns on stocks and bonds [J]. Journal of Financial Economics, 1989, 25 (1): 23-49.

[166] Maio P, Santa-Clara P. Short-Term Interest Rates and Stock Market Anomalies [J]. Journal of Financial and Quantitative Analysis, 2017, 52 (3): 927-961.

[167] Cooper I, Maio P. Asset Growth, Profitability, and Investment Opportunities [OL].

Working paper, 2018.

[168] West N. A Simple, Positive Semi – Definite, Heteroskedasticity and Autocorrelation Consistent Covariance Matrix [J]. Econometrica. 1987, 55: 703 – 708.

[169] Gibbons M R, Ross S A, Shanken J. A test of the efficiency of a given portfolio [J]. Econometrica, 1989, 57: 1121 – 1152.

[170] Levine R, Zervos S. Stock markets, banks, and economic growth [J]. American Economic Review, 1989, 88: 537 – 558.

[171] Gibson R, Mougeot N. The pricing of systematic liquidity risk: Empirical evidence from the US stock market [J]. Journal of Banking and Finance, 2004, 28 (1): 157 – 178.

[172] Lyons, Evans Richard K. How is macro news transmitted to exchange rates? [J]. Journal of Financial Economics, 2008, 88 (1): 26 – 50.

[173] Kamara A, Lou X, Sadka R. The divergence of liquidity commonality in the cross – section of stocks [J]. Journal of Financial Economics, 2008, 89 (3): 444 – 466.

[174] Hameed A, Kang W, Viswanathan S. Stock market declines and liquidity [J]. Journal of finance, 2010, 65 (1): 257 – 293.

[175] Naes R, Skjeltorp J A, Ødegaard B A. Stock market liquidity and the business cycle [J]. Journal of Finance, 2011, 66 (1): 139 – 176.

[176] Switzer L N, Picard A. Stock market liquidity and economic cycles: A non – linear approach [J]. Economic Modelling, 2016, 57: 106 – 119.